제2판

현대사회와 청소년

Young People and Social Change: New Perspectives

Andy Furlong · Fred Cartmel 지음

강영배 · 손의숙 · 전명호 · 정철상 옮김

박학사

Young People and Social Change: New Perspectives

KOREAN language of YOUNG PEOPLE AND SOCIAL CHANGE
by Andy Furlong and Fred Cartmel

Printed in Seoul, KOREA

ISBN 978-89-91633-44-5

역자 서문

현대사회의 청소년들은 이전 세대와는 다른 환경에서 자라나고 있다. 이러한 환경적 변화는 사회적 재생산 과정과 청소년들의 이행을 재개념화하는 데 매우 중요한 역할을 한다. Beck과 Giddens도 지적하고 있는 바와 같이 현대사회의 청소년들은 새로운 위험과 기회의 상황에 직면해 있다. 이전에 비해 전통적인 부모, 학교 그리고 일과의 관계는 지속적으로 약화되어가고 있다. 그리고 이전과는 달리 청소년들의 성인으로의 이행과정이 매우 다양해졌으며, 이러한 다양한 이행들이 불확실한 결과들을 초래하고 있다. 그러나 이러한 선택의 폭의 확대에 기인한 이행의 다양화는 사회적으로 재생산되고 있는 불평등의 유형들을 겉으로 드러나지 않도록 도와주는 역할을 한다. 아울러 청소년들에게는 이전 세대와는 달리 다양한 선택의 여지가 존재하기 때문에 자신들이 선택한 길이 나름대로 독창적이며, 그들이 직면한 위험이 사회 전체의 문제라기보다는 개인적 문제라는 인상을 가지게 한다. 이상의 내용을 한마디로 정리하면 현대사회의 청소년들은 위험하며 불안정한 상황에 놓여 있다는 것이다.

저자들은 이러한 문제인식에 기초하여 현대사회의 청소년들에게 일어나고 있는 다양한 변화들을 실증적 자료에 기초하여 분석하고 있다. 그렇다고 해서 저자들이 이론적 논의를 결코 소홀히 하고 있는 것은 아니다. 이에 관한 부분은 제1장에서 현대사회에서 일어나고 있는 변화들을 위험, 불확실성, 개별화, 파편화, 다양화 등과 같은 개념들의 재개념화 및 통합시키는 작업을 통하여 기존의 청소년연구에서 이루어지고 있는 논의를 한층 더 발전시키고 있다. 이와 아울러 제2장에서는 시계열상의 실증적 자료를 통하여 청소년과 교육과의 관계를 분석하고 있으며, 제3장에서는 가족구성원들 간의 관계 변화에 대해서도 심층적인 분석을 시도하고 있다. 특히, 이전의 세대와는 달리 현대사회에서는 가족구성원 간의 연대의 약화로 인한 소비 및 라이프스타일의 변화가 청소년들의 자아정체성 형성에 어떠한 영향을 미치는 지에 대해서도 그들 나름의 독창적인 견해를 제시하고 있다.

또한 제6장에서는 현대사회의 생활양상이 생성해내는 긴장과 스트레스가 청소년들의 건강에 어떠한 영향을 미치는 지에 대해서도 자세히 설명하고 있다. 제7장에서는 청소년과 범죄의 관계, 제8장에서는 청소년과 정치참여의 관계, 마지막으로 제9장에서는 후기산업사회가 안고 있는 인식론적 오류에 관해 설명하고 있다. 이처럼 저자들은 현대사회와 청소년과의 관계를 여러 가지 주제별로 분류하여 설명함으로써 독자들이 쉽게 접할 수 있도록 배려하고 있다.

솔직히 연구자들에게 있어 번역작업은 그다지 실속이 없는 작업이다. 한국사회에서 번역 작업은 연구자의 독창성이 반영되지 못한 작업이란 시각이 우세한 관계로 수고만큼의 대접을 못 받는 것이 현실이며, 그러하기에 대부분의 연구자들은 번역작업을 기피할 수밖에 없다. 그럼에도 불구하고 번역자들(본인을 비롯한 정철상, 전명호, 손의숙)이 번역작업에 많은 시간을 할애한 이유는 우리나라에는 부모, 교사 그리고 청소년지도자를 비롯한 청소년을 공부하고 있는 대학생들과 대학원생들, 청소년연구자들에게 참고가 될 만한 문헌들이 거의 전무하다는 문제인식을 공유하고 있기 때문이다. 이와 더불어 한국의 청소년을 연구함에 있어 서양의 경험들은 현재 및 미래 한국사회에서의 청소년연구에도 충분한 시사점을 제공한다는 신념을 가지고 있기 때문이기도 하다.

마지막으로 매번 번역작업을 하면서 느끼는 바이지만, 나름대로 세심한 주의를 기울여 저자들의 생각을 충분히 전달하려고 노력한다고는 했지만, 만족할 만큼의 수준에는 미치지 못하기에 스스로를 질책하게 된다. 이에 이 책에서도 저자들의 생각이 매끄럽게 전달되지 못하는 부분이 있다면 이는 역자들의 역량이 부족하기 때문이며, 이에 대한 부분은 전적으로 역자들의 책임이다. 아울러 어려운 출판 여건에도 불구하고 출판을 허락해 주신 박학사에 감사한 마음을 전하고, 또한 이 책이 청소년에 대해 관심이 있거나 청소년을 공부하고 연구하는 이들에게 널리 읽히고 아울러 도움이 되었으면 하는 바람이다.

2008년 2월 20일
일본 센다이 유리가오카 산자락에서
역자대표 강영배

저자 소개

Andy Furlong

글래스고우(Glasgow)대학 경영대학 사회학과 교수

the Journal of Youth Studies 편집위원

Fred Cartmel

글래스고우(Glasgow)대학 응용사회과학, 인류학, 사회학과 강사

법, 경영, 사회과학과 학술자문역

저자 서문

돌이켜보면 이 책의 초판을 발행한 1997년에 발생한 상황들이 여전히 유효하며, 그렇다고 해서 우리들이 예상한 대로 상황이 전개된 것은 아니다. 현 시점에서 생각해 보건대 제1판에서는 미처 생각하지 못했으며 충분히 검토하지 않았던 상황들이 전개되고 있다. 제1판을 발행한 이후 청소년을 바로 보는 우리들의 견해는 더욱 성숙해졌기 때문에 이 책에서 제기하고 여러 논쟁거리들에 대해 충분한 답변을 제공할 수 있을 뿐만 아니라 청소년 연구자들의 관심과 문제제기에도 대응할 수 있게 되었다. 제2판을 작업함에 있어 우리들은 청소년들의 경험과 생활을 설명할 수 있는 충분한 실증적 자료를 제시하고자 하였으며, 그러한 청소년들의 경험과 생활의 변화에 대한 우리들의 견해를 더욱 정밀하게 다듬고자 하였다. 제1판이 국제적으로 많은 독자들이 관심을 가져주었기에 제2판에서는 선진국을 중심으로 가능한 여러 국가들의 자료들을 소개하고자 하였으며, 특히 선진국 청소년들의 생활과 경험을 토대로 이들 국가의 청소년들의 경험상의 차이에 초점을 맞추고자 하였다.

우리들은 제1판이 발행된 이후 여러 모임, 학회를 통하여 다양한 의견을 개진해 준 여러분들께 감사드린다. 그 가운데 최근에 수행한 청소년 이행에 관한 프로젝트에 참여한 Andy Biggart, Helen Sweeting, Patrick West와에게 고마움을 전한다. 그리고 호주 청소년에 관한 최신의 자료를 소개해 준 Peter Kelly, Johanna Wyn과 일본의 청소년에 관한 자료를 제공해 준 Akio Inui와 그의 동료들에게도 고마움을 전한다. 마지막으로 제1판의 내용을 읽고 의견을 개진해 준 여러분들께 감사드리며, 제2판의 방향성에 관한 유용한 조언을 해 준 Gerda Reith에게도 고마움을 전하고자 한다.

차 례

제 1 장

위험 사회

> 계층 없는 사회의 이미지들, 즉 사회의 모든 구성원들이 같은 표현 방식을 구사하는 사회는 보다 심각한 문제를 은폐하게 한다. 계층 없는 사회, 즉 모두가 평등한 사회는 겉으로 드러나는 것보다 겉으로 드러나지 않는 내면의 부분에서 코드를 공유하는 것이 중요하다.
>
> (Senett 1998: 75)

 서 론

현대사회에 있어 청소년들의 삶의 경험은 급격하게 변화하고 있다. 이러한 변화는 가족과 친구의 관계, 노동시장과 학교에서의 경험, 여가와 라이프스타일 그리고 독립된 성인으로 성장하는 데 필요한 능력에도 영향을 미친다. 이러한 변화들은 노동시장의 재구축과 교육받은 노동자(educated workers)에 대한 요구의 증가 그리고 노동시장의 유연성과 더불어 청소년들의 부모에 대한 의존 기간을 연장시키고 있는 사회정책의 직접적인 결과라고 할 수 있겠다. 이러한 변화의 결과로 현대의 청소년들은 젠더(gender)나 사회적 배경과는 상관없이 그들의 부모들이 잘 인식하고 있지 못하는 다양한 위험요소들과 타협해야 한다. 나아가 이러한 다양한 변화들은 상대적으로 매우 짧은 기간 내에 발생하며, 사회적 재생산(social reproduction)의 과정을 통하여 부모로부터 사회경제적으로 영향을 받는다. 하지만, 이러한 변화는 명확한 평가의 기준을 가지고 있는 것도 아니며, 그 변화의 과정이 매우 불명확한 부분이 있다. 이처럼 증가하는 불확실성은 스트레스와 심리적 부담의 원천으로 작용할 수 있다.

이론적 차원에서 이러한 변화들은 다양한 방법으로 표현되고 있으며, 사회학자들은 이러한 변화들이 가지는 의미들에 대하여 다양한 의견을 제시하고 있다. 주로 청소년들의 변화를 새로운 시대의 시작으로 본다거나 중세에서 근대사회로의 이행의 과정으로 설명하기도 하고, 근대성(modernity)의 틀 내에서의 발달과정으로 보기도 한다. 20세기 후반에 Lyotard(1984), Baudrillard(1988)와 같은 후기산업주의자들(postmodernist)은 새로운 시대로의 진입, 즉 후기산업사회로의 진입 여부와 시대적 변화에 대한 구조적 분석의 타당성의 상실에 대해 논쟁을 벌였다. 후기산업사회에서 사회생활(social life)을 연구하는 데 있어 거대 담론(grand theories)의 적용은 이젠 적절하지 않아 보인다. 개인의 행동유형과 생활의 변화는 예측 가능성을 상실했으며, 후기산업사회주의(postmodernism)는 새롭고 더욱 다양한 라이프스타일을 수반하고 있다. 계급과 젠더와 같은 중요 설명변수들의 유용성과 함께 사회과학의 타당성은 거부되고 있다. Lash, Urry와 같은 후기산업사회주의자들은 '구조화된 자본주의, 계급, 산업, 도시, 집합성(collectivity), 국민 국가, 심지어 세계조차도 사라지고 없다'고 주장한다(1987: 313). 다른 학자들은 이러한 변화에 대한 그들의 해석에 대하여 보다 신중한 태도를 취하고 있으며, 최근의 사회 경제적 변화가 가지고 있는 의미들에 대하여 '고도의 근대성(high modernity)', '후기 근대성(late modernity)'(Giddens 1990, 1991) 또는 반성적 근대화(reflective modernization)(Lash 1992)와 같은 표현을 사용한다. 동시에 그들은 이러한 변화들이 특정한 시대의 이동(epochal shift)[1)]을 설명하기에는 역부족이란 점도 지적하고 있는데, 이러한 견해에 대하여 동의한다.

급격한 사회적 변화가 일어나고 있다는 점에는 아무런 논쟁의 여지가 없지만, 여전히 후기산업사회주의자들의 이론적 타당성에 대해서는 매우 회의적이며, 사회적 변화들을 과장하는 사회과학자들에 대해서도 부정적인 입장을 견지하고 있다. 근대성(modernity)은 차이(differentiation), 삶의 다양성(Berger et al. 1974), 공동생활에 대한 규제의 약화(Elias 1978), 불확실성(Durkheim 1947)과 밀접하게 관련되어 왔다. 발전된 자본주의사회에서 착취의 유형을 구조화하는 전통적인 연대의 약화, 관계의 탈개인화 그리고 증가하는 사실관계의 불명확성은 초기 사회학자들에 의해 논의되어온 것이 사실이다. 사회구조는 분해되고 있으며 그 형식도 변화하고 불명확성은 증가하고 있지만, 우리들은 사회구조 내에서 개인들의 위치에 대한 지식을 활용함으로써 삶의 기회와 경험들을 상당부분 예측할 수 있다. 다양한 논쟁에도 불구하고 계급과 젠더의 영

---

1) [역자 주] 이 책에서는 'late modernity'와 'high modernity'를 유사한 개념으로 본다.

역은 삶의 경험들을 이해함에 있어 핵심적인 부분이다.

동시에 우리들은 계급을 개념화하는 전통적인 방법들이 후기산업사회에서의 삶의 기회의 분배에 대한 이해와 분석에 있어 그 적합성을 상실했음을 인식하고 있다. 전통적인 계급 분석의 기초가 되는 고용관계, 계급의 대리인(proxies) 역할을 해온 직업은 크게 변화하고 있다. 고용관계는 더욱 불투명해지고 있으며, 위험을 관리하는 개인의 기술이 중요한 자질로 간주되어야 한다는 다양한 증거들이 존재한다. 탄력적인(flexible) 작업장에서 위험 관리에 대한 자질(여기에서 말하는 자질은 금전적인 요소를 의미하는 것이 아니라 보다 넓은 의미에서의 사회적 자본을 의미한다)은 노동시장의 안전과 유리한 입장의 재생산에 기초를 제공한다. 증가하는 계급 유형들의 작용에 대해서도 고려해야 한다.

이러한 제한에도 불구하고 우리들은 이 책을 통하여 근대사회에서 사회적 재생산의 과정을 이해하는데 기초를 제공하는 사회학적 분석에 있어 오랫동안 중심적인 역할을 해 온 개념들(예들 들어 사회계층)에 관한 논쟁을 지지하는 경험적 증거들을 제시한다. 그럼에도 불구하고 우리들은 이러한 몇 가지 개념들이 현대사회의 상황들에 맞게 재개념화되어야 할 필요성이 있다고 본다. 이러한 맥락에서 우리들은 Beck(1992, 2000), Giddens(1991), Senett(1998), Bauman(2001)과 같은 학자들이 개인화의 과정과 후기산업사회를 특징짓는 위험들이 일상생활에 미치는 영향들에 대해 적절하게 설명하고 있다고 본다. 우리들은 개인화에 대한 그들의 논쟁에 깊은 신뢰를 보내지만 후기산업사회에서의 일상생활들은 인식론상(epistemological)의 오류를 내포하고 있다고 본다. 계급과 같은 사회구조가 여전히 삶에 있어 다양한 기회를 결정하고 있음에도 불구하고 이러한 구조에서 집합적주의적인 전통은 약화되고 개인의 가치가 증가함으로써 더욱 모호해지는 경향을 보이고 있다. 이러한 변화의 결과로 사람들은 사회를 예측 불가능하며, 사람들의 상호의존성의 고리(Elias 1978, 1982)가 여전히 유효하게 작용함에도 불구하고 현대사회를 오직 개인의 차원에서 협의될 수밖에 없는 위험들로 가득 찬 세상으로 간주하게 된다.

여러 가지 측면에 있어 청소년들의 생활에 대한 연구는 새로운 사회이론의 타당성을 살펴보는 데 있어 절호의 기회를 제공한다. 만약 사회질서가 변화하고 사회구조가 약화된다면 우리들은 사회적 재생산과정의 갈림길에 놓인 청소년들 사이에서 일어나는 변화의 증거들을 찾을 수 있을 것이다. 이 책의 중요한 목적 가운데 하나는 현대사회 청소년들과 청년(young adults)[2)]에 관한 연구를 통하여 사회적 구조의 변화가 미친 영향의 증거들을 찾아내는 것이다. 우리들이 찾고자 하는 중심적인 질문에 대한 대답은 청소년들의 경험과 삶의 기회들을 구조화하는 것으로 이해되던 전통적 요인들이 아직도 유효한가와 관련되어 있다. 두 번째로 우리들은 '개인화' 와 '위험'들이 변화하고 있는 청소년들의 삶의 모습을 정확하게 설명하고 있는지에 대해 알아보고자 한다.

우리들은 지난 30년간에 걸쳐 청소년들의 경험이 급격하게 변화하고 있다는 점을 인정한다. 하지만, '고도로 근대화된' 사회에 있어 삶의 기회와 사회적 재생산의 과정은 여전히 구조적인 영향을 받고 있다고 본다. 또한 우리는 근대성의 변화에 대한 요구를 입증하는 '존재론적 안전(ontological security)'[3)](Giddens 1991)이 붕괴되고 있다는 점에 대해서

---

2) [역자 주] 청소년(young people, youth)과 구별하기 위하여 청년으로 번역하였다.

도 동의한다.[4] 이러한 변화를 이해하기 위하여 후기산업사회주의자들의 이론(Sennett 1998, Bauman 2001)은 참고할 만하다. 하지만 내 생각으로는 『Risk Society』(1992)와 『The Brave New World of Work』(공저)(2000)에 나타난 Ulrich Beck과 『Modernity and Self Identity』에서 제시하고 있는 Anthony Giddens의 생각들이 이러한 변화의 본질을 명확하게 설명하고 있으며, 후기산업사회의 청소년 연구의 토대를 제공하고 있다고 생각한다. 우리는 Beck과 Giddens의 생각을 정리하면서 이 장을 시작하고자 한다. 그런 다음 현대사회의 청소년들을 이해하는 데 있어 적용 가능한 여러 가지 방법들을 모색하고자 한다.

위험 사회(Risikogesellschaft)

『위험 사회(Risk Society)』[5]에서 Beck(1992)은 서구사회가 새로운 역사적인 변모의 과정을 목격하고 있다고 지적하고 있다. 그는 산업사회는 새로운 근대성으로 교체되고 있으며, 세계관도 도전을 받고 있다고 보고 있다. 또한, 산업화 시대의 특징이라 할 수 있는 예측 가능성과 확실성도 위협을 받고 있으며, 새로운 위험요소들과 기회들이 등장하고 있다고 주

---

3) [역자 주] 기든스(A. Giddens)에 따르면, 인간은 유아 시절에 자신의 경험을 일반화함으로써 세계가 일반적으로 살만한 곳이라는 '기초적 신뢰(basic trust)'를 얻고, 이를 바탕으로 획득한 존재론적 안정감을 근거로 하여 변화하는 상황 속에서도 자아의 연속성에 대한 믿음을 유지하게 된다고 한다.

4) Giddens가 사용하고 있는 '존재론적 안전(ontological security)' 은 현상들의 질서와 연속성에 대한 의식을 의미한다(1991: 243).

5) [역자 주] 1997년에 도서출판 새물결(홍성태 옮김)에서 번역, 출판하였음.

장한다. 합리성을 수반한 근대성과 과학적 지식에 의해 제공되는 잠재적인 신념에도 불구하고 후기산업사회에서 세계는 우리들이 지속적으로 위험에 직면하게 되는 위험한 곳으로 인식되고 있다. 이러한 위험요소에는 핵전쟁으로부터의 위협과 환경 재앙을 포함한 우리들이 매일 매일의 일상생활에서 협상해야만 하는 위험요소들이 포함된다. Beck에 따르면 사람들은 사회적 네트워크와 구시대의 제약으로부터 급격하게 자유로워지고 있으며, 그들은 일상생활의 모든 측면에 영향을 미치는 새로운 위험요소들과 협상하기를 강요받고 있다. 이전의 안정성은 파괴되었으며, 사람들의 관심은 근대화의 한 부분으로서 구조적, 체계적으로 생산되는 위험요소들의 제거와 예방에 집중되기 시작했다.

이는 우리들이 계급이 존재하지 않는 새로운 시대로 이행했다는 점을 의미하는 것이 아니며, 사람들의 구조적 위치가 그들의 삶에 대해 제한적인 차원에서 영향을 미치고 있다는 점을 의미하는 것은 아니다. Beck은 위험은 사회 전반에 걸쳐 불균등하게 분포되어 있으며, 위험은 계급사회의 불평등적 특징에 따라 배열되어 있다는 점을 인정하고 있다.

> 부(富)와 같은 위험은 계급 유형과 밀접한 관련성을 가진다. 부는 상층부에 밀집되어 있지만 위험은 하층부에 위치하고 있다. 이처럼 위험은 계급사회를 더욱 **강화하는**(strengthen) 것처럼 보인다. 빈곤은 여러 가지 불행한 위험 요소들을 유인한다. 이와는 대조적으로 수입, 권력 또는 교육의 측면에서 유복한 사람들은 위험으로부터의 자유와 안전을 **구입할**(can purchase) 수 있다.
>
> (Beck 1992: 35)

위험에 대한 불평등한 발생 가능성에도 불구하고 Beck은 계층 간 결속은 약화되었으며(적어도 주관적 인식의 차원에서는), 후기산업사회에서 라이프스타일, 정치적 신념 그리고 가족 배경 또는 직업에 관한 정보를 활용한 견해 등을 예측하기란 거의 불가능해졌다고 보고 있다. Beck은 '동일한 수준의 수입을 가진 사람들 또는 동일한 계급 내의 구식 사고방식을 지닌 사람들은 서로 다른 라이프스타일, 하위문화, 사회적 연대와 정체성을 선택할 수 있거나 선택해야만 한다'(1992: 131)고 주장한다. 『위험 사회(Risk Society)』에서 조심스럽게나마 상세하게 설명하고 있는 계급의 타당성에 관한 이러한 의문들과 사회적 구조의 관련성은 Beck의 후기 저작들에서 더욱 대담하게 묘사되고 있다. 예들 들어 『아름답고 새로운 노동세계(The Brave New World of Work)』[6]에서 그는 더 이상 위, 아래가 명확하게 정의되진 못하지만 새로운 방식을 융합, 중복되는 '이중적 가치를 지닌 정치적 경제'와 그러한 사회 내의 거의 모든 위치에 퍼져 있는 불안전성에 대해서도 언급하고 있다(Beck 2000: 3-4).

개인의 행동과 라이프스타일은 더 이상 사회 계급과 같은 개념을 통해선 예측할 수 없기 때문에 Beck은 '계급 없는 새로운 자본주의(capitalism without classes)'(1992)와 같은 새로운 시대를 묘사하고 있다. 개인화된 라이프스타일은 그들을 그들의 계획의 중심에 서도록 강요하고 있으며, 자신들의 사회적 일생(biographies)을 반성적으로 구축하도록 강요하고 있다. 공공성은 개인을 '나와 우리(Me and Co)'로 행동하도록 장려함으로 인해 그리고 시장에서 자신들을 판매함으로 인해 파편화된

---

6) [역자 주] 1999년에 도서출판 생각의 나무(홍윤기 옮김)에서 번역, 출판하였음.

다. 작업장은 더 이상 갈등의 장이 아니며, 오히려 젠더와 인종 간 불평등과 같은 사회적 차이가 더욱 중요한 문제로 부각될 것이다. 그들 삶의 거의 모든 측면에서 그들은 그들이 속하고 싶어 하는 사회 집단과 특정 사안에 대해 일시적으로 형성된 동맹관계를 포함하여 서로 상의한 의견들 가운데 하나를 선택해야만 한다. 사람들은 다양한 사회적·정치적 집단에 속하게 되며, 그러한 집단들은 서로 상충된 목적을 가지고 있기도 한다. 예들 들어 그들은 노동조합(trade union)에 가입하기도 하며, 우익 정당(right wing parties)의 손을 들어주기도 한다. 하지만 Beck은 이러한 다양한 동맹관계는 위험 사회에서 개인들의 생존 투쟁을 설명하는 실용적 선택으로 간주한다.

우리는 Beck이 주장하는 계급의 주관적 영역의 약화와 라이프스타일과 교육 경험 그리고 노동시장이 점점 더 개인화되고 있다는 점에 대해선 동의하지만, 개인의 삶의 기회의 예측 요인으로써 계급이 가지는 기능의 약화에 대해선 논쟁의 여지가 없다는 점을 강조할 필요가 있다. 또한 삶의 기회들을 지속적으로 구축하는 사회적 분배의 본질에 관한 Beck의 견해를 보다 명확하게 하는 것이 중요하다. 그는 후기산업사회에서의 사회적 불평등의 소멸과 약화에 관해서는 언급하고 있지 않다. 사회적 불평등은 사람들의 생활에 있어 강력한 영향력을 행사하고 있는데, 이러한 영향력은 계급 또는 집단의 차원보다는 개인의 차원에서 더 크게 작용하고 있다. Beck은 서구 사회에서 사회적 불평등이 놀라운 안정성(an amazing stability)'을 보여 주고 있다는 점(1992: 91)과 경험적 연구가 중요한 변화들을 밝혀내고 있지 못하다는 점을 인정하고 있다. 라이프스타일의 개인화와 계급적 정체성의 약화에도 불구하고 '소득 불평등, 노동시장의 구조 그리고 임(賃) 노동(wage labour)의 기본적 결정요인들은 여전히 변하지 않은 채로 있다'(1992: 92).

마지막 장에서 우리들이 의논하고 있는 점들과 상당한 차이가 존재함에도 불구하고 Beck이 설명하고 있는 사회적 과정은 Anthony Giddens(1990, 1991)의 작품에서 폭넓은 지지를 받았다. Giddens는 '고도로 근대화된' 시대는 이전 세대들에 있어서는 일상생활의 한 부분을 차지하지 않던 불확실성에 의해 사람들이 지배되고 있으며, 이러한 시대는 위험 문화(a risk culture)의 의해 특징지어진다고 주장한다. 이러한 위험 문화에서 개인은 그들에게 일관된 삶을 구축하도록 도와주는 여러 가지 경험들을 한 가지 방법을 통해 해석하도록 강요당함으로 인해 반성적으로 창조된다. 이처럼 Giddens는 사람들이 '자신들의 행위는 사전에 정해진 코스를 따르지 않으며 우연한 사건일 수도 있다는 점'(1991: 28)을 인식함과 동시에 그들의 삶에 있어서의 위험에 의해 연출되는 중심적 역할을 받아들여야 한다고 주장한다. 게다가 '"위험 사회"를 살아간다는 것'은 행위의 가능성에 대해 타산적인 태도를 취하며 살아간다는 것을 의미하며, 아울러 긍정적이든 부정적이든 우리들은 개별적으로 그리고 전지구적 차원에서 삶을 영위하고 있음을 의미한다. 또한 우리는 동시대를 살아가는 사회적 존재로서 여러 가지 문제들에 직면하면서 살아간다(1991: 28).

후기산업사회주의자들의 견해와는 달리 Beck과 Giddens가 제시하고 있는 고도의 근대성(high modernity)에 대한 해석과 사회와 개인의 관계의 균형에 있어서의 변화에 대한 그들의 견해는 사람들이 자유롭고 다양한 형태로 세상을 재구축할 수 있음을 의미하는 것은 아니다. 예를 들어 Giddens는 근대성은 차이(difference)와 배제(exclusion) 그리고 주변화(marginalization)를 만들어낸다고 보고 있다(1991: 6). 다양화는 새로운 경험의 등장을 동반하지만, 평등화의 과정을 동반하지는 않는다. 또한 객관적 차원에서의 계급에 기초한 불평등을 제거하지는 않는다. 이러한 문맥에서 볼 때 우리는 다양화의 과정이 하층계급의 관계들을 모호하게 하며, 실질적인 지원이 결여된 평등화에 대한 인상만 제공한다는 점을 지적하고 싶다. 이러한 과정이 우리들이 지적하는 후기근대성이 가지는 인식론적 모순이라 할 수 있겠다.

이처럼 불평등의 구조는 여전히 뿌리 깊게 자리 잡고 있는 반면, 우리의 견해에 있어 후기근대성이 가지는 가장 큰 특징 가운데 하나는 인식론적 모순이다. 여기서 말하는 인식론적 모순은 생활의 주관적 영역과 객관적 영역 사이의 분리를 의미한다. 사람들의 인생에 있어 기회는 상당 부분 구조화되어 있으며, 동시에 집단적 차원에서보다는 개인적 차원에서 해결책을 모색하고자 하는 경향이 강하다. Beck은 후기산업사회에서 위험은 점점 더 개인화되고 있으며, 사람들은 좌절이나 위기를 개인적 차원에서는 통제할 수 없는 결과로 간주하기보다는 개인적 결함으로 간주한다는 점을 지적하고 있다. 예들 들어 실업을 전반적인 노동력 수요의 감소의 결과로 보기보다는 개인의 기술력의 부족의 결과로 보는 경향이 강하다는 점이다. 이와 유사하게 열악한 여건을 갖춘 지역에서 학교를 중퇴한 청소년들에 대한 문제를 학교 내의 보상체계의 부족과 물질적 환경의 결과로 보기보다는 그들의 학업수행능력의 부족의 반영으로 보려하는 경향이 강하다는 점이다. 위험의 개인화는 정치적 작용이 필요함에도 불구하고 오직 개인적 차원에서 해결되어야 하는 문제를 의미한다. 불평등에 대한 해결책의 모색이 사회경제적 구조보다는 개인의 '결함(deficiencies)'에 초점이 맞추어지고 있다. 이러한 변화의 결과로 Beck은 사회적 불평등의 증가는 개인화의 강화와 밀접한 관련성을 지니며, 이러한 상황은 사람들이 부분적이긴 하지만 자신들이 처한 불행한 상황을 자신들의 실패로 받아들이고 마는 결과로 이어진다. 위험 사회에 있어 개인의 주관성(subjectivity)이 매우 중요한 힘으로 부각되고 있다.

사회계층과 생활사(biography)

현대사회에서 삶의 기회에 대한 배분을 이해함에 있어 계층의 관련성과 사회계층에 대한 전통적인 사고방식의 다탕성에 대한 도전은 여러 사회학자들의 상상력과 밀접한 관련성을 가지고 있다(Pahl 1989; Goldthorpe and Marshall 1992; Pahl 1993; Saunders 1995; Pakulski and Waters 1996; Sennett 1998; Savage 2000; Bauman 2001). Pahl은 계급의 분석이 사회학에 있어 더 이상 유용한 작업이 아님을 지적한 적이 있다(1989: 710). 간접적이긴 하지만 청소년을 연구하는 사회과학자들은 인생의 가장 중요한 시기라고 할 수 있는 청소년기의 경험들이 사회적 재생산의 과정과 계급으로부터 영향을 받는다는 점을 연구함으로써 이러한 논쟁에 대해 상당한 기여를 하였다. 여기에서 중요한 문제는 사회경제적 영역이 개인화된 청소년의 사회적 행위와 그 과정을 통해 재구축되는 방식과 관련되어 있다는 점이며, 이로 인해 반성성(reflexivity)이 계급 간의 관계 속에 위치하게 된다. 반성성은 계급의 타당성에 대해 도전하지 않지만, 계급의 역학관계에 있어 중심적 요소이다. Savage는 다음과 같이 제안하고 있다.

> 반성적 근대화는 '자유로운(free)' 개인을 창출하지는 못한다. 오히려 이는 그들의 생활에 있어 그들을 둘러싸고 있는 사회적 관계를 더욱

복잡하고 다양하게 만들 뿐이다.

(2000: 104)

반성성이 사회적 역학관계에 기여하는 과정들을 이해하기 위해서는 개인들의 인생 전반을 이해할 필요가 있다. 또한, 동기(motivation) 또는 기술(skill)의 부족으로 인한 개인의 행위의 결과물들이 개인이 가지는 포용력의 범위 밖에 존재하는 힘에 의해 결정된다는 점을 이해할 필요가 있다.

Furlong과 그의 동료들(2003)은 청소년의 이행과정에 있어 개인과 구조 간의 관계를 고려했을 때 학력(educational qualification)과 같은 성과물의 취득 또는 특정 직종에 취직하기 위하여 개인은 동기부여와 노력과 같은 역량뿐만 아니라 경제적, 사회적 그리고 문화적 자본(cultural capital)과 같은 구조적 자원들을 동원해야 한다고 제안한다.

Furlong과 그의 동료들에 따르면 모든 개인들은 자신들의 행위가 이루어지는 조건들, 그들이 이용하는 자원과 그들의 행위에 대한 제약에 대해 전혀 의식하고 있지 못함에도 불구하고 자원의 동원은 의식적 또는 무의식적으로 이루어질 수 있다. 그런데 개인들은 주로 어느 정도는 자신들이 활용할 수 있는 자원들과 그들이 직면하게 될 걸림돌에 대해 의식하고 있다. 필연적으로 합리화(rationalization)는 개인이 자신들의 삶에 대한 전체적인 의미와 일관성을 부여하는 과정에서 자신들의 삶의 과정에서 경험한 사건들(events)을 재구축하고자 하기 때문에 이러한 과정에서 왜곡이 수반되게 된다(Heiz 1991). 개인화된 사회에서 사람들은 자신들이 직면하고 있는 여러 가지 제약들을 인식하지 못하고 있으며, 이로 인해 합리화의 과정은 개인의 역할을 과장되게 표현하도록 한다. 또한 결과물의 설명에 있어 개인적 행위 또는 외부적 제약에 부여되는 상대적 가중치는 그러한 결과물의 인지된 기대방향(desirability)에 따라 다양하다는 점이 논쟁거리이다. 예들 들어 개인은 바람직한 결과물의 성취에 대해서는 보다 많은 신뢰를 보내지만 외부로부터의 압력과 조건에서의 부정적인 결과물을 비난하는 경향이 강하다.

일대기적 접근의 문제는 청소년 연구에 있어 중요한 위치를 차지하고 있는데, 특히 그들은 주로 청소년들의 경험이 가지는 문화적 측면에 초점을 맞추고 있다. 원래 일대기적 접근은 이행과 변화의 역동적인 과정 속에서 그들이 어떻게 삶을 받아들이는가를 이해하기 위한 방법으로 이용되었다. 합리성(rationality)을 설명하는 또 다른 방법의 한 가지, 보다 정확하게 얘기하면 합리화(rationalization)를 설명하는 것으로 볼 수 있는 일대기(biography)는 개인들이 불확실성과 타협하며(negotiate), 그들의 삶을 조절하기 위한 방법과 작용을 이해하도록 도와준다. 독일의 문헌에서 폭넓게 사용되고 있는 구별(distinction)은 주로 포드주의 시대의 특징으로 간주되는 '보통의(normal)' 삶과 후기산업사회에서 상당수의 '트렌드세터(trendsetters)'[7](du Bois Reymond)의 삶을 묘사하는 '선택된 삶(choice biography)'을 설명하는 데 자주 사용된다.

방법론적 측면에서 일대기적 접근은 청소년들의 경험과 그들의 미래에 대한 설계를 설명하기 위한 방법들을 발견하거나 그리고 그들의 삶에 있어서의 단편적인 경험들을 조합하는 데 있어 매우 효과적인 방법이다. 이론적인 측면에서 일대기적 해석은 구조가 가지는 중요성의 토대와 표면적으로 드러나는 청소년들의 가치관에 대한 해석에 있어 상당 부분

7) [역자 주] 주로 유행을 선도하는 이들을 일컫는 의미로 사용된다.

위험 요소를 내포하고 있다.

> 청소년과 청년들(young adults)은 삶의 의미를 발전시키며, 그들의 삶이 내포하고 있는 복잡성과 내용에 대한 방향을 설정하려 한다. 동시에 그들은 그들이 처한 환경, 특히 노동시장의 지속적인 변화에 적응하도록 강요당하고 있다.
>
> (du Bois Reymond 1998a: 63)

Du Bois Reymond는 또한 Lash와 Urry의 '성찰적 승자들(reflexive winners)'의 개념을 들면서 '트렌드세터'들이 사회적으로 유복한 계층에 집중되어 있다는 점에 대해 명확한 입장을 취하고 있다(1994: 143).

구조적 제약의 확산과 같은 문제와 사회적 행위자들에 대한 해석을 통해 재구축되는 구조를 분석하는 일대기적 접근이 주목을 끌고 있다. 청소년과 관련된 일대기적 접근에 있어서 Paul Willis(1977)는 선구적인 역할을 했으며, Stephen Ball과 그의 동료들이 수행한 최근의 연구들도 평가할 만하다고 하겠다. du Bois Reymond, Ball과 그의 동료들(2000)은 제한된 기초 자원(coping resource)을 소유하고 있는 이들에 대해 높이 평가하면서 또한 '삶의 기술자(biographical engineers)'로써 활동할 수 있는 이들이 가지는 유리함에 대해 인식하고 있다.

어떤 점에서는 청소년들이 살아가면서 겪게 되는 경험들, 즉 객관적 경험과 주관적 경험이 합리적인 수준에서 조화를 이루면서 그들의 자아개념의 구축에 영향을 미친다. 이러한 조화는 어느 정도의 긴장을 동반하지만, 근대사회에서 청소년들은 자신들의 인생을 설계하는 데 있어 의미 있는 타자들(significant others), 특히 부모, 비슷한 계층의 또래친구 또는 비슷한 학습능력을 가진 또래친구들의 경험을 활용할 수 있었다.

후기산업사회에서는 급속한 사회 변화와 경험들의 파편화가 개인들이 자신의 미래와 삶을 (주관적 또는 객관적으로) 조절하는 데 있어 상당한 어려움을 겪도록 한다는 점이 지적되고 있다. Senett는 '어떻게 하면 사람들은 자신들의 정체성과 여러 가지 사건들과 경험들로 구성된 사회에서 자신들의 삶의 역사를 발전시킬 수 있는가?(1998: 26)와 같은 문제를 제기하고 있다. 이러한 유연화(flexibility)와 파편화(fragmentation)의 과정들은 '그 누구도 미래를 위해 무엇을 준비해야 하며, 무엇을 배워야 하는지를 설명해 줄 수 없는' 상황을 초래했다(Beck 2000: 3).

 청소년과 위험 사회

이 책에서는 여러 가지 측면에서 최근 30년 사이에 일어난 사회적 변화와 더불어 청소년들 사이에서 일어나고 있는 경험의 급속한 개인화, 위험에 대한 의식에 초점을 맞추어 설명하고자 한다. 1997년 이 책의 초판이 발행된 이후 노동시장은 더욱 유연해졌으며(정규직의 비정규직으로의 전환) 또한 매우 불안정해졌다는 증거들을 곳곳에서 발견할 수 있다(Rifkin 1996; Gorz 1999; Watson et al. 2003; Furlong and Kelly 2005). 현재도 진행중인 사회적 변화가 주는 함의와 파급효과에도 불구하고 우리들은 이러한 변화의 지속성을 유지하기 위해선 강력한 원동력이 필요하다는 견해를 가지고 있다. 청소년들의 경험은 계급과 젠더에 의해 지속적으로 형성된다. 또한 우리는 각 인종집단 간의 경험에는 명확한 차이가 존재하기 때문에 인종과 결합하여 발생하는 불평등의 유지에도 초점을 맞추고자 한다. 우리들의 견해로는 '인종(race)'이 사회적으로 구축된 하나의 범주(category)이긴 하지만 진전된 자본주의 사회에서 구조적인 불평등을 이해하는데 인종이 그 중심에 위치하고 있다. 청소년들의 삶의 경험에 있어 인종의 영향을 분석하기란 그리 쉽지 않다. 왜냐하면 다수의 소수 인종출신자들이 겪는 불이익은 인종적 배제가 지니는 특징이라기보다는 오히려 계층 구조 내에서 그들의 위치에 기인한 결과이기 때문이다.[8] 이러한 측면에서 보았을 때 우리들은 인종차별주의와 사회 내에서 발생하는 배제의 경험들이 언제나 계층이 초래하는 불이익과 배제의 구조 내의 일부분이라는 Miles의 의견에 동의한다(1989: 10).

현대사회의 청소년들은 이전 세대와는 다른 환경에서 성장한다. 이러한 변화는 사회적 재생산 과정과 청소년들의 이행(transition)을 재개념화하는 데 매우 중요한 역할을 한다. 달리 표현하면 현대사회의 청소년들은 새로운 위험과 기회의 상황에 직면해 있다는 것이다. 전통적인 부모, 학교 그리고 일과의 관계는 매우 약화된 것으로 보인다. 왜냐하면 이전과는 달리 청소년들의 성인으로의 이행과정이 매우 다양해졌으며, 이러한 다양한 이행들이 불확실한 결과들을 초래하고 있기 때문이다. 그러나 이러한 선택의 폭의 확대는 다양한 형태로 재생산되고 있는 불평등의 유형들을 겉으로 드러나지 않도록 도와주는 역할을 한다. 아울러 청소년들에게는 이전 세대와는 달리 다양한 선택의 여지가 존재하기 때문에 자신들이 선택한 길이 나름대로 독창적이며, 그들이 직면한 위험이 사회 전체의 문제라기보다는 개인적 문제라는 인상을 가지게 한다.

그리고 우리들의 견해로는 위험 사회는 계층이 존재하지 않는 사회

---

8) 인종의 범주에 대한 인식은 사회적으로 구축되는 것이며, 인종을 하나의 문제 현상으로 접근할 경우 인종을 표기할 때 ‘ ’를 사용한다.

가 아니라 계층 간의 분열이 존재하며, 젠더의 문제가 여전히 해결되지 않고 있는 사회이다. 객관적인 차원에서 이행 과정의 사회적 배제성(exclusivity)이 붕괴되기 시작함으로 인해 위험을 인지하기가 더욱 어려워졌음에도 불구하고 위험의 사회적 분배에 있어서의 변화는 최소화된 상태로 유지되고 있다. 위험에 대한 주관적인 감정은 청소년들의 삶에 있어 더욱 더 중요한 의미를 가지게 되었으며, 이는 그들의 경험과 라이프스타일에 더 많은 함의를 가지게 되었다. 전통적인 사회 영역의 구분이 점점 더 불명확해짐에 따라 주관적인 위험들은 집단적 전통과 안전에 대한 인식의 부족을 저해하게 된다. 예전에는 사회가 계급, 젠더 그리고 친족관계에 의해 형성된다고 하는 주관적 이해가 존재했지만, 오늘날에는 모든 대상들이 하나의 가능성(possibility)으로 존재한다. 주관적인 '이탈(disembedding)'(Giddens 1991)과 복합적으로 결합된 전통적인 기회구조의 유지는 현대사회의 청소년들에게 지속적으로 스트레스와 좌절의 근원으로 작용한다.

위험은 문화적으로 구축된다는 인식 그리고 위험에 대한 주관적 인식과 객관적 위험 사이에는 필연적인 불일치가 존재한다는 인식은 지극히 보수적이라고 할 수 있으며, 위험에 대한 인식과 객관적인 위험 사이의 괴리를 메우기 위한 과학적 방법의 개발이 필요하다. 이러한 측면에서 Adams(1995)는 다양한 행동 유형을 수반하는 사람들의 위험에 대한 인식은 사회적으로 구축되며, 사회 집단 내의 규범과 경험으로부터 영향을 받는다는 점을 지적하고 있다. 예들 들어 특정 대학에 지원하는 것은 하위 계층 출신의 청소년들에게 있어서는 위험스런 행동으로 인식될 것이다. 하지만 상위계층 출신 가정의 청소년들에게 있어서는 지극히 당연한 것으로 여겨진다. 이와 유사하게 주관적 위험과 객관적 위험 사이의 불일치는 청소년들의 불법약물(알코올, 담배 등)의 사용에 대한 반응에도 나타난다.

경제 질서의 변화, 포드주의 사회구조의 해체, 교육기간의 연장 그리고 자격증에 대한 요구는 후기산업사회에 있어 개인들에게 자신의 운명에 대한 책임이 더욱 커졌음을 의미한다. 개인적 책임(accountability)과 성취는 매우 가치 있는 것이며, 이는 학교와 매체를 통해 지속적으로 강화되고 있다. 하지만 실제로 개인은 매우 무기력한 존재이다. 다른 한편으로 개인의 책임과 그 이면에 위치하고 있는 관리능력의 부족과 취약성(vulnerability)은 위험과 불안정에 대한 인식을 강화한다. 이러한 우려는 사회생활 전반에 걸쳐 존재하며, 자아정체성은 와해되기 쉬우며(fragile), 재해석의 대상이 된다(Giddens 1991). Beck과 Giddens의 경우 정체성에 대한 지속적인 재해석은 사람들의 생활이 '성찰적 기획(reflexive project)'이 되고 있음을 의미한다. 개인들은 지속적으로 변화하는 경험들에 비추어 자신들의 일생을 재구축하도록 강요당하고 있다.

최근 몇 십 년 사이에 청소년들의 전형적인 경험에 있어 몇 가지 급격한 변화들이 일어났다. 현대사회에는 학교(schooling)의 유형이 1980년대에 비해 매우 다양해졌으며, 이전 세대는 이해하지 못할 만큼 청소년(성인 포함) 노동시장은 변화하고 있다. 모든 계층의 청소년들은 고등학교까지의 교육을 받고 있으며, 고등교육도 몇몇 엘리트 계층의 유지에서 탈피하여 점점 더 대중화되고 있다. 교육은 개인에게 편익을 가져다주는 비용을 동반한 소비상품으로서의 성격이 강화되고 있으며, 사람들도 교육을 하나의 상품으로 간주하고 있다. 제2장에서 이러한 교육의 변화에 대해 다루게 될 것이다. 그리고 이러한 교육적 변화, 즉 교육의 대중화에도 불과하고 여전히 교육이 초래하는 차이가 존재함에 대해서도 논의하고자 한다. 비록 우리들은 청소년들의 생활에 영향을 미치는 개인화의 원인들을 인지하고 있지만 여전히 교육적 이행과 성취에 강력한 영향을 미치고 있는 전통적인 교육적 성공(success)의 결정요인들에 대해서도 논의하고자 한다.

1980년대 초기부터 노동시장은 점점 더 유연해지기 시작하였으며, 대학생을 포함하여 청소년들에게 있어 비정규 고용은 노동시장으로의 이행에 있어 하나의 유형으로 자리 잡고 있다. 제3장에서는 청소년 노동시장에서의 주된 변화에 대해 살펴볼 것이며, 특히 학교에서 노동시장의 이행의 변화에 대해 집중적으로 살펴보고자 한다. 우리들은 청소년들이 다양한 서비스와 기술을 요구하는 고도로 차별화된 시장으로 이행하고 있기 때문에 포드주의시대처럼 집단적인 이행 유형을 보이고 있지 않다고 보고 있다. 학교에서 노동시장으로의 이행기간이 점점 더 길어지고 있긴 하지만, 이행의 본질에 대한 예측 가능성은 여전히 유효하다고 할 수 있다. 그런데 이행 경로의 다양화의 결과로 청소년들은 선택의 폭이 넓어졌지만, 이러한 선택은 자신들의 행동의 결과에 대한 책임도 증가하였음을 의미한다. 여전히 계층과 젠더가 노동시장에서 중요한 결정요인으로 작용하고 있음과 동시에 사회경제적으로 열악한 환경에 처해 있는 청소년들은 보다 확대된 그리고 보다 불안정한 노동시장의 덫에 갇히고 있다는 증거들을 확인할 수 있다.

학교에서 노동시장으로의 이행이 연장됨과 동시에 청소년들은 완전히 자립하지 못한(semi-dependency) 상태로 남게 되며, 이러한 상태는 'young adulthood'(EGRIS 2001), 'emerging adulthood'[9](Arnett 2004)

---

9) [역자 주] Jeffrey Arnett(2000)에 의해 제기된 개념으로 대략 18세에서 25세사

로 불리는 인생의 발달단계에 있어 새로운 단계를 등장시켰다. 청소년들은 오랜 동안 부모에게 의존하고 있으며, 이러한 상태는 청소년들로 하여금 성공적인 독립을 점점 더 어렵게 만든다(Coles 1995; Jones 1995; Holdsworth 2000; Iacovou 2001; Heath and Cleaver 2003). 부모로부터의 독립(주거의 독립과 동거 또는 결혼을 통한 독립)은 여전히 계층과 젠더로부터 강한 영향을 받고 있으며(제4장), 세 가지 이행(학교에서 노동시장으로의 이행, 동거 또는 결혼을 통한 이행, 주거의 이행)의 연속성에 있어서의 변화는 가족구성원의 역학관계에도 영향을 미치고 있다. 어떤 측면에서 이러한 새로운 상황은 성인으로서의 책임을 동반하지 않는 자유로 설명되기도 하고, 다른 측면에서는 자원의 부족과 무기력함으로 인한 좌절의 기간으로 여겨지기도 한다. 이러한 변화들은 청소년기 이외의 다른 인생의 각 단계들에도 여러 가지 함의를 제공한다.

고도로 근대화된 사회에서 계층 간 관계, 가족 간의 결속 그리고 '전통적인(traditional)' 연대가 약화됨으로 인해 소비와 라이프스타일이 개인의 정체성 구축에 있어 중심적인 역할을 하게 되었다. 라이프스타일의 변화와 여가시간의 경험들에 대해서는 제5장에서 논의하고자 한다. 이러한 맥락에서 청소년들의 생활에 있어 계층의 영향보다는 라이프스타일과 소비가 점점 더 영향이 커지고 있다고 주장하는 학자들의 의견을 제시하고자 한다(Featherstone 1991; Abma 1992; Bennett 1999). 우리들은 위의 학자들의 견해에 동의하지 않는다. 여가를 즐기는 방식, 청소년 문화 그리고 계층 간의 관계가 약화되었다고는 하지만 청소년들의 생활에 있어 중심적인 역할을 하는 소비는 계층과도 밀접한 관계에 있다.

이의 이들을 일컫는다.

여가가 점점 더 상품화됨으로 인해 몇몇 청소년들은 다른 계층의 청소년들과의 교류 또는 다양한 활동에 대한 규칙적인 참가가 곤란해졌다. 아울러 Phoenix와 Tizard(1996)가 지적하고 있는 바와 같이 소비유형, 패션 그리고 라이프스타일은 계층의 위치를 설명하는 상징이며, 청소년들은 이러한 계층을 나타내는 미세한 지표들에 대해 민감하게 반응한다.

현대사회의 생활이 초래하는 긴장과 스트레스의 증가 그리고 이러한 것들이 청소년들의 건강에 미치는 영향에 대해서는 제6장에서 살펴보고자 한다. 우리들은 개인들이 자신들의 삶에서 일어나는 일들에 대해 점점 더 책임감을 느끼게 됨으로 인해 불확실성과 위험은 청소년들의 정신건강에 부정적인 영향을 미친다는 점을 지적한다. 청소년들이 미래에 대한 확신을 가지지 못함으로 인해 정신적인 질병의 발생, 섭식장애 그리고 자실시도가 증가하고 있다(West and Sweeting, 1996). 성인사회로부터의 고립의 증가는 이러한 경향에 영향을 미치고 있다. 위험은 청소년기가 가지고 있는 특징 가운데 하나이기는 하지만, 이행기간의 연장은 범죄의 유발과 같은 위험의 발생 가능성을 증가시킨다(제7장). 예전부터 가정 및 직장 내에서의 달성도는 위험의 감소와 밀접한 관련을 가지고 있었으며, 반면에 이행기간의 연장은 청소년들이 위험에 노출되는 기간을 연장하고 있다는 여러 가지 증거들을 발견할 수 있다. 청소년들은 사회에서 '책임자(stake holders)'로서 인정받지 못하고 있으며, 이로 인해 청소년들은 이러한 욕구불만을 해소할 대체물을 찾게 된다. 이러한 행위들은 건강을 해치기도 하며 심한 경우는 범죄를 유발하기도 한다.

경험의 개인화, 개인적 차원의 위험과 세계적 차원의 불안정과 더불어 전통적인 가족과 계층의 결속의 약화는 전통적인 정치적인 관계를 약화시키는 것으로 보인다(제8장). 특히 계층에 대한 주관적인 이해의 변화는 청소년들의 정치에 대한 참여에 대해 여러 가지 함의를 가진다. 대다수의 청소년들에게 정당 정치는 그들의 생활과 아무런 관련이 없다. 하지만 동시에 그들은 폭넓은 분야에 대해 정치적으로 적극적인 태도를 가지고 있다. 청소년들이 관심을 가지고 있는 많은 문제들은 전통적인 정치의 영역에 포함되며, 그들은 전지구적 차원의 불안정, 부정(injustice) 그리고 환경 문제에도 관심을 가지고 있다. 청소년들의 정치 참여는 오래된 집단적 정체성의 해체를 반영하며, 전통적인 국가체제에 대해 회의적인 태도를 취하는 것으로 해석할 수 있다.

결 론

결론적으로 이 책은 동시대를 살아가는 청소년들이 처한 사회적 상황들을 경험적으로 분석함으로써 새롭게 등장한 근대사회의 개념화과정을 평가하고자 한다. 이러한 작업을 통하여 사회학이론에 중요한 함의를 제공하는 여러 가지 문제들이 부상할 것이다. 우리들은 불평등을 초래하는 전통적인 요인들이 변함없이 청소년들의 재생산(reproduction)을 확고히 하고 있으며, 다양한 사회적 변화는 사회적 분열을 더욱 모호하게 만들고 있는 것으로 보고 있다. 게다가 청소년들은 자신들을 불안정과 위험으로 설명되는 사회를 살아가는 존재로 인식하고 있으며, 개인적 차원에서 이러한 문제들에 대해 적절하게 대처하도록 강요받고 있다고 여긴다. Beck(1992)과 Giddens(1990, 1991)와 같은 후기산업주의자들(late modernists)은 이러한 과정들을 설명하고 있으나, 우리들은 그들이 이러한 변화들을 너무 과장하며, 변화의 연속성을 보여 주는 중요한 요인들에 대해서는 충분히 설명하지 않는 경향이 있음을 지적한다. 특히 후기 산업사회에 있어 사회 계층과 젠더는 청소년들의 생활을 이해함에 있어 중심적인 역할을 한다는 점을 지적하고 싶다.

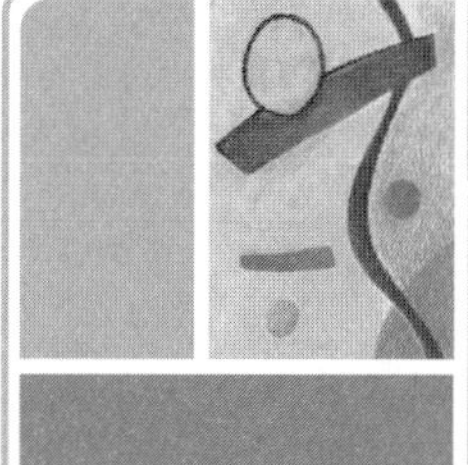

제 2 장

교육의 변화와 연속성

> 교육은 오랫동안 사회계층의 대물림을 극복하는 데 있어 중요한 수단이었다. 그런데 최근 교육시스템은 기득권층에게 호의적으로 작용하는 데 반해, 열악한 환경에 놓여 있는 사회계층에 대해서는 교육의 기회를 차단하고 있다. 제도권 내의 교육은 사회계층을 해체하기보다는 오히려 사회계층을 더욱 확고히 하고 있다.
>
> (Forcese 1998, Wotherspoon 2004: 225에서 인용)

서 론

Beck(1992)과 Giddens(1991)가 제시하고 있는 후기산업사회가 가지는 여러 가지 중요한 특징들은 교육체계 내에서 변화하는 청소년들의 경험에도 반영되고 있다. 현대사회의 청소년들은 학교에서 새로운 위험에 직면하고 있으며, 이러한 위험들을 개인적 차원에서 해결해야 한다. 후기 포드주의 경제가 요구하는 유연한 전문화와 보다 높은 학력 수준에 대한 요구는 개인들이 끊임없이 자신들의 행위에 대해 책임을 지도록 하고 있으며, 위험의 증가는 개인들을 더욱 더 궁지로 몰아넣게 된다. 비록 불평등의 전통적인 요소들이 그대로 존재한다 하더라도 집단적 정체성은 경험들이 다양화됨으로 인해 그리고 계층 간의 본질적인 관계가 모호해짐으로 인해 약화되고 있다.

우리들이 설명하는 여러 가지 변화들은 선진사회에서 교육이 표출하는 경향의 직접적인 결과이며, 부분적으로는 경제 변화에 대응하기 위한 정책의 결과라고 할 수 있다. 전세계적 차원의 경제 환경에 대한 경쟁력을 갖추기 위하여 각 국가의 정부는 높은 수준의 기술력을 갖춘 인재의 개발이 필요함을 깨닫게 되었다. 교육정책은 국가의 인적 자원의 질을 강화하기 위한 기초를 형성한다. 교육을 이상적인 사회 구축을 위한 수단(platform)으로 활용하고자 하는 요구가 존재하는데, 이는 특히 북유럽국가들에서 두드러지게 나타난다.

중등교육과정이후의 교육(tertiary education)[10] 기회를 제공하는 사회적 포용 시스템의 개발은 많은 비용을 필요로 한다. 신자유주의(neo-liberalism)로 대표되는 시대에 납세자(개인 또는 법인)들에게 교육에 대한 비용을 전액 부담하는 것에 대한 거부감이 폭넓게 퍼져 있었다. 대중고등교육시스템(a system of mass higher education)의 공공적 편익에 대한 인식의 필요성이 존재함에도 불구하고 정부는 교육에 대한

10) [역자 주] 중등교육과정 이후의 직업교육 및 대학교육을 총칭하는 교육을 의미한다.

비용을 수익자가 부담해야 한다는 견해를 취하고 있다. 이와 동시에 고등교육 기회의 확대와 장려를 위해서는 재정능력이 요구된다는 점을 인식하게 되었다(Huisman et al. 2003). 각국의 정부는 신자유주의의 영향으로 인해 교육 기회의 평등에 대한 중요성이 강조되고 있음에도 불구하고 교육시장에서의 부모의 교육비 지불능력에 관심을 가져왔다.

이러한 결과, 교육을 하나의 소비상품으로 여기는 경향이 증가하였으며, 개인들은 보다 높은 학력이 보장해 주는 경제적 이익을 기대하면서 교육에 대하여 재정적 투자를 하게 된다. 미국과 같은 몇몇 국가들은 강력한 사립대학시장을 가지고 있는데 반해, 다수의 선진국들은 고등교육(higher education)에 엄청난 재정적 지원을 하고 있다. 이러한 상황도 급격하게 변하고 있다. 예를 들어 영국과 호주는 교육비용의 일부를 부분적으로는 유예해 주거나 세 부담을 늘리는 방법으로 학생과 부모들이 고등교육에 소요되는 비용을 부담해 줄 것을 기대하고 있다. 반면에 독일은 2005년에 수업료(tuition fee)를 도입하기로 했다. 사회 정의의 토대가 되는 수업료에 대한 거부감은 더 이상 20년 전의 일이 아니며, 현재에 존재하는 현실이다.

신자유주의적 경향은 각 학교들(대학 포함)이 학생과 학부모들에게 소비자인 그들의 욕구를 충족시킬 수 있도록 하나의 상품으로 '자신을 팔아야 하는' 상황을 초래했다. 영국과 호주에서 이러한 현상은 텔레비전 광고를 통해 나타나는데, 몇몇 대학들은 텔레비전 광고를 통해 자신들의 학교를 선전하고 있다. 몇몇 학교들은 학교의 평판보다는 텔레비전 광고를 통해 자신들을 홍보한다. 극단적인 사례로 영국의 어느 신생대학은 자신들의 대학에 지원하는 이들에 대하여 수업료에서 30,000달러(44,000유로)를 감액해 주겠다며 학생들을 유혹하고 있다. 이러한 변화는 개인화된 소비의 선택을 촉진하기는 하지만, 반면에 교육시장에 참여하는 소비자들의 자원은 점점 더 다양해지고 있다. 사람들은 소비에 대하여 각기 다른 상황에 놓여 있으며, 그들은 교육시장에 대하여 각기 다른 사회적 자본과 문화적 자본을 가지고 있다. 결과적으로 교육시스템이 가져다주는 대가는 불평등하게 배분된다. 교육의 시장화에 의해 만들어진 선택의 환상은 전통적인 불평등의 형태를 계속해서 확대할 것이다.

비록 우리들은 교육적 변화가 사회적 재생산의 유형에 별다른 영향을 미치지 못한다고 주장하고 있기는 하지만 교육을 받은 그리고 기술을 갖춘 노동력에 대한 수요의 증가와 교육과 관련된 새로운 법조항들은 청소년들의 생활에 영향을 미치고 있다. 포드주의 시대에 대규모 (제조) 공장에서 상대적으로 미숙련 상태의 일자리는 학교중퇴자, 저연령대의 청소년들에게 제공하는 고용의 기회였다. 1950년대, 1960년대 그리고 1970년대에 걸쳐 산업화가 진행되고 있는 도시지역에서 상당수의 남자 청소년들은 학교에서 공장과 빌딩숲으로 바로 이행했으며, 반면에 여자 청소년들은 학교에서 매장, 사무실, 공장으로 옮겨갔다. 학교 졸업장이 노동자들이 속해 있는 상다수의 직종에서 그다지 큰 의미를 가지지 못하기 때문에 청소년들은 보다 높은 학력을 취득해야겠다는 의욕을 느끼지 못했다.

저명한 사회학자들은 청소년들이 자신들의 장래 진로를 위해 다니고 있는 학교가 가지는 상대적인 가치의 차원에서 학교에서의 수행능력에 대한 차이를 설명하고자 하였다. 예를 들어 Paul Willis(1977)는 학교를 졸업한 이후에 단순작업노동자가 될 자신들과는 관련이 없는 학교의 중간계층적 문화(middle class culture of the school)에 대한 거부감의 맥락에서 하위계층 가정 출신의 청소년들의 경험을 설명하고자 하였다.

하위계층의 청소년들이 교사들이 제시하는 미래의 성공에 대한 중간계층적 정의에 대해 거부감을 표시하는 것과는 대조적으로 유복한 가정환경 출신의 청소년들은 교육적 성취가 일정 부분 자신들의 경제적, 사회적 유리함을 유지하는데 도움이 된다고 인식하는 경향을 보인다. 그들의 가정과 학교에서의 경험에 의해 강화되는 Bourdieu(1977)가 제시하는 '하비투스(habitus)'는 사회적 재생산의 역할을 한다. 아울러 이러한 과정은 지극히 자연스러워 보이며, 불가피한 가정이라고 여겨진다(Ashton and Field 1976; Brown 1987).

교육시스템 내에 존재하는 명백하며 아주 강력한 구분선은 산업사회의 중요한 특징이라고 할 수 있는데, 이는 후기산업사회에서 더욱 변화된 형태로 계속해서 존재하고 있다. 1970년대까지 영국에서 대다수의 노동자계층의 청소년들은 11세 이후부터 중간계층 출신의 친구들과 분리되어 각각 다른 교육을 받았다.[11] 청소년들에 대하여 차별 없는 정책이 수행됨에도 불구하고 사회계층은 그들의 학급 배분(학습능력별 학급배분)과 시험성적에 영향을 미친다(Ford 1969; Ball 1981; Kao and Thompson 2003). 중간계층의 청소년들은 교육시스템을 통하여 보다 유리한 경로를 따라 이동하는 데 반해 노동자계층의 청소년들은 비교적 성적이 낮은 경로를 통해 이동하는 경향이 강하다(Douglas 1967; Hargreaves 1967; Ball 1981; Kao and Thompson 2003).

이행 경로가 다양해지는 가운데 대부분의 공업국가들은 다양한 교

11) 다수의 국가에서는 지역별로 차별화된 교육제도를 가지고 있으며, 특히 상당수의 청소년들은 초등학교 단계에서 유사한 사회계층적 배경을 지닌 친구들과 많은 시간을 같이 보낸다.

육제도를 구축하였다. 이러한 제도들은 사실상의 사회적 인종차별(social apartheid)로 이어진다. 제2차 세계대전이 끝난 이후 모든 선진국들은 이러한 사회적 장벽을 없애기 위해 여러 가지 시도를 하였다. 하지만 이러한 노력의 일부는 피상적인 수준에 그치기도 하고 또 일부의 경우에는 아무런 효과를 거두지 못했다. 예를 들어 독일은 학생들이 10세 이후부터 분리된 교육을 받게 되는 3원 시스템을 유지하고 있다. 벨기에와 네덜란드의 경우는 12세 이후부터 분리된 교육을 실시하고 있다. 프랑스는 여전히 중등교육(중학교) 2학년 이후에 몇 가지 형태의 분리 정책을 실시하고 있다. 반면에 미국은 사회통합을 위하여 강제버스통합(busing system)[12]과 같은 실험을 시도하였다. 그럼에도 불구하고 주거 형태와 사적 영역으로부터의 영향 등으로 인해 교육의 질에 있어 계층적 영향은 남아 있다(Devine 2004). 이러한 일련의 과정들은 사회적으로 차별화된 교육시스템의 유지를 더욱 확고히 한다. 유럽에서는 종합중등학교(comprehensive school)가 폭넓게 확산되어 있음에도 불구하고 영국은 사회적으로 차별화된 교육시스템을 가지고 있다(Gorard and Smith 2004).

후기산업시대에는 미숙련 청소년 노동력에 대한 수요가 급격하게 감소함에 따라 의무교육 이상의 교육에 대한 참가율이 급격하게 증가하였다. 현대사회의 노동시장에서 고용을 둘러싼 환경은 더욱 차별화되었으며, 전문직에 대한 경쟁률의 증가와 더불어 개인의 학업능력은 생존을 위한 필수요건으로 자리 잡게 되었다(Beck 1992). 이러한 맥락에서 그

---

12) [역자 주] 흑인과 백인의 균형을 맞추기 위해 아동을 거주 지역 밖으로 보내는 정책을 말한다.

리고 여전히 확고하며 다양한 형태의 분리가 유지되고 있음에도 불구하고 학교와 청소년들의 관계는 계속해서 개인화되고 있으며, 교육시스템을 이해하는 데 있어 중심적 계념인 계층에 기초한 구분은 희석되고 있다는 점은 여전히 논쟁의 여지가 있다(Biggart and Furlong 1996). 교육적 가치가 거부되거나 또는 학교의 권위에 대한 적대감은 학교졸업 이후의 노동시장에까지 연결된다. 즉, 그들의 계층에 대한 인식이 변하게 되며, 치열한 경쟁사회에서 살아남기 위하여 서로 자신들의 교육적 성취도를 최대화하고자 경쟁한다. 이러한 변화의 결과 가운데 하나로 청소년들은 이전보다 훨씬 더 바빠졌으며, 노동시장 진입에 있어 보다 유리한 조건을 충족시키기 위해 필요한 학력(졸업장)을 취득하도록 강요당하고 있다(Buchner 1990).

청소년들에게 나타나는 교육과 관련된 이러한 변화들은 표준화(standardization)와 다양화(diversification)와 같은 두 가지 과정을 수반하는 것으로 보인다(Olk 1988). 한 가지 측면에서 대다수의 청소년들은 학교라는 체제 안에서 많은 시간을 보내고 있으며, 효과적인 노동시장으로의 이행에 도움을 줄 것으로 여겨지는 학력(졸업장)을 취득한다. 다른 한편으로는 교육시스템을 통한 여러 가지 경로들은 동일한 교육기관 내(학교)에 존재하는 진학과정(academic course)과 직업과정(vocational course)에 따라 다양해진다(Heinz 1987; Chitty 1989). 하지만 교육적 경험이 점점 더 다양화되고 있는 동안에 계층과 젠더는 여전히 교육달성도와 교육적 이행 경로에 있어 중요한 결정요인으로 작용한다. 예들 들어 Jones와 Wallce는 '영국과 독일에서 보다 개인화된 성인으로의 과정(path)에 있어 계층적 요인이 크게 작용하고 있다'는 점을 지적하고 있다(1990; 137). Bourdieu(1977)는 중간계층의 청소년들이 가지고 있는 사회적 그리고 문화적으로 유리한 조건은 능력주의적(meritocratic) 교육정책이 확산됨으로 인해 교육적 성취에 큰 영향을 미치는 것으로 예측했다. 자본을 측정하는 다양한 방법들이 개발됨으로 인해 문화자본(cultural capital)'의 개념이 사회적으로 유리한 조건의 재생산에 있어 중심적인 위치를 차지하게 되었다고 할 수 있다(Baron et al. 2000; Field 2003).

이 장에서 우리들은 교육 형태의 변화에 대해 살펴보며, 아울러 평등화 과정에 영향을 미치는 교육에 대한 참여 형태의 다양화에 대해 논의하고자 한다. 이러한 변화의 본질을 살펴본 후에 교육 기회의 강화(enhancement)가 교육적 성취와 사회적 배경 사이의 관계에 있어 그다지 영향을 미치지 못한 몇 가지 원인에 대해서도 논의하고자 한다. 이러한 맥락에서 우리는 '성공(success)'에 있어 여전히 강력한 결정요인으로 작용하고 있는 사회계층에 따라 분리되어 있는 상당수의 선진국의 교육기관들에 대해 살펴보고자 한다. Beck(1992)이 제시하고 있는 '보편주의(universalism)'는 대부분의 선진국(경제적)의 교육시스템에서 찾아보기 어려워졌다.

시대적 흐름

최근 몇 십 년 사이에 교육은 청소년들의 생활에 있어 매우 중요한 역할을 수행해 왔다. 1970년대 다수의 선진산업국가에서 상당수의 청소년들은 16~17세경에 학교를 떠나 사회(노동시장)로 진출했다. 비록 독일이 이 시기 이후에 학교교육과 기업(현장교육)을 연계시킨 교육시스템을 갖추고 있기는 하지만, 대부분의 국가에서는 16~17세경이 제도권 교육이 종료되는 시점이다.

16~17세경부터 청소년들은 그들이 속한 사회계층에 따라 전혀 다른 경험의 궤도를 걷게 된다. 노동자계층 가정의 청소년들은 취직에 필요한 자격을 취득하기 위하여 계속교육(further education)을 받는 경향이 있다. 그리고 이러한 교육들은 주로 '실용적(practical)' 성격이 강하며, '직업(vocational)'이란 단어가 자주 사용된다. 실제 모든 선진국에서 이론적 지식의 획득에 초점을 맞추고 있는 '학문탐구(academic)'를 주된 목적으로 하는 고등교육은 주로 중간계층의 몫이다.

현대사회에서 교육 내에서 발생하고 있는 계층 간 차별의 확산은 점점 더 줄어들고 있다. 비록 직업적 영역과 학문적 영역이 분리되어 있기는 하지만 전 계층에 걸쳐 교육을 받는 기간이 길어지고 있으며, 의무교육기간 중에는 통일된 교육과정과 차별 없는 대우가 이루어지고 있다. 가장 중요한 변화 가운데 하나로 교육제도내의 확고한 사회적 재생산과정에 관한 추정들을 다시금 생각하게 하는 부분인데, 그것은 바로 고등교육 참여율의 증가와 관련된 부분이다. 예전에는 고등교육이 특권계층(privileged classes)의 소유물이었지만 최근 20~30년 사이에 대부분의 선진국에서 많은 이들이 대학교육을 받을 수 있게 되었다(Smithers and Robinson 1989; McPherson and Scharpiro 1991; Egerton and Halsey 1993; Forsyth and Forlong 2000; Huisman et al. 2003).

성취와 참여유형의 변화

1970년대 이후부터 대다수의 선진국들에서 후기의무교육(post compulsory education)에 대한 참여율이 점진적으로 증가하는 현상이 나타나고 있다. 이전에는 주로 대부분의 청소년들이 중학교(16~17세경)를 끝으로 학교교육을 종료하는 경향이 강했다. 하지만 최근에는 특히 노동자계층의 청소년들이 이전에 비해 중도에 학교를 그만두는 비율은 크게 줄어들었으며, 중도에 학교를 포기한 대부분의 이들도 제도권 밖의 교육기관에서 교육을 받거나 직업훈련을 받고 있다(Roberts 1995; Surridge and Raffe 1995; Dobson 2003; Hayward et al. 2004; Aamodt and Kyvik 2005).

2002년 OECD(경제개발협력기구) 가맹국 가운데 15~19세 청소년들의 82%, 20~24세 청소년들의 38%가 전일제 교육(fulltime education)을 받고 있는 것으로 나타났다(그림 2.1) 청소년들의 교육참여율(OECD 평균)은 프랑스, 독일[13] 그리고 스웨덴이 평균보다 크게 높으며, 영국[14]은 평균보다 낮은 것으로 나타났다.

OECD 가맹국 16세 이상 청소년들의 16세 이후의 교육참여율은 제2차 세계대전 이후 크게 증가하였으며, 특히 1980년대에 급격하게 증가하였다. 물론 모든 국가들이 동일한 경향을 나타내고 있는 것은 아니지만, 영국과 웨일즈는 다른 국가들에 비해 크게 변화한 양상을 나타내고 있다. 1974년 16세 남자 청소년의 1/3(33%)과 여자 청소년의 37%가 여러 가지 형태의 전일제 후기의무교육(post compulsory education)을 받고 있었다. 1989년에는 남자 청소년의 참여율이 43%까지 증가하였으며, 여자 청소년들은 53%까지 증가하였다. 그리고 2004년에는 16세 청소년

---

13) 프랑스와 독일의 참여율은 부분적으로 높은 의무교육 수료율을 반영한다.

14) [역자 주] 이러한 영국의 교육시스템을 Hayward와 그의 동료들(2004)은 '중간참가시스템(medium participation system)'이라고 부른다.

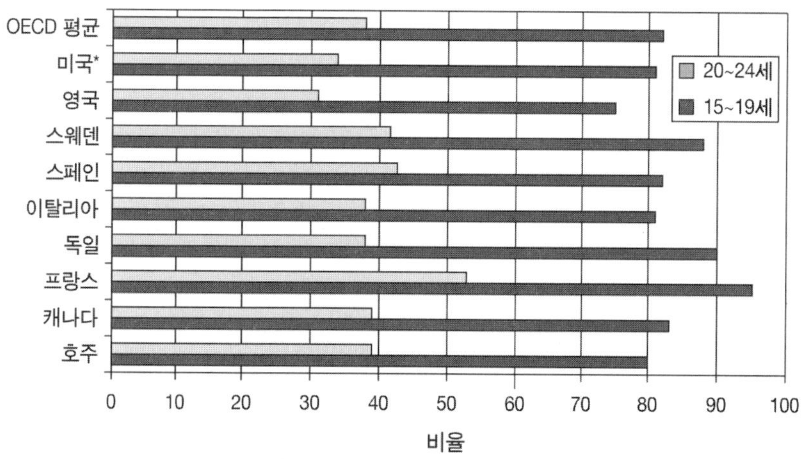

그림 2.1 전일제 교육 참여율(2002)

참고: 미국은 2003년 자료

출처: OECD 2004

의 대략 2/3(남자 67%, 여자 77%)가 전일제 교육을 받고 있었다. 이러한 추세는 1990년대 초에 들어서 상승경향이 둔화되는 모습을 보인다 (Hayward et al. 2004; DfES 2005).

청소년들의 후기의무교육에 대한 참여율이 크게 증가함과 동시에 전체적으로 학교졸업자(고등학교)의 수도 크게 늘어났으며, 또한 잠재적인 대학 지원자의 수도 늘어났다. 하지만 교육시스템과 직업기회의 구조적 연계와 학교의 종류에 따라 중요한 차이가 존재한다. 청소년들의 관점에서 보았을 때 교육에 대한 투자가 제공하는 인센티브는 일반교육(대학진학을 위한)을 받을 때 극대화되며, 결과적으로 이러한 학교의 졸업장이 개인의 능력(merit)을 설명하는 신호(signal)가 된다(이러한 나라들에는 미국, 프랑스 영국 등이 포함된다) (Shavit and Müller 1998). 이러한 시스템은 처음부터 학교졸업장이 청소년들에게 제공하는 인센티브를 과잉평가하였으며, 학교졸업자의 수가 늘어남에 따라 졸업장에 대한 가치도 떨어지게 되었다. 독일과 스위스와 같은 나라에서는 직업교육과 전문적인 직업기술의 습득을 강조하고 있다. 직업기술과 작업장내의 위치와의 밀접한 관계로 인해 이러한 교육시스템이 학력 과잉을 유발할 가능성이 낮다는 지적이 있다(Shavit and Müller 1998).

이들 두 가지 시스템은 각기 나름대로의 장점과 단점을 가지고 있다. 기술과 직업교육을 중시하는 교육시스템은 노동자계층의 미숙련 청소년의 수를 감소시키며, 실업률을 낮추는데 기여한다(Arum and Shavit 1995; Shavit and Müller 2000). 하지만 교육기회의 계층화(stratification)는 청소년들로부터 노동시장에 있어 전문직 또는 관리직에 종사할 기회를 박탈할 수도 있다. 이러한 현상은 결국 계층 간 이동을 어렵게 만드는 원인으로 작용한다. 실제로 영국의 직업교육과정(vocational course)은 학업성취도가 낮은 이들에게는 학문탐구중심의(academic) 교과과정이 그다지 도움이 되지 못한다는 신념에 기초하여 발전하였다. 비록 그들은 학교졸업 후 바로 취직을 한다는 것이 직업적 지위가 낮은 직종에 종사하게 되며, 계층, 젠더 그리고 인종상의 불평등을 심화시킬 것이라는 두려움을 가지고 있지만, 그래도 그들은 학교졸업 후 바로 취직하기를 희망하고 있다. 영국의 경우 직업교육과정에는 주로 학업성취도가 낮은 노동자계층의 청소년들이 참여하고 있는데 반해, 전통적인 학문탐구중심의 교육과정에는 중간계층의 청소년들이 참여하고 있다(Brown 1987; Chitty 1987; Raffe et al. 2001).

독일에서도 대학진학과정은 중간계층에 의해 독점되는 현상을 발견할 수 있다(Müller and Karle 1993). 이와 유사하게 미국에서도 가난한 가정의 청소년들이 2년제 커뮤니티 칼리지(community college) 등록률이 매우 높다(McDonough 1997). 중등교육(secondary education)을 통한 직업적 이행의 분리는 노동자계층의 청소년들에게 전문직, 관리직의 취직 기회를 줄일 가능성이 높은 반면, 이러한 불공정(injustice)의 대가로 직업경로를 걷게 되는 청소년들에게 실업이나 미숙련 단순노동의 기회가 늘어나게 된다(Shavit and Müller 2000).

학업성취도와 참여유형 간의 접속(link)은 매우 복잡하며, 여러 가지 요인들을 수반한다. 학교졸업장 인플레이션은 이러한 상황의 일부분을 설명한다. 교육적 '성공' 의 징표인 학교졸업장은 이후의 진로를 더욱 촉진한다. 따라서 교육에 대한 참여율을 증가시키기 위해 교육과정과 시험유형상의 변화가 강구될 수 있다. 후기의무교육에 대한 참여가 보편화됨으로 인해 문화적 환경이 개입되게 되었으며, 초기 단계에 학교를 떠날 것으로 예상되던 청소년들은 교육의 성취와 발전을 자신들의 준거의 틀(frame of reference) 안으로 통합시키게 되었다. 최근 영국에서 도입한 저소득가정 청소년들의 교육비에 대한 재정적 지원은 학업에 대한 계속적 참여를 위한 경제적 촉진요인으로 작용하고 있다(Croxford et al. 2002). 노동시장의 요구의 변화, 특히 전문직, 기술직 분야에서의 수요의 증가와 제조업분야에서의 미숙련 노동자에 대한 수요의 감소는 계속적인 교육 참여를 위한 강력한 유인(incentive)으로 작용할 수 있다. 지역사회에서의 일자리 부족으로 인한 취업 기회의 감소는 동기 저하 요인(discouraged workers)으로 작용할 수 있다. 따라서 청소년들은 취업 가능성(job availability)에 대한 기대를 안고 보다 높은 수준의 (전일제)교육을 받고자 한다(Raffe and Wilms 1989).

교육체제의 변화는 청소년들에게 계속해서 교육을 받고자 하는데 상당한 동기를 부여해 왔다(Raffe 1992; Georard and Smith 2004). 결과적으로 교육체제의 변화는 교육에서의 성공과 교육에 대한 참여유형에 영향을 미치게 되었다. 하지만 사회경제적 변화 또한 학업성취도의 수준에도 영향을 미치게 되었다. 부모의 학력과 자녀의 학력의 관계와 더불어 학력의 증가는 청소년들의 교육적 성과가 늘어나는 결과를 낳을 수 있다(Croford et al. 2006). 하지만 이러한 변화는 여과되는데 20~30년 이상의 시간을 필요로 한다. 최근 OECD(OECD 2005a)는 부모의 학력과 청소년의 고등교육진학률(upper secondary education), 수료율 간의 높은 상관관계에 대해 주목하고 있으며, 반면에 유럽의 연구자들은 남부유럽과 동부유럽에서 부모의 학력과 자녀의 학업달성도 간에 가장 강한 상관관계가 존재함을 보여 주고 있다. 하지만 북유럽국가들에서는 이들 변수 간의 상관관계가 상대적으로 약하게 나타났다(Kogan and Jungblut 2004). 고용형태의 변화에도 주목할 필요가 있으며, 높은 학력수준의 노동자에 대한 수요의 증가는 교육의 성취(attainment)에도 영향을 미친다. 노동시장의 구조적 변화는 단순히 청소년들이 자신들의 학력수준을 높이는 것에 대한 동기부여와 같이 긍정적인 효과만을 제공한 것은 아니다. 학력수준이 낮은 이들에 대한 급격한 고용 기회의 감소는 이들이 어쩔 수 없이 대학을 포함한 고등교육기관에 진학하는 결과를 초래하고 있다(제3장 참조).

모든 선진국에서 16세 이상 청소년들의 교육참여율의 증가는 비록 진학에 대한 다양한 동기가 존재하기는 하지만 고등교육 진학률의 증가로 이어지고 있다. 청소년 가운데 대략 60% 정도가 고등교육(tertiary education)을 받고 있는 핀란드, 스웨덴 그리고 뉴질랜드는 대표적인 고등교육 진학률이 높은 국가들이다(그림 2.2). 이와는 대조적으로 독일,

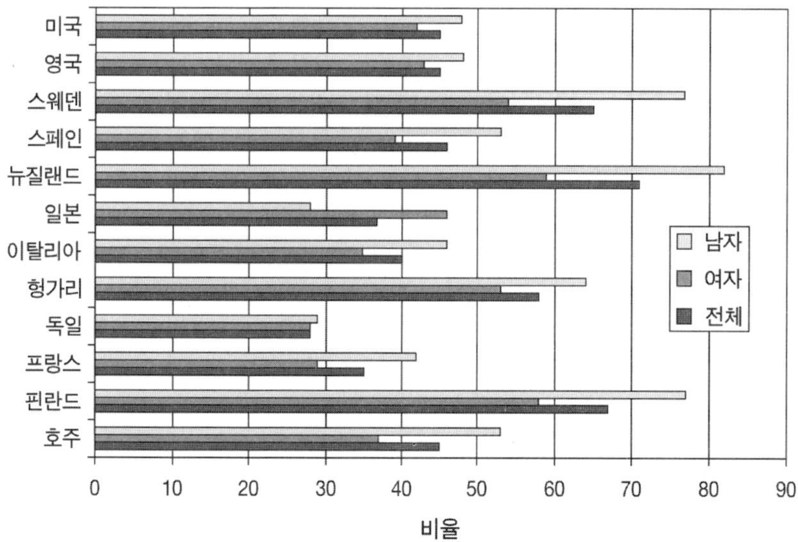

그림 2.2 고등교육(직업학교 포함) 진학률(2002)

출처: OECD 2004

프랑스 그리고 일본은 고등교육 진학률이 40%를 밑돌고 있다.

이러한 국가들 간에 나타나는 명확한 차이점은 고등교육 진학이 교육의 효과 또는 학교교육의 성취도를 직접적으로 반영하고 있지 않다는 것이다. 국제비교연구는 고등교육 진학률이 청소년들의 학업성취도보다는 각 국가의 정책과 규범에 의해 크게 영향을 받고 있다는 점을 명확하게 보여 주고 있다. Skilbeck과 Connell은 고등교육 진학을 크게 두 가지 모델로 제시하고 있는데, 먼저 네덜란드와 프랑스와 같이 '자격이 있다고 여겨지는 이들에 대하여 진학에 대한 권리가 부여되는 시스템'을 가진 모델과 영국과 같이 '특별한 과정과 프로그램에 의해 결정되는 선발과정을 통한 제도적 선발시스템'을 갖춘 모델이 있다(Skilbeck and

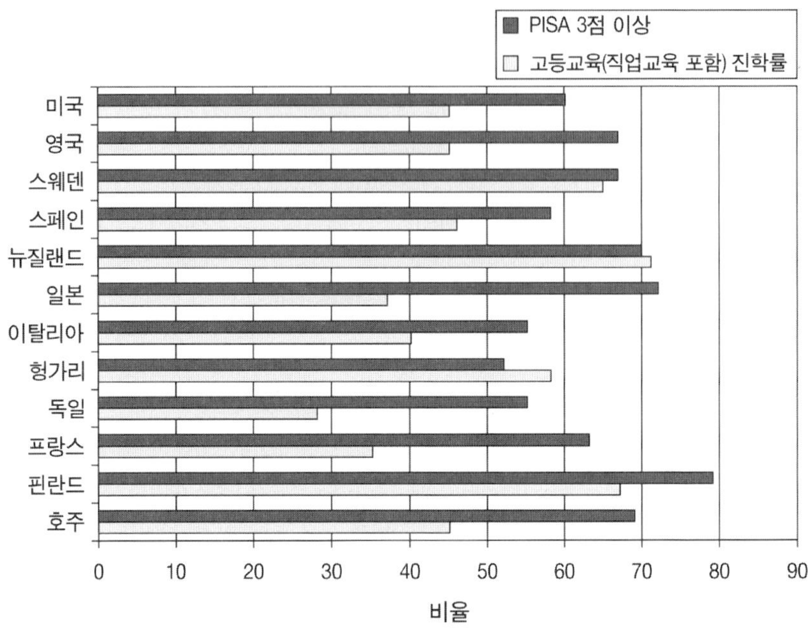

그림 2.3 문제해결능력 점수(PISA), 고등교육(직업교육 포함) 진학률(2002)

출처: OECD 2002a

Connell 2000: 15). 전세계적 차원에서 15세 청소년들을 대상으로 표준화된 평가를 사용하는 PISA(the Programme for International Student Assessment)[15]의 연구는 개별 국가적 차원에서 문제해결능력, 독해, 수학 점수(표준화된 평가지를 통해 측정) 그리고 교육적 발달(educational progression)의 관련성이 그다지 강하지 않음을 명확하게 보여 주고 있다(그림 2.3). 예를 들어 뉴질랜드와 스웨덴의 경우 문제해결능력에서

15) [역자 주] OECD가 실시하는 국제학업성취도조사.

높은 점수(3+)를 받은 15세 청소년의 비율과 대학진학률 간에는 밀접한 관련성이 있는 것으로 나타났다. 이와는 대조적으로 프랑스, 독일 그리고 호주의 경우 문제해결능력에서 높은 점수를 받은 이들의 비율보다 고등교육진학률이 더 낮은 것으로 나타났다.

동시에 PISA의 점수는 사회 계층과 밀접한 관계에 있는 것으로 나타났다. 예를 들어 대부분의 유럽 국가들에서 하위 10% 계층에 속하는 청소년들의 독해(reading) 점수의 평균이 상대적으로 유복한 가정의 청소년들에 비해 낮은 것으로 나타났다. 룩셈부르크, 포르투갈, 프랑스에서는 소득에 따른 점수의 차이가 크게 나타났으며, 핀란드와 네덜란드에서는 상대적으로 소득의 효과가 크지 않은 것으로 나타났다(Gorard and Smith 2004).

제2차 세계대전 이후 거의 모든 산업국가에서 청소년들의 고등교육진학률이 증가했는데, 특히 대다수의 국가들의 경우 1980년대 후반과 1990년대 초반에 급격한 증가추세를 보이고 있다. 예들 들어 영국의 경우 1970년과 2002년 사이에 대학생의 수가 3배나 증가했다(그림 2.4). 그리고 일본은 1970년과 2000년 사이에 대학생의 수가 2.5배 증가했다. 두 나라 모두 증가한 수치 가운데 2/3가 1980년대 후반에서 2000년 사이에 늘어난 것이다(Frédéric 2005; Summerfield and Gill 2005). 이와 유사하게 호주는 1988년에서 2000년 사이에 대학생의 수가 65%나 증가했다(Dobson 2003).

1990년대부터 이러한 변화는 고등교육을 이수한 노동력 인구의 증가로 이어졌다. 1991년과 2002년 사이에 OECD 가맹국에 있어 25~64세 인구 가운데 고등교육을 받은 이들의 비율이 18%에서 23%로 증가했다(그림 2.5). 캐나다, 스페인 그리고 영국과 같은 나라에서는 OCED 평

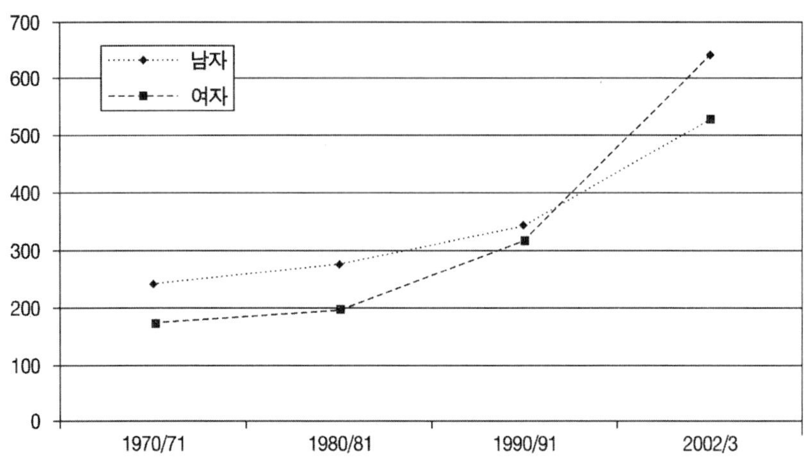

그림 2.4 영국의 성별 대학생 수(1970/71년에서 2002/3)(단위, 천 명)

출처: Summerfield and Gill 2005

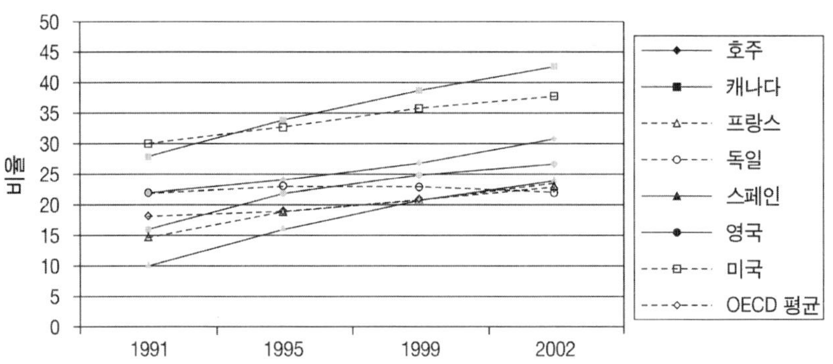

그림 2.5 고등교육 수료비율(25～64세)(1991～2002년)

출처: OECD 2004

균의 2배가 넘는 증가추세를 보였으며, 반면에 독일의 경우는 미세한 정도의 증가추세를 보였다(1%).

상당수의 국가들(특히, 영국, 네덜란드, 독일)에서 고등교육의 확장은 종래의 엘리트 양성 시스템을 보완하는 새로운 영역의 구축을 통해 이루어졌다. 영국에서 최근의 학생 수의 증가는 주로 '신생대학〔new universities: 이전의 폴리테크닉(polytechnics)〕에서 두드러지게 나타나고 있으며, 이들 학교의 졸업생들은 취직에 어려움을 겪는 경향이 강하다. 실제로 졸업생들의 고용에 대한 전망은 노동시장에서 가장 큰 어려움을 겪고 있는 신생대학의 졸업생들 사이에서 크게 계층화되고 있다는 점들이 논의되고 있다(Furlong and Cartmel 2005). 오랜 전통을 가진 명문대학이나 아이비리그(Ivy league)'에 속한 대학이 전문대나 신생대학에 비해 훨씬 큰 자본으로서의 가치(capital value)를 가지고 있다. 이런 측면에서 유럽에서 대학 졸업생들이 노동시장에서 일정 부분 이점을 가지긴 할지라도 그리고 대학졸업이 그들에게 긍정적으로 작용할 것이라고 믿고 있다고 하더라도 대학의 증가는 고용 기회의 평등에 크게 기하지 못할 것이다(European Commission 2002).

이와 유사한 현상은 다른 나라들에서도 나타나고 있다. 예를 들어 미국에서는 저소득층 가정의 청소년들이 유복한 가정의 청소년들에 대해 대학보다 커뮤니티 칼리지(community college)(학비도 저렴하며, 사회적 지위도 낮은)에 다니는 비율이 5배나 높다(McPherson and Schapiro 1999). 이러한 문제는 비싼 수업료가 사회경제적으로 낮은 계층에 위치한 청소년들을 커뮤니티 칼리지(community college)로 유도하고 있다는 논쟁으로 이어진다(Skilbeck and Connell 2000).

이전에 비해 많은 청소년들이 고등교육을 받고 있는 가운데 상당수의 국가들에서는 경제적으로 어려움을 겪으면서도 고등교육을 받고 있는 이들이 존재한다. 다수의 청소년들, 특히 경제적으로 어려운 환경에 처해 있는 가정의 청소년들은 아르바이트와 학업을 병행하고 있으며, 대학을 졸업함에 동시에 학자금 융자 등과 같이 빚을 안고 사회에 첫발을 내딛는 이들도 등장하기 시작했다. 덴마크, 그리스, 룩셈부르크, 체코, 헝가리, 말타 그리고 폴란드 등과 같은 나라들은 수업료가 무료이지만, 유럽연합 내의 대부분의 청소년들은 수업료를 지불하고 있다. 영국의 경우 2004년 대학졸업자의 평균(대학졸업시점) 채무액이 13,500파운드(20,000유로)였다. 이는 2010년에는 채무액이 3배로 늘어날 것으로 추정된다(Barclays bank 2005). 반면에 미국의 경우는 사립학교의 연간 수업료가 대략 19,000파운드(28,000유로)에 달한다. 유럽 9개국 비교연구에서, Vossensteyn(1999)는 수업료, 학습에 필요한 비용, 장학금 등의 재정적 지원 등을 고려하면서 고등교육에 필요한 비용을 계산하였다. 그에 따르면 핀란드, 덴마크 등과 같은 국가들의 경우 대부분이 고등교육에 소요되는 경비를 부담할 능력을 가지고 있는 것으로 조사되었다. 반면에 오스트리아, 벨기에 그리고 영국의 경우는 고등교육에 소요되는 비용 부담 능력을 갖춘 이들이 소수에 불과하였다.

교육시스템상의 변화가 청소년들의 인생의 경험을 표준화하는 것처럼 보이지만, 실제로는 청소년들을 다양화하고 있음을 알 수 있다(Chitty 1989). 고등교육에 의해 강화되는 직업경로와 학문(진학)경로는 대학이 가지고 있는 자원과 졸업생의 취직률의 측면에서 전통적인 엘리트 대학과 신생대학을 양극화시키고 있다(McPherson and Schapiro 1999; Forsyth and Furlong 2000).

여러 가지 측면에서 볼 때 교육현장에서의 변화는 신자유주의체제

하에서 교육을 하나의 상품으로 취급하는 경향을 초래한 정치적 이데올로기의 반영이다. 새롭게 형성된 교육시장의 경향을 설명함에 있어 Gewirtz는 '생산자로서의 학교는 소비자인 청소년과 부모의 욕구를 충족시키고자 한다'(1996: 289). 하지만 개인의 교육에 필요한 자금조달능력은 시장에서의 성공에 큰 영향을 미친다. 주로 소비자의 선택이란 명목상으로 정당화되는 교육의 상품화가 서구 시스템이 가지고 있는 보편적 특징 가운데 하나라고 할 수 있다. 그러나 영국, 벨기에, 핀란드, 아일랜드와 같은 나라들은 청소년들에게 일정 정도의 수준에서 공립학교(state school) 입학을 허용하고 있다(Gorard and Smith 2004). 그럼에도 불구하고 교육이 시장화되고 있다는 증거들을 곳곳에서 찾아볼 수 있다(Ball 2003; Croxford and Raffe 2005; Harris and Ranson 2005).

최근의 논의를 살펴보면 교육의 상품화는 인식론적 오류의 등장과 관련성이 있다는 점을 지적할 수 있겠다. 여기서 말하는 인식론적 오류란 전통적인 불평등의 고착을 은폐하면서 겉으로는 평등에 대한 환상을 만들어낸다는 것이다. 자녀들에게 어떠한 형태의 교육을 받게 할 것인가는 부모의 책임이며 소비자인 부모의 잘못된 선택이 경우에 따라서는 부정적인 결과를 초래할 수 있다. 결과적으로 정부는 사회 정의의 기초가 되고 능력주의원리가 토대를 이루는 교육시스템의 공급자로서의 전통적인 역할의 일정 부분을 양도할 수 있다. 체제화된 시장에는,

> 승자와 패자의 존재와 자원에 대한 접근성에는 차이가 존재한다. 교육시장에서 생산자인 교육기관은 자신들의 이익을 극대화하고 시장 내의 비중을 늘리기 위하여 자신들이 활용할 수 있는 전술을 최대한 활용한다. 간단히 말해서 이러한 환경은 생산자와 소비자 모두에게

자신들의 이익을 확보해야 하는 부담으로 작용한다.

(Gewirtz 1996; 293)

아울러 교육의 상품화의 결과로 학교와 대학은 겉으로는 모든 이들에게 열려 있다는 태도를 취하면서 계속해서 사회적 불평등을 재생산하고 있다(Bourdieu and Passeron 1977). 이러한 과정은 교육성과의 차이를 이해하는 데 있어 계층의 관련성을 모호하게 함으로 인해 인식론적 오류를 지지하고 있다.

교육적 참여의 문화적 영역

예전에는 교육 참여에 대한 주관적 적응(subjective orientation)은 상대적으로 단순한 것처럼 보였다. 본질적으로 교육에 대한 반응은 기회의 객관적 구조에 대한 주관적 반영(subjective reflection)으로 여겨졌다. 예를 들어 Willis(1977)는 하층노동자가정의 남자 청소년들은 중간계층의 학교문화에 대해 거부감을 가지고 있는데, 이는 장래 육체노동자가 될 자신들과는 아무런 관련이 없다고 여기기 때문이라고 보고 있다. 현대사회에서 교육 참여를 결정하는 문화적 측면은 점점 더 복잡해지고 있으며, 교육이 제공하는 편익과 가치에 대해 그다지 강한 거부감을 가지지 않는 경향이 있는 것으로 여겨진다(Biggart and Furlong 1996; Ball et al. 2000; Furlong 2005). 노동자계층에서의 교육적 달성도(학력)가 강조된 것은 부분적으로나마 현대 경제에서 학력의 중요성에 대한 인식이 증가한 것에 기인하고 있다. 또한 이는 그다지 눈에 띄지는 않지만 작업단위의 소규모화와 부모의 학력수준의 증가뿐만 아니라 제조업의 침체로 인해 노동시장에서 노동자계층의 직종과 중간계층 직종 간의 경계가 허물어진 것과도 관련이 있다. 이러한 요인들은 기회의 객관적 구조와 사회적 위치에 대한 주관적 해석의 관계가 점점 더 모호해지고 있는 후기 산업사회의 '인식론적 오류' 와도 관련되어 있는 것으로 보인다.

청소년들이 교육을 통해 자신들의 잠재력을 발휘하고 계속적으로 교육에 참여하기 위해서는 의무교육기간 동안 학교에 대하여 긍정적이거나 적어도 도구적인 측면에서의 적응도를 높이는 것이 중요하다. Ball과 그의 동료들(2000)이 지적하고 있는 바와 같이 청소년들은 '학습자로서의 정체성(a learner identity)'를 확립해야 하며, '가능성을 가진 자기(a possible self)'(Markus and Nurius 1986)에 대해 자각하여야 한다. 이러한 과제들은 높은 학업능력과 전문적인 기술을 요구하는 직업의 취직에 있어 중요한 역할을 수행한다. 자신들의 노동이 저평가되고 있거나 적당한 수준의 보상을 받고 있지 못하고 있다고 느끼는 이들과 학교공부가 자신들의 장래의 진로에 크게 도움이 되지 않을 것으로 여기는 이들은 학교공부에 대해 그다지 노력을 기울이지 않거나 또래집단과 같은 학교 이외의 장소에서 자신들의 지위를 확보하고자 한다.

학업성적이 낮은 학생들(주로 노동자계층의 청소년들이 다수를 차지)은 이른 시점에 학교에 대한 환상을 버리거나 학교생활에 대한 동기부여와 흥미를 상실하고 만다. 때로는 이들은 학교의 문화에 대해서도 불만을 느낀다. 몇몇 사례의 경우 특정 지역과 특정 가정의 청소년들은 조기에 학교를 그만두고 말 것이라는 점이 어느 정도 예측될 정도이다.

일부 청소년들은 초등학교에서 중학교로 이행하는데 여러 가지 어려움을 겪기도 하고 새로운 환경에 제대로 적응하지 못하는 경우도 있다. 초등학교에서 중학교로 진학하는 과정에서 발생하는 여러 가지 변화와 관련하여 겪게 되는 어려움들에 관한 사례로 Ball과 그의 동료들은 학교를 '평화와 고요의 오아시스(oasis of peace and quiet)'로 여기던 한 초등학교 여학생이 중학교로 진학하면서 학교를 '참을 수 없는 전쟁터'로 받아들이게 되는 사례를 소개하였다(2000: 26). 이와 유사하게 초등학교를 즐겁게 노는 곳으로 여기던 학생들이 중학교로 진학하면서 학교를 대한 흥미를 잃게 되었다는 스코틀랜드에서 실시된 연구(Furlong et al. 2003)도 있다. 청소년들은 단절(discontinuity)을 경험할 수 있으며, 낯익은 친구들이 없는 교실에서 소외되거나 두려움을 느낄 수도 있다. 초등학교는 대부분 규모가 작고, 대부분이 인근지역에 살거나 비교적 비슷한 환경과 특성을 가지고 있는데 반하여, 중학교는 인원이 많으며 이질적 성향이 강하다. 스코틀랜드에서 실시된 연구에 의하면 응답자들은 교사들의 자신에 대한 태도에 그들이 처한 사회적 환경이 중요한 요인으로 작용하는 것으로 인식하고 있었다. 어떤 경우는 중학교에서 자신의 형제나 친척을 가르친 경험을 가진 교사들이 자신을 그들(형제나 친척)에 대한 경험을 자신에게 그대로 적용하기도 한다. 학교공부에 어려움을 겪거나 초등학교 시절 교사로부터 특별 지원(학업, 학교생활에 관한)을 받은 적이 있는 이들은 중학교에서 고립되거나 소외감을 느끼기도 한다.

중학교를 순조롭게 출발한 이들 가운데 일부는 학교 공부에 제대로 적응하지 못해 학교에 대한 흥미를 잃는 경우도 있다. 그들은 자신의 능력에 대한 확신과 학습에 대한 동기부여를 상실하게 된다. 학습에 대한 동기부여의 상실은 그들이 자신들의 시간과 에너지를 학교 공부 이외의 분야에 쏟게 할 수도 있다. 중간, 하위권성적의 학생들은 대부분 학생에 대하여 이중적인 태도를 취하는 경향이 있다. 그들은 보다 괜찮은 일자리(decent jobs)를 얻기 위하여 졸업장을 필요로 하지만, 공부에 대해서는 그다지 흥미를 느끼지 못한다. 그리고 학교를 한낱 허드렛일(a chore)을 하는 곳으로 여긴다. 이런 청소년들은 교사들이 공부를 잘하는 이들에게만 관심을 가지고 있으며, 자신들은 공부를 잘하는 이들을 중심으로 운영되는 학교시스템의 바깥에 있다고 느끼곤 한다.

낙후된 지역에 위치한 학교에서는 청소년들 사이에 자신이 또래집단의 일원이라는 소속감을 표시하기 위하여 등교 거부를 서약해야 하는 경우도 있다. 이러한 상황에 대한 사회적, 문화적 환경의 영향을 저지하기는 힘들다(Williamson 2004). 실제로 학생생활을 열심히 하거나 학교공부를 열심히 하는 이들은 또래친구로부터 '별종(different)' 으로 인식된다. 결과적으로 그들은 또래친구들로부터 심한 따돌림을 당하게 되며, 이들과 마주치지 않으려고 등교거부를 하는 경우도 있다(Furlong et al. 2003). Williamson이 지적하고 있는 바와 같이 하위노동자계층이 거주하는 지역에서는 똑똑한 것이 좋은 것만은 아니며(2004: 26), 또래친구들로부터 망신을 당하지 않고 학교생활을 하려면 그냥 조용히 지내야 한다(2004: 28).

학교생활에 대한 사회계층의 영향을 이해하기 위해서는 학교 적응(orientations)에 대한 계층 문화의 영향과 또래친구와 교사를 포함한 제도상의 경험(experiences)을 구분하여 접근하는 것이 중요하다. 청소년들은 종종 자신들을 체제로부터 버림받은 존재로 여긴다. 그들은 학교에서 자신들의 행동이 그다지 도움이 되지 않았음을 인정하는 반면, 학교의 가치에 대해서는 인정하는 경향이 있다. 또한 그들은 자신들이 학창시절에 열심히 공부하지 않았던 것에 대해 후회하면서도, 이를 지원의 부족과 자신들이 교육제도의 희생양이었다는 점에 초점을 맞추면서 합리화한다. 교사들의 학생에 대한 기대와 교과과정은 학교생활이 안고 있는 이중적 측면을 개선하는데 기여함에도 불구하고 오히려 이러한 노력은 또래집단에 기반한 지역사회 내에서 편의적으로 조정 또는 강화되기도 한다.

학교생활에 대한 학급문화의 영향은 각 나라별로 다양한 형태로 나타나는데, OECD 가맹국가들에서는 15세 청소년의 대략 25% 정도가 학교문화에 대한 소속감이 결여된 것으로 보인다. PISA의 조사에서 응답자들에게 자신들이 또래집단에 속해 있는지, 학교 내에서 소외되어 있는지 등을 물었다. 일본의 경우 거의 40% 정도의 응답자들이 학교에 대하여 그다지 소속감을 가지지 못하는 것으로 나타났다. 반면에 스웨덴, 영국과 같은 나라들에서는 응답자의 17% 정도가 학교에 대하여 그다지 소속감을 가지지 못하는 것으로 나타나, 이들 국가의 청소년들이 일본에 비해 상대적으로 학교에 대한 소속감이 강한 것으로 나타났다(그림 2.6). OECD국가들에서 15세 청소년의 1/5이 빈번한 결석과 수업 불참

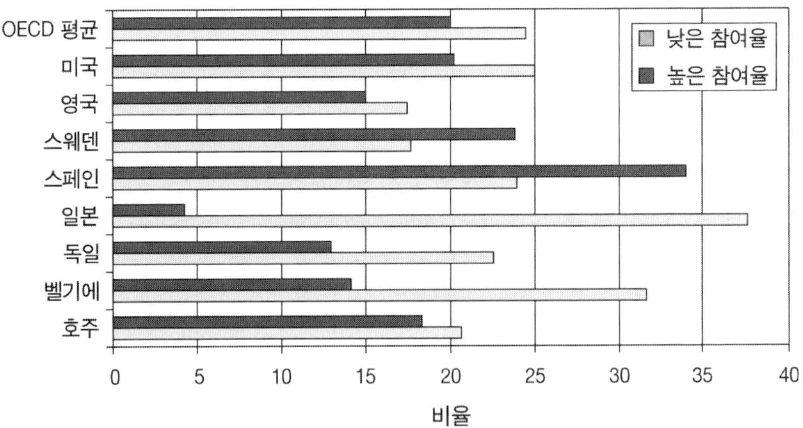

그림 2.6 15세 청소년들의 낮은 참여율 및 낮은 소속감(2000)

출처: OECD 2004

의 경험을 가지고 있는 것으로 나타났다. 일본의 청소년들은 비록 학교에 대한 소속감이 없기는 하지만 그렇다고 결석을 하거나 수업에 참여하지 않는 경향은 그다지 강하지 않은 것으로 보인다.

 차별화된 교육의 성과

우리들은 모든 이들이 끊임없이 기술과 자격을 획득할 필요성을 느끼는 '학습사회(learning society)'의 건설을 추진하고 있다. 이 과정에서 이전부터 존재가 확인되고 있는 다양한 형태의 불평등에 대한 재평가작업이 이루어져야 할 것이다. 최근에 이루어지고 있는 상당수의 개혁(특히 유럽)은 명시적으로는 경제적으로 피해를 줄 수 있는 재능의 손실을 예방하고 학업성취도의 불평등을 줄임으로 인해 성취도가 낮은 이들의 학업성취도를 향상시키는데 있다. 또한 교육시스템이 전세계적 차원에서 전개되고 있는 치열한 경쟁에 대응할 수 있는 고도의 기술력을 갖춘 인력의 안정적인 공급에 실패했다는 문제를 해결하기 위해 개혁이 이루어졌다. 하지만 일부 성공적인 변화(특히, 학교참여율의 상승)가 이루어진 것도 사실이지만 뿌리 깊게 자리 잡고 있는 계층과 관련된 불평등을 극복했다는 증거를 찾기는 어렵다. 다른 한편으로 학업성취도에 대한 젠더 간 차이와 소수자집단의 학업성취도의 차이는 꾸준하게 개선되고 있다.

계층에 기초한 불평등의 유지

교육의 확대가 미치는 효과에 대한 분석은 교육참여율의 증가가 사회집단 간의 평등을 가져다주었다고 보기는 어렵다는 점을 제시하고 있다

(Boudon 1973; Halsey et al. 1980; Shavit and Müller 1998; Croxford and Raffe 2005). Raftery와 Hout(1990)는 국가 간 비교연구자료를 사용하여 사회계층과 관련된 교육상의 불평등은 중간계층의 참여율이 '포화점(saturation point)'에 도달할 때가지 여전히 존재한다는 점을 강조하고 있다. 고등교육의 확장과 청소년들의 학력(졸업장)의 필요성에 대한 인식의 증가로 인해 고등교육에 진학하는 청소년들의 비율이 급격하게 증가하였다. 하지만 노동자계층의 청소년들은 중간계층의 또래친구들에 비해 고등교육 진학률이 낮으며, 중도탈락률도 높은 것으로 나타났다 (Shavit and Blossfeld 1993; Forsyth and Furlong 2000; Callender 2003).

1989년과 2000년 사이에 영국에서는 전계층에 걸쳐 16세 청소년들

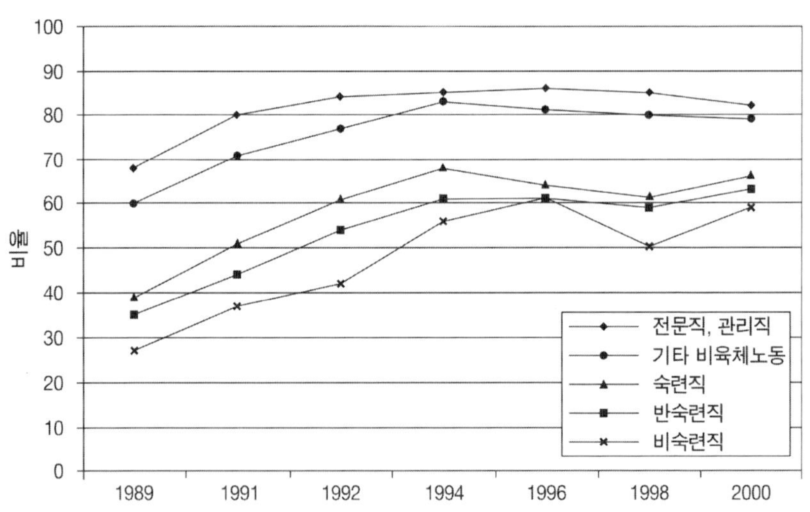

그림 2.7 사회계층별 교육 참여율(16세 시점)(영국, 1989~2000년)

출처: Hayward et al. 2004

의 교육참여율이 증가하였다(그림 2.7). 육체노동자계층(manual classes)의 참여율이 30% 가까이 증가했으며, 이는 10년 사이에 미숙련 노동자 참여율의 두 배에 달한다. 이와는 대조적으로 비육체노동자계층(전문직 및 관리직 계층의 참여율이 14%)의 참여율은 더욱 약화되었다. 양 계층 간의 격차는 줄어들고 있긴 하지만 여전히 일정 부분의 격차는 존재하는 것으로 보인다.

우리는 고등교육 진학률을 통해 교육 내에서의 계층화가 지속적으로 유지되고 있음을 알 수 있다. 영국의 경우 1991년에서 2001년 사이에 비육체노동자계층(non-manual classes)의 고등교육 진학률의 증가 비율이 하위노동자계층의 2배에 달한다(그림 2.8). 실제로 10년 사이에 7% 정도의 격차가 벌어졌다(Summerfield and Gill 2005). 다른 국가들에서도 이와 유사한 경향이 나타난다. Green과 그의 동료들은 EU국가

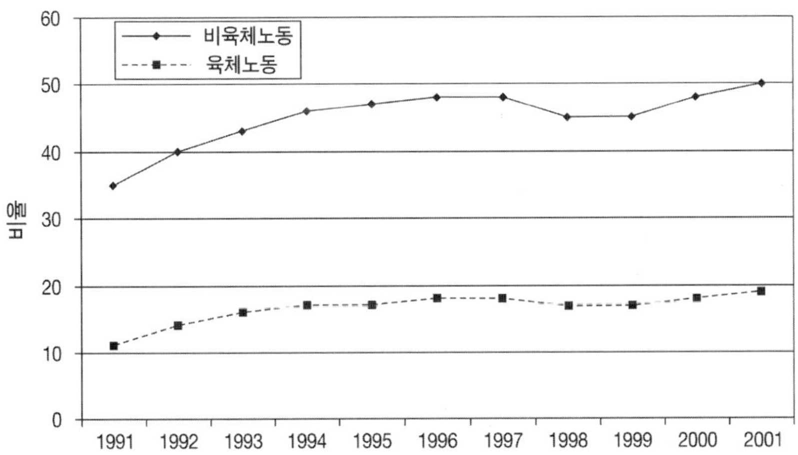

그림 2.8 사회계층별 고등교육 참여율(21세 시점)(영국, 1991~2001)

출처: Summerfield and Gill 2005

들에서 고등교육 진학률은 전계층에 걸쳐 증가하였으나, 계층 간의 비율에는 큰 변화가 없었다고 주장한다(1999: 204). 예를 들어 독일에서는 하위계층 청소년의 8%만이 고등교육을 받고 있으며, 이와는 대조적으로 최상위계층 청소년의 72%가 고등교육을 받고 있다(Skillbeck and Connell 2000). 덴마크는 전체적으로 고등교육 진학률이 높음에도 불구하고 최근 40년 동안 노동자계층 청소년의 고등교육 진학률에는 별다른 변화가 없다(Skillbeck and Connell 2000). 반면에 호주의 경우는 1990년대에 전체적으로 고등교육 진학률이 증가했음에도 불구하고 최하위계층 청소년들은 미미한 수준이긴 하지만 감소 추세를 보였다(Department of Education, Training and Youth Affairs 1999).

고등교육의 성과에 대한 차이를 탐색하는 데 있어 주목해야 할 점은 고등교육시스템이 소수의 엘리트 양성을 위한 교육에서 다수를 위한 대중교육으로 전환되었다는 점이다. 몇몇 나라들, 특히 핀란드에서는 대략 청소년의 2/3가 일생 동안에(청소년기 또는 성인기) 고등교육에 참여하고 있다. 고등교육의 이러한 변화는 여자 청소년들과 같이 이전에는 고등교육의 혜택을 받지 못한 이들이 늘어나는 결과를 낳았다. 그리고 다양한 기법들을 사용한 엘리트 고등교육기관의 차별화를 통하여 전통적인 명문 고등교육기관으로부터의 이동을 수반했다.

예를 들어 프랑스는 그랑제콜(the Grandes Ecoles), 미국은 아이비리그(the Ivy league), 영국은 러셀그룹(the Rusell Group)[16], 호주는 8개 대학그룹(the Gang of Eight) 등과 같은 대학들은 특권층을 위한 교

16) [역자 주] 영국정부가 제공하는 연구기금의 2/3를 차지하는 상위 20개 대학집단을 일컫는 말.

육기관으로 이동하며, 동시에 다수의 전문대학(vocational colleges)들도 생겨났다.

이러한 일련의 변화에도 불구하고 대다수의 선진국에서 고등교육에 의한 계층 간 격차는 여전히 유지되고 있으며, 1990년대에 많은 유럽국가들에서 고등교육에 대한 비용지불능력(affordability)이 감소하는 경향을 보였다(Huisman et al. 2003). Callender가 지적하는 바와 같이 교육비용과 지불능력은 고등교육의 접근 유형을 결정하는 매우 중요한 요인이다. '일부 고소득가정을 제외하고 대학진학여부의 결정과 대학의 선택은 수업료와 학생들에 대한 재정적 지원 정도에 크게 영향을 받는다' (2003: 135). 지불능력은 자기선발(self selection)의 결과이며(Forsyth and Furlong 2000), 그 이후에 제도 또는 국가의 선택이 중요한 역할을 수행한다. Huisman과 그의 동료(2003)에 따르면 프랑스는 시스템을 통한 엘리트 양성과 그랑제콜과 같이(지원자의 80~95%가 탈락) 높은 수준의 선발시스템을 갖추고 있는 한편 일반적인 선발시스템을 갖춘 대학이 공존하고 있다.

많은 나라에서 제도상의 변화, 재정적 문제 등을 포함한 고등교육시스템상에 다양한 변화가 일어나는 과정에서 계층이 중요한 영향을 미치고 있다는 증거들을 발견하였다. 오랜 전통을 가진 대학은 재학생 부모들의 직업이 전문직, 관리직의 비중이 높은 반면, 신생대학의 경우 노동자계층 출신의 청소년들이 많으며, 진학당시의 연령도 다소 높은 편이다. 아울러 신생대학에 진학하는 이들은 전통적인 진학과정을 거치지 않고 비진학과정(예를 들어 직업훈련과정 등)을 거쳐 대학에 진학하는 경우가 많다. 최근 노동자계층 청소년들의 대학진학률은 증가하고 있지만 위에서 언급한 바와 같이 전통적인 계층적 영향(전통적인 명문대학과 신생대학 간의 격차)은 여전히 존재한다(Burnhill et al. 1990; Halsey 1992; Blackburn and Jarman 1993; Dodson 2003; Aamodt and Kyvick 2005). 평등한 교육기회를 제공해 왔다고 자부해오던 북유럽국가에서조차도 최근 대학이 증가하면서 사회적 평등이 적절하게 제공되고 있지 못하다. Aamodt와 Kyvick가 주장하는 바와 같이 최근 몇 십 년 사이에 발생한 대학의 증가(이로 인한 대학진학기회의 증가) 및 확장이 북유럽국가에서 사회경제적 배경에 기초한 진학유형에는 그다지 큰 변화가 일어나지 않았다(2005: 133).

젠더 간 차이의 변화

사회계층과 같이 젠더도 교육적 성취에 있어 강력한 예측 요인으로 작용하고 있으며, 교육적 성취도에 있어 남성에 비해 여성들의 역량발휘가 현저하게 증가하고 있다. 이러한 차이는 많은 나라에서 15세 청소년들의 독해능력에서 그 증거를 찾아볼 수 있으며(Gorard and Smith 2004), 이러한 차이는 대학 진학에도 반영되고 있다. 실제로 Skilbeck and Connell은 13개 OECD 가맹국 가운데 10개국에서 여학생들의 명문대학 진학률이 상당히 높다고 주장한다(2000: 32).

선진국에서 여성들의 뛰어난 역량의 발휘는 비교적 최근에 일어난 현상이다. 1970년대까지만 해도 교육에 있어 남성의 능력 발휘가 압도적이었으며, 사회과학자들도 여성들의 사회적 차별과 불이익을 설명하는데 주력했다.

1970년대 초반, 영국과 다수의 서구국가들에서는 초등학교 초기단계에시 여학생들이 남학생들을 능가하는 양상을 보였지만, 학년이 증가함에 따라 거의 모든 교과목에서 남학생들이 여학생들을 추월하였다(Douglas 1967). 여자 청소년들은 (학교)중도탈락률이 매우 낮으며, 대학진학률도 비교적 낮은 편이다. 아울러 대학에 진학한 여학생들은 주로 4년제 대학보다는 전문대학과 직업훈련학교에 진학하는 비율이 높다. 학교 내의 여학생들의 역할 및 위치는 주로 사회화의 차이로 설명되곤 한다. 즉, 여학생들에 대한 부모와 교사의 기대수준이 낮다는 점이다(이는 노동시장에도 반영된다, Delamont 1980). 그리고 여학생들은 자신들의 고학력이 결혼에 있어 불리하게 작용할 것이라는 심리적 부담을 가지고 있다(Horner 1971).

1980년대부터 상황은 변하기 시작했으며, 이 시점부터 여성들 사이에서 젠더 간 격차가 점점 더 벌어지기 시작했다. Croxford와 Raffe(2005)의 지적처럼 1980년대와 1990년대 사이에 영국에서는 학업성취도의 격차가 더욱 더 확대되었는데, 특히 중간계층의 여성들에 의한 격차는 매우 두드러졌다. 2004년 영국과 웨일즈에서 59%의 여성이(남성 49%) 16세 시점에 5점을 취득했거나 또는 더 많은 이들이 중등교육과정 진학률(GCSEs, General Certificate of Secondary Education)[17]을 보였다(DfES 2005). 이와 비슷한 변화는 유럽의 여러 국가들과 북미지역에서도 일어났다.

여학생들의 교육에서의 능력 발휘가 증가함에 따라 관심은 남학생들의 능력 저하의 원인을 규명하는 쪽으로 옮겨갔다. 의심의 여지도 없이 여학생들의 교육에 대한 자세는 변화했으며, 상당수의 여학생들은 학교 졸업 후 노동시장에서 자신들의 능력을 발휘하고자 하는 기대를 가지

17) [역자 주] 영국에서의 중등과정을 의미한다.

게 되었다. 또한 그들은 직업을 통한 자기성취의식이 강하며, 직업을 통한 수입으로 자립을 달성하고자 한다. 노동시장에서의 변화는 굉장히 큰 영향을 미칠 수 있다. 오늘날 여학생들은 여성들의 삶에 있어 노동이 매우 중요한 가치를 지니는 시대를 살아가고 있다. 노동유형에 있어 이러한 변화는 부모와 교사들의 교육에 대한 기대에 크게 영향을 미칠 것이다. 또한 여성의 사회화 형태에도 영향을 미칠 것이다.

그런데 여성들의 높은 교육적 성취도는 노동자계층 여자 청소년에 대하여 강력한 영향력을 행사해 온 계층 간의 불평등구조를 변화시키지는 못한다. Walkerdine과 그의 동료들(2001)은 학업능력의 발휘에 있어 매우 다양한 양상을 보이고 있는 노동자계층의 여자 청소년들과는 대조적으로 학업능력의 발휘에 있어 전체적으로 높은 능력을 발휘하고 있는 중간계층의 여자 청소년들에 대해 주목하고 있다. 하위 노동자계층 여자 청소년들의 낮은 학업성취도, 특히 초등학교단계에서의 낮은 학업성취도는 그들을 조기결혼과 불안정하며 낮은 임금의 직종으로 이행하게 한다(Biggart 2002). Walkerdine과 그의 동료들이 지적하는 바와 같이 '모든 남자 청소년들이 공부를 못하고, 모든 여자 청소년들이 공부를 잘한다는 생각은 청소년들 사이에 뿌리 깊게 자리 잡고 있는 계층 간 격차를 은폐한다'(2001: 111).

초중등학교와 대학교 단계에서 남자 청소년들의 상대적으로 낮은 학업성취도에도 불구하고 대학이후의 단계에서는 남자 청소년들이 여자 청소년들에 비해 활동이 우세하다는 증거들이 존재한다. 예를 들어 영국에서 대학원 졸업자나 연구직 종사자 가운데 남성의 비율이 여성들에 비해 높다(Wakeling 2005). 이와 아울러 특정 분야(과학 분야)에서 여성들의 활약은 미비한 수준에 머물고 있으며, 이러한 분야에서 여성들이 상대적으로 불이익을 받고 있다(Biggart 2002). 또한 여성들은 상대적으로 낮은 처우와 열악한 환경 분야에 집중되어 있는 경향이 있다(제3장 참조).

'인종'과 불평등

'인종'과 관련된 불평등은 학교에서 소수 인종들의 상대적으로 낮은 학업성취도를 연구하는 교육학자들의 지속적인 관심사 가운데 하나이다. 영국에서 16세 단계에 백인계 청소년과 아시아계 청소년의 학업성취도는 비슷한데 비해 캐러비안계 흑인(African-Caribbean) 청소년들(특히 남자 청소년)의 학업성취도는 매우 낮은 경향이 있다(DfES 2005). 그런데 아시아계 청소년의 경우는 성적의 분포가 매우 폭넓게 자리 잡고 있다. 인도계 청소년의 경우는 백인계 청소년에 비해 학업성취도가 약가 높은 편이지만, 방글라데시계 청소년은 학업성취도가 약간 낮은 편이다. 1984년과 1999년 사이에 영국의 경우를 살펴보면 백인계 청소년들에 비해 인도계 청소년들의 학업성취도가 높고 파키스탄계 청소년은 비슷한 수준이며, 흑인과 방글라데시계 청소년의 학업성취도는 매우 낮은 편이었다(Croxford and Raffe 2005). Bradley와 Tayor(2004)에 따르면 백인계 청소년은 캐러비안계 흑인(African-Caribbean) 청소년들에 비해 중등교육과정 진학률에 있어 2배나 높은 진학률을 보였다.

다른 국가들에서도 위와 비슷한 현상을 찾아볼 수 있다. 미국의 경우 인종 간 학업성취도에 있어 명확한 차이가 존재하지만 긍정적인 추세를 보이고 있다. Kao와 Thompson은 풍부한 실증적 자료의 검토를 거친 후에 지난 30년 사이에 인종 및 민족 간 학업성취도에 있어 그 격차가 줄어들고 있다고 주장한다(2003: 435). 예를 들어 백인과 흑인 사이의 독해능력평가에 있어 1971년과 1996년 사이에 대략 절반 정도로 그 격차가 줄어들었다(Jenkcks and Phillips 1998). 하지만 소수인종출신 아동의 학업성취도는 전체적으로 낮은 편이며, 고등학교 탈락률도 높은 편이다. 이와는 반대로 대학진학률은 낮은 편이다(Kao and Thompson 2003).

몇몇 인종출신의 청소년들은 그들의 일탈행동으로 인해 학교로부터 멀어지거나 심한 경우는 학교로부터 격리되기도 한다. 영국의 사회배제국(Social Exclusion Unit)은 청소년들의 학교로부터의 배제 및 격리에 대해 관심을 가지고 있다. 미시간 주와 같이 미국의 몇몇 주정부는 '무관용(zero tolerance)' 정책과 같이 매우 강력한 배제정책을 실시하고 있으며, 이들에 대하여 별도의 교육 프로그램을 제공하고 있지 않다. 이처럼 학교로부터 격리되는 이들은 주로 아프리카계 미국인이다(Holm et al. 2005). 여기서 주목해야 할 점 가운데 하나가 계층과 인종 간의 상호관계에 관한 부분이다. 흑인계 청소년들의 상대적으로 낮은 학업성취도의 문제는 인종적 요인보다는 그들의 낮은 사회경제적 상태에 기인한다.

결 론

교육시스템의 급격한 변화와 그 영향에도 불구하고 다양한 차이(difference)의 문제는 존재한다. 표면적으로는 모든 사회계층에 대해 교육기회가 늘어났으며, 진학률도 크게 늘어났다. 또한 상당수의 노동자계층 청소년들도 고등교육을 받고 있다. 동시에 본질적으로는 산업화의 과정을 거치면서 변함없이 교육의 질적, 양적 차이와 불평등이 존재한다(Shavit and Blossfeld 1993). 차이의 유형에 있어 변화보다는 연속성(continuity)이 지난 20년 사이의 교육적 성과를 적절하게 설명하고 있다.

여러 가지 실증적 자료들을 검토했을 때 그다지 주목할 만한 변화는 일어나지 않았으며, Beck의 주장처럼 후기산업사회에서는 개인주의적 성향이 강화될 것이라는 점을 확인할 수 있었다. 객관적으로 봤을 때 전통적인 사회적 불평등 구조는 존재하지만, 이러한 과정들에 대한 우리들의 인식은 매우 모호한 채로 있다. 1960년대와 1970년대 초반에 많은 교육시스템을 지탱해 온 집단주의적 원리는 시장화의 과정으로 대체되고 있다. Gewirtz가 주장하는 바와 같이 '사회정의에 대한 관심은 제도적 생존(institutional survival)'과 개인주의를 동반한 집단주의, 의심을 품은 협력 그리고 편의주의적 필요로 대체되었다'(1996: 308). 지속적인 시장화는 문화자본과 소비에 필요한 충분한 정보가 부족한 이들을 주변화하게 되며, 이러한 상황은 현재 그들이 처한 불평등한 상황을 더욱 강화하며, 위태롭게 함을 의미한다. 이와는 달리 충분한 자원을 가진 이들은 '위험으로부터의 안전과 자유를 구입할 수 있다'(Beck 1992: 35).

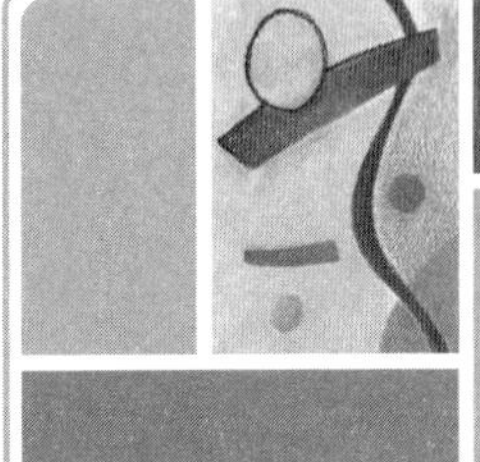

제 3 장

사회 변화와 노동시장의 '이행'

> 지난 20년 사이에 청소년의 이행은 크게 지연되고 있으며, 매우 복잡해졌다. 이전의 선형적이며 예측 가능한 것처럼 보였던 학교와 노동시장 간의 이행은 예측하기 어려워졌으며, 빈번한 단절과 퇴행(back-tracking), 지위상의 변화를 동반하고 있다.
>
> (Furlong et al. 2003: 24)

 서 론

앞 장에서 청소년들의 교육참가유형의 변화는 부분적이긴 하지만 청소년 노동시장의 재구축에 의해 설명될 수 있음을 확인하였다. 비숙련노동자와 저학력 노동자 수요의 급속한 감소와 함께 대부분의 선진국의 청소년들은 학교에서 보내는 시간(학력)이 늘어났으며, 대학진학률도 증가하였다. 유급노동에 대한 참여 기회의 감소가 이러한 변화를 촉발하고 있는데 반해 최근의 취업률의 증가는 1980년대의 경기 침체 이전의 노동시장 진입유형에 아무런 보답을 하지 못하고 있다. 실제로 교육 참여율의 증가의 결과로 학교와 노동시장의 이행은 점점 더 길어지고 있으며, 몇몇 학자들의 주장에 따르면 학교와 노동시장의 이행은 매우 복잡해졌다. 여기서 말하는 이행에는 학교에서 노동시장으로의 이행 이외에도 부모로부터의 독립도 포함되는데, 이에 대해선 이후에 다시 검토하기로 하겠다.

학교에서 노동시장으로의 이행은 인생에 있어 매우 중요한 문제로 간주되곤 하는데, 이 과정을 살펴봄으로 인해 세대 간의 불평등과 편익의 이동과정을 이해할 수 있다. 1970년대에 대부분의 청소년들은 학교 졸업 후 정규직(전일제)으로 취업을 하였는데, 지금은 그때와는 상황이 전혀 달라졌다. 안정적이며, 예측 가능한 이행이 포드주의적 사회구조의 특징 가운데 하나이며, 이러한 (포드주의적) 사회구조에서 대중들의 삶은 대체적으로 표준화되어 있으며, 동질적인 성격을 가지고 있다. 지난 30년 사이에 청소년들의 이행은 계속해서 지연되고 있으며(Roberts et al. 1987; Roberts and Parsell 1992a; Wyn and White 1997), 파편화되고 있다. 이와 아울러 이행 경로에 대한 예측이 어려워졌다(Furlong et al. 2003). 실제로 최근 '이행'이란 단어가 가지고 있는 의미의 타당성에 대한 의문이 제기되고 있다. 즉, 이전에는 취직을 통한 성인기로의 안정적인 이행을 의미하였으나, 최근에는 많은 이들에게 있어 이행은 한마디로 정의하기 어려운 의미를 내포하게 되었다(Dwyer and Wyn 2001; Furlong and Kelly 2005).

Giddens의 주장처럼 현대사회의 사회생활은 점점 더 다양화·파편화되고 있다(1991: 83). 제조업 공장에서의 고용은 계속해서 줄어들고 있는 반면, 서비스업 분야에서의 고용은 증가하고 있다. 몇몇 연구자들은 이러한 변화가 자본주의사회에서 중요한 발전을 의미한다고 주장한다. 산업혁명으로 인해 농업분야에서의 고용이 급격하게 증가한 것에 반하여 후기산업사회는 제조업 부분의 고용 감소와 서비스 부분의 급격한 고용 증가가 이루어지고 있다(Bell 1973). 이러한 변화와 더불어 시간제 취업과 비정규 고용(예들 들어 위탁고용), 영세사업장에서의 고용은 늘어나고 있지만, 후기 포드주의 경제의 특징이라 할 수 있는 전문적 기술과 '유연한 전문화(flexible specializations)'에 대한 요구는 증가하고 있다(Kumar 1995; Furlong and Kelly 2005). 이전과 같이 사회적 재생산을 이해함에 있어 중심적 역할을 수행한 집단적 이행은 약화된 반면, 후기산업사회에서는 개인이 가진 기술과 교육적 성취(학력)가 노동시장 진입에 있어 매우 중요한 역할을 한다. 이처럼 새로운 시대적 상황의 변화 속에서 노동시장의 역사는 불확실한 고용 형태에서 개인화와 '급격한 변화(churn)'로 설명되곤 한다(Furlong and Cartmel 2004; Macdonald and Marsh 2005).

Beck(1992)은 이러한 변화들이 위험 사회의 등장을 위한 토대를 제공한다고 보고 있다. 개인들은 점점 더 파편화되고 있는 노동시장에서 그 책임을 강제당하고 있으며, 그들의 행위와 경험들에 대해 지속적으로 평가를 받아야 한다. 현대사회의 생활은 전지구적(global) 차원에서 생활의 불안정을 동반한다(Jansen and Van der Veen 1992). 이와는 달리 성공적인 노동시장의 통합은 지극히 제한적으로 이루어지며, 대부분은 노동시장으로부터 배제되거나 노동시장의 주변부로 밀려나고 만다. 실제로 노동시장의 파편화와 다양한 기술의 요구는 청소년들이 노동시장으로부터 장기간에 걸쳐 배제될 수 있음을 의미한다. 일부 청소년들은 자신들의 기술을 개발할 기회도 가지지 못한 채 또는 보다 안정적인 일자리로 이동하지 못한 채 임시적인 일자리를 전전한다.

이 장에서는 청소년 노동시장에서 일어나고 있는 주요 변화들과 학교에서 노동시장으로의 이행에 대해 설명하며, 계층과 젠더에 기초한 불평등의 재생산과 경제적 통합과정을 이해함에 있어 고려해야 할 함의들을 제시한다. 학교에서 노동시장으로의 이행은 지연되고 있으며, 다양화, 복합해지고 있는 과정에서 이러한 변화들을 사회구조가 파편화되고 있는 새로운 시대의 지표로 간주하는 것에 대해선 회의적이다. 불확실성이 강한 노동시장 내에서 개인주의화되고 있는 변화들은 아마도 새로운 형태의 계층적 영향의 일부분으로 볼 수 있을 것이다.

여기에서 우리는 노동시장에서 개인들의 책임이 점점 더 증가함으로 인해 구조들(structures)은 더욱 더 모호해지고 있다는 점에 대해 논의하고자 한다. 현대사회에서 상호 모순된 성격을 가진 두 가지 변화를 관측할 수 있는데, 첫 번째로는 경제적 개혁을 반영하는 차이와 다양화의 경향인데, 어떤 이들은 이러한 경향들을 후기산업사회를 이끄는 견인차로 해석하기도 한다. 두 번째로는 기득권을 유지하기 위한 비교적 예측 가능하며, 안정적인 이행이 유지되고 있다는 점이다. 마지막으로 위험 사회론의 입장에서 청소년들의 학교에서 노동시장으로의 이행이 지연되고 있는 점들에 대해 살펴보는 것이 매우 중요하며, 이러한 이행의 지연은 청소년들이 앞으로 자신들이 살아갈 세상을 매우 위험하며, 예측 불가능한 사회로 인식하게 된다는 점을 유의할 필요가 있겠다.

변화하는 청소년 노동시장

1980년대 초반 이후부터 여러 선진국에서 청소년들에게 영향을 미치고 있는 중요한 변화들은 청소년 노동시장의 붕괴로부터 파생되고 있다. 이러한 청소년 노동시장의 붕괴는 고용에 대한 비용의 절감, 직업훈련보다는 고용의 유연성(flexibility) 강조 등 고용정책에서 고용기회의 재구축으로부터 영향을 받고 있다. 경기 침체로 인해 전연령대에 걸쳐 실업이 증가함과 동시에 1980년대에 의무교육과정만 수료한 이들이 취직의 어려움에 직면하게 되었으며, 유럽의 여러 국가들은 신규고용창출을 위한 다양한 지원정책과 해고 방지를 위한 정책 그리고 기업이익의 사회 환원에 대한 정책 등을 도입하였다.

높은 실업률에 대해 몇몇 국가들은 정부차원에서 정책적으로 개입을 하게 되는데, 신규 고용 및 직업정책의 개발은 학교에서 노동시장으로의 이행에 있어 매우 큰 영향을 미쳤다. '적당한 일자리(proper jobs)'가 부족한 결과, 교육에 대한 필요성이 더욱 증가하였으며, 의무교육만 수료한 채 노동시장에 진입하는 청소년들의 수가 급격하게 감소하였다. 예들 들어 1988년 영국과 웨일즈에서는 약 52%의 청소년들이 의무교육만 수료한 상태에서 노동시장에 진입했으나, 1991년에는 34%, 2004년에는 28%로 크게 줄었다(Payne 1995; DfES 2005). 이와 유사한 예로 호주에서도 1981년 의무교육만을 수료한 채 노동시장에 진입한 청소년의 비율이 65%였으나, 2003년에는 25%로 크게 감소하였다(Williamson 2005).

1970년대 초기에 대부분의 OECD 국가들에서 청소년 실업률은 10% 이하였다. 1970년대 후반부터 청소년의 실업률이 증가하기 시작했

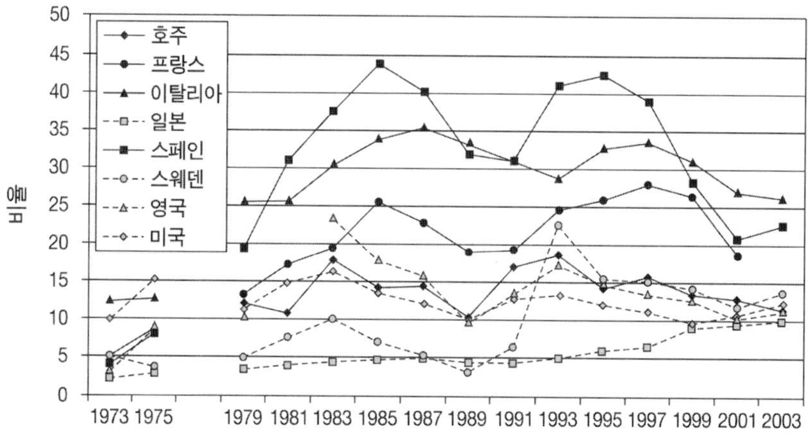

그림 3.1 청소년(15~24세) 실업률 추이(1973~2003)

출처: ILO 2003

으며(그림 3.1 참조), 1980년대 중반 정점에 달했다가 1980년대 후반부에 다시 감소 추세로 돌아섰다. 1990년대 초반의 경기 침체는 다시금 청소년의 실업률을 증가시켰으며, 이러한 현상은 1990년대 중반, 후반까지 이어진다. 2000년 이후 1980년대 초기의 실업률에 비해 감소하는 추세를 보였으나, 장기간에 걸쳐(1980년대와 1990년대) 청소년들의 실업률은 매우 높은 상태를 유지하였다(Office of National Statistics 2000).[18] 이러한 과정에서 국가 간 청소년 실업률에 명확한 차이가 나타나고 있다. 북유럽 국가들에 비해 지중해 연안 국가들에서 청소년 실업률이 높은 편이며(핀란드는 예외), 이들 국가들에서 청소년 실업률이 증가하는

18) 1980년과 1988년 사이에 영국에서 18세에서 24세 청소년들의 장기실업자(1년 이상)는 260,000명에서 63,000명으로 감소하였다(ONS 2000).

경향을 보이고 있다. 일본의 경우는 위의 국가들과는 전혀 다른 양상을 보이지만, 1990년대 이후에 청소년 실업률이 점진적으로 증가하고 있다. 이에 따라 일본 정부도 전통적인 고용 형태에 대한 청소년들의 의식에 관해 관심을 가지게 되었다(Inui 2005).

청소년 실업은 성인의 실업에 비해 경제에 매우 민감하게 반응한다. 청소년 실업은 경기 침체기에 급격하게 상승하며, 반대로 경기가 회복되면 급격하게 하락한다(Makeham 1980; O'Higgins 2001). 선진국에서의 청소년 실업률은 대체로 성인 실업률의 2~3배 정도이다. 예를 들어 2001년 영국과 스웨덴에서는 청소년 실업률이 성인의 실업률에 비해 2.8배 정도 높았으며, 캐나다에서는 2.1배 정도 높은 것으로 나타났다(ILO 2003). 결과적으로 청소년들은 국가적 차원에서 발생하는 실업에 대한 짐을 상당부분 부담하고 있다고 하겠다. 2001년에 호주에서는 실업자의 37%가 18~24세 사이의 청소년이었으며, 미국은 35%, 영국은 33%였다. 1990년대에 전연령대의 실업률은 매우 높았는데, 그 당시 청소년들이 실업이란 짐의 상당부분을 부담하고 있었다. 예를 들어 스페인이 50%, 호주가 43%였다(ILO 2003).

몇몇 학자들은 후기 포드주의 사회의 중심적인 특징 가운데 하나로 경기 침체가 정점에 달했을 때 청소년 실업이 증가한다는 점을 지적한다. 특히 사회과학자들은 이러한 경향성에 대해 회의적인 입장을 취한다. 예들 들어 Ashton과 Maquire(1983)는 실업률의 증가는 구조적 변화를 예고하는 하나의 신호(signal)의 역할을 한다고 주장한다. 즉, 그들에 따르면 구조적 변화는 서구 경제(western economy)에서 노동에 대한 수요의 변화로 연결되어 있으며, 노동집약적(labour intensive) 산업이 개발도상국으로 전환됨을 의미하기도 하고, 기업들은 이러한 산업의 이전을 통하여 경비 절감과 이익의 증대를 도모하고자 한다. 비선진국으로의 아웃소싱이 가속화될 것으로 예측하는 것이 옳다고 한다면 선진국에서 서비스산업이 제조업 부문의 (비선진국으로의)이전을 대체할 것이라는 학자들의 예측은 틀린 것이다.

선진국에서 일어난 이러한 변화들의 연속선상에서 유럽경제의 재구축은 제조업 부문의 지속적인 감소와 서비스 부문에서의 고용의 증가를 수반하였다. 1975년과 2003년 사이에 북유럽 국가에서 제조업 부문의 노동자의 비율은 40%에서 20%로 감소했다(European Commission 1999; 2004a; 그림 3.2 참조). 이와 함께 영국에서는 1970년대 중반에 주요 3개 중공업 부분(철강, 자동차, 선박)에서 대략 75만 개의 일자리가 감소함과 동시에 160만 개의 제조업부문의 일자리가 줄어들었다(DfEE 2000). 실제로 Maguire(1991)가 언급하고 있는 바와 같이 1980~1983년 사이의 경기 침체기에 영국에서 기계 공업의 약 1/3의 일자리가 사라졌으며, 이러한 상황은 전통적으로 이 분야에 취직을 희망하던 상당수의

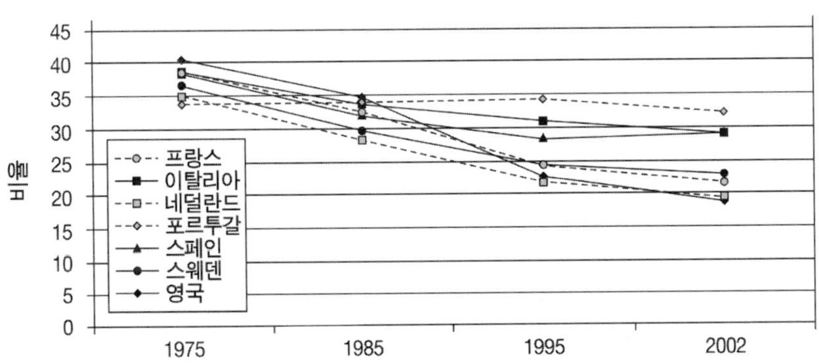

그림 3.2 제조업 부문의 전체실업률(EU, 1975~2003)

출처: European Commission 1999, 2004a

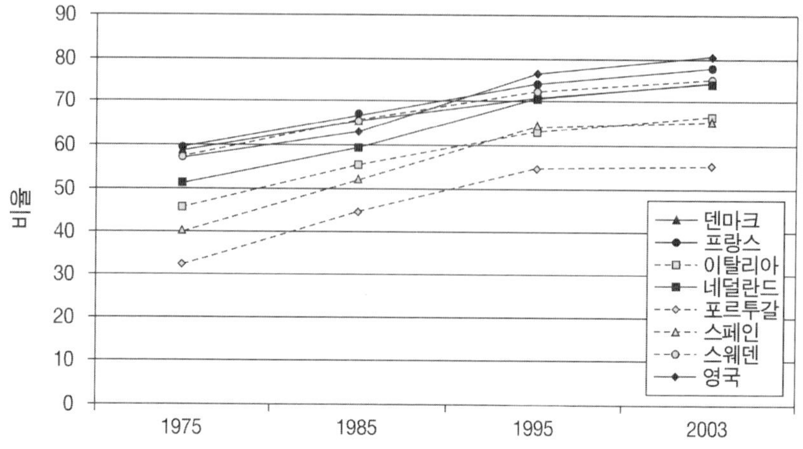

그림 3.3 서비스업 부문의 전체실업률(EU, 1975~2003)

출처: European Commission 1999, 2004a

남자 청소년들에게 영향을 미쳤다.

같은 시기에 유럽에서 서비스업 부문의 채용은 대략 50%에서 75%까지 증가하였다(European Commission, 1999, 2004a; 그림 3.3 참조). 이전에는 학교를 졸업한 청소년들이 제조업 분야로 취직을 했지만, 오늘날 그들은 상대적으로 고용상황도 불안정하며 작업장의 규모도 영세한 서비스 부문으로 취직을 한다(Kagan et al. 2005). 하지만 학력수준이 높은 청소년들은 규모가 큰 기업으로 취직을 하는 경향이 강한 반면, 학력수준이 낮은 청소년들은 규모가 작은 기업으로 취직을 하는 경향이 강했다(Park 1994). 이러한 관점에서 보았을 때 청소년들의 근로조건은 점점 더 개인화되어가고 있다고 할 수 있겠다.

서비스업 부문이 성장하는 상황에서 Krahn과 Lowe(1993)는 청소년들이 주로 소매업, 접대업 분야와 같이 '하위계층 서비스업(lower tier services)'에 집중되고 있는 현상에 주목할 필요가 있다고 주장한다. 유럽에서 15~34세 이들 가운데 거의 절반이 호텔, 레스토랑, 외식업 분야에 종사하고 있다(Eurostat 2005). 주로 이런 이들은 노동자들에게 작업 내용에 대한 재량권을 부여하지 않으며 불안정하며, 아울러 임금수준이 매우 낮은 편이다(Kagan et al. 2005). 영국의 언론매체들은 서비스업에 종사하는 청소년 노동자들의 열악한 작업환경에 대해 집중적으로 보도하기 시작했다. 그 가운데 버거킹(Burger King)에 대해 관심을 가지고 보도를 하였는데, 버거킹은 당일 주문이 별로 없을 경우 아르바이트를 하는 청소년들에게 강제적으로 근무시간을 단축하도록 강요하였다. 이와 유사한 사례는 여러 나라들의 언론매체를 통해 접할 수 있다.

고용과 관련된 일련의 변화들과 관련하여 노동조합이 쇠퇴하면서 집단주의적 이행 형태도 약화되었으며, 몇몇 국가에서는 노동자들의 세력을 무력화하기 위한 법적 장치를 강화하였다. 유럽연합내에서 최근에 취직을 한 4명 가운데 3명은 조합원이 아니며(Federation of European Employers 2005), 1980년대 이후부터 조합 가입률이 크게 감소하는 추세에 있다(Bryson and Gomaz 2002). 그리고 최근에는 노동조합가입률이 29%까지 떨어졌는데, 이탈리아(30%)와 독일(27%)이 위와 비슷한 수준이며, 프랑스의 경우는 노동자의 겨우 9%만이 노동조합에 가입하였다(Federation of European Employers 2005).

이러한 경향은 부분적으로나마 노동시장의 변화, 즉 노동시장이 노동조합 가입률이 높은 제조업에서 노동조합 가입률이 낮은 제조업의 이동으로 설명될 수 있을 것이다. 조합원과 비조합원 간의 임금 격차의 축소가 노동조합 가입률을 낮추게 한 주요 원인이라는 주장도 있다(Bryson and Gomaz 2002). 중요한 것은 노동조합 가입률은 청소년들이 주로 참여하고 있는 업종 및 기업에서 가장 낮다는 점이다. 이 분야에 종사하는 상당수의 청소년들은 현재 자신들이 하는 일을 오랫동안 지속하고자 하는 의식이 약하기 때문에 실제로 임금과 처우의 개선을 위한 그들의 투쟁이 그들에게는 아무런 도움이 되지 않는다. 또한 상당수의 청소년 노동자들이 반(反)노동조합운동을 벌였다는 역사적인 증거들도 있다. 예들 들어 여러 나라의 아동노동법(child labour law) 위반을 연구하고 있는 McDonald는 어린이들이 노동조합과 협상하기를 거부하고 있다고 주장한다(Love 1995).

노동조합이 청소년들에게 노동자계층의 정치적 관계와 집단행동을 가르침으로 인해 노동조합 가입률의 감소는 정치적 사회화를 의미하게 된다(제8장 참조). 노동조합과 청소년에 관한 연구가 거의 전무한 상태이기 때문에 Spilsbury와 그의 동료들(1987)은 청소년 노동자들의 노동조합 가입률 및 노동조합 활동은 일차적으로는 기업 및 작업장내의 노동조합 활동에 의해 결정된다고 보고 있다. 이러한 맥락에서 최근에 일어난 산업구조의 변화의 결과로 청소년 노동자들은 소규모 사업장에서 일하기를 희망하는 경향이 강해졌으며, 노동조합 활동이 왕성한 사업장을 기피하는 경향을 보인다. 그런데 스윈던(Swindon) 지역 내의 기업에 관한 연구에서 Rose는 제조업 분야에서 일하는 청소년 노동자들조차도 노동조합에 대해 아무런 관심이 없다는 점을 밝혀냈다(1996: 126). 영국에서 청소년 노동자의 78%가 노동조합에 가입한 적이 없으며, 1983년과 2001년 사이에 18~24세 청소년 노동자의 노동조합 가입률은 38%에서 15%까지 떨어졌다(Bryson and Gomaz 2002).

청소년 노동시장에 있어 또 다른 중요한 특징은 고용의 유연화

(flexible employment)와 관련된 부분이다. 1980년대의 경기 침체는 인건비 절감에 대한 요구를 강하게 만들었으며, 이러한 차원에서 임시직 노동자와 시간제 노동자가 적극적으로 도입되었다(Ashton et al. 1990). 실제로 1980년대에 많은 기업들은 핵심노동인력을 줄이는 대신 주변(시간제, 임시직)노동자를 늘였다. 이들의 대부분은 인력파견업체(labour hire agencies)를 통해 조달되는데, 이 과정에서 비표준적 형태-일정 시간에 한정해서 계약을 한다거나 노동자들이 원하는 시간보다 단기간의 노동시간에 대해 계약-로 계약을 하게 된다. 이러한 전략은 노동자들에게 질병수당(sick pay), 휴일수당, 퇴직금 등을 지급하지 않음으로 인해 노동자들을 경제적으로 더욱 어려운 처지로 몰아넣게 된다(Atkinson 1984).

양상은 나라에 따라 조금씩 차이가 있으나 불안정한 형태의 고용이 지속적으로 증가하고 있다는 증거들은 쉽게 찾아볼 수 있으며, 특히 스페인, 호주, 영국 등에서 쉽게 찾아볼 수 있다(Furlong and Kelly 2005). 여자 청소년들과 기술을 갖추지 못한 청소년들이 이러한 변화에 가장 큰 영향을 받는다. 실제로 몇몇 유럽 국가들에서 임시직 노동자 2명 가운데 1명이 25세 미만의 청소년들이다(Arrowsmith 2006).

McDonald와 Mash(2005)는 허드렛일(fiddly jobs)의 증가에 주목하면서 학력 수준이 낮은 청소년 노동자들이 주로 불안정하며, 예측 불가능하며 체계가 제대로 정비되지 않은 서비스업에 취직하는 경우가 많다는 점을 지적하고 있다. 그들에 의하면 이런 분야에 종사하는 청소년들은 최저임금(minimum wage) 이하의 임금을 받거나 그들의 과실에 대해 금전적인 책임을 지는 경우가 많았다. 또한 McDonald와 Mash에 따르면 청소년들은 생존전략의 일환으로 주변노동시장에 참여하게 되며,

그들은 주로 허드렛일을 담당하게 된다고 한다.

Beck(2000: 2)은 고용의 불안정성의 증가와 여러 분야를 전전하는 유목노동자(nomadic multi-activity)의 증가, 비정규직 노동자의 증가를 위험 사회의 중요한 특징의 하나로 보고 있으며, Bauman(2000)과 Senett(1998)는 이에 대해 폭넓은 논의를 전개해 왔다. Beck은 미래의 서구 사회는 노동시장 내에서 양극화(polarization)가 급격하게 진전될 것으로 예측하면서 제1차 노동시장의 브라질화(Brazilianization)라는 표현을 사용하고 있다. 호주와 영국의 노동력조사자료를 통해 브라질화 이론을 뒷받침하는 증거들을 찾아볼 수 있는데, Furlong과 Kelly(2005)는 이러한 과정이 노동시장에 있어 전통적으로 낮은 계층에 속한 이들에 의해 점진적으로 파급되기보다 구조화(structured)되고 있는 것으로 보고 있다.

노동시장의 변화에 대한 대응

청소년의 실업문제는 교육전문가나 정책입안가들에게 있어 매우 중요한 관심사이다. 실업률의 상승(특히, 전체실업률이 상승하면 청소년의 실업률은 그보다 더 큰 비율로 상승)하면 장기간 실업으로 이어질 수 있는 고용의 주변화를 예방하기 위한 새로운 정책의 실행 및 계발에 관한 연구가 활발하게 이루어지는 경향이 있다. 서구의 여러 나라들에서 청소년 실업은 1990년대 후반이후 감소추세에 있으며, 몇몇 국가들에서는 최저수준을 기록하기도 했다. 하지만 1980년대와 1990년대의 경기 침체는 노동시장을 재구축하였다. 특히 청소년 실업에 대한 대처 경험과 높은 실업률에 대한 정치적 영향은 저학력 청소년들에게 큰 영향을 미치는 새로운 정책적 개입이 이루어지는 결과를 낳았다.

1980년대에 상당수 국가들은 의무교육과정만 수료한 이들(특히 이들의 실업률이 매우 높다)을 위한 다양한 직업훈련 프로그램을 마련함으로써 청소년 실업 문제를 해결하고자 하였다. 이러한 직업훈련 프로그램들은 이행기에 있는 청소년들에게 있어 매우 중요한 역할을 하게 된다. 다양한 형태의 직업훈련 프로그램이 마련되었지만 이들은 실업상태에 있는 청소년들이 충분한 교육을 받지 못했거나, 기술이 부족하다는 점, 즉 지극히 개인적 차원에 기초한 모델로 구성되어 있다는 문제들을 노출하게 된다. 이처럼 청소년 실업문제를 해결하기 위한 정책들은 노동력 수요자의 요구보다는 노동력 공급자의 측면에 초점을 맞추고 있다.

1980년대 중반, 후반까지 직업훈련은 여러 나라에서 매우 보편화되었으며, 각국의 정부도 노동시장 진입에 어려움을 겪고 있는 청소년들을 지원하기 위하여 교육프로그램과 직업훈련, 직업체험 등을 제공하였다. 1990년대 후반까지 상대적으로 청소년의 실업률이 높았는데, 이 시기에 상당수의 의무교육과정만 수료한 이들이 직업훈련에 참여하였다. 1997년 유럽연합에서 실업자를 위한 직업훈련의 편재를 고려하면서 실업문제 해결을 위한 룩셈부르크 정상회담에서는 6개월 또는 그 이상의 기간 동안 실업상태에 있는 청소년들을 지원하기 위한 공통된 원칙에 합의하게 된다. 이 가운네 하나가 특정 연령 집단에 대한 교육, 직업훈련 또는 고용에 대한 '보증(guarantee)'[19] 제도를 도입한 것이다(몇몇 국가는 이

19) 스웨덴은 1984년에 처음으로 독자적인로 청소년에 대한 보증제도를 도입하였다.

러한 제도를 도입하지 않았다). 이러한 제도는 그다지 많은 재원을 필요로 하지 않는다. 1980년대 중반에서 1999년 사이에 청소년 실업률이 매우 높았음에도 불구하고 OECD국가들은 24세 이하의 청소년들에 대하여 GDP의 0.1% 정도밖에 지출하지 않았다.

영국에서는 청소년을 위한 취업지원정책이 1975년에 처음 도입되었는데〔일자리창출프로그램(Job Creation Programme)〕, 특히 이 프로그램은 학교 졸업이후 실업 상태에 있는 청소년들에게 일시적이긴 하지만 일자리를 마련해 주기 위한 목적으로 추진되었다. 이 시기에 그렇게 많은 수는 아니지만 일부 청소년들이 이 프로그램에 참여하였다. 하지만 1978년 6주 이상 실업 상태에 있는 청소년들에게 6개월간의 직업체험의 기회를 제공하는 청소년기회프로그램(Youth Opportunities Programme, YOP)을 도입함과 동시에 참여율은 증가하였다. 1981년에 YOP은 청소년훈련계획(Youth Training Scheme, YTS)으로 계승되었으며, 1986년에 YTS는 2년제 프로그램으로 발전하였다(이 프로그램은 이후에 YT란 이름으로, 최근에는 스킬시커스(Skillseekers)로 개명되었다). 가장 최근에 도입된 직업훈련은 1998년의 뉴딜 정책(New Deal)이다. 뉴딜 정책은 이전의 정책들과는 두 가지 점에서 차이를 보인다. 첫 번째로 노동시장에서 취업문제로 고민하고 있는 18세 이상의 청소년들을 대상으로 하고 있다는 점이다. 두 번째로 이론적인 차원이긴 하지만 선택의 여지를 제공하고 있으며, 개인들의 요구와 열망에 최대한 부응하기 위하여 맞춤식 프로그램을 제공하려 하고 있다는 점이다.

룩셈부르크 정상회담 이전과 이후에 유럽에서의 청소년 실업에 대한 대책은 매우 다양한 형태로 존재하였다. 최근에는 고용, 직업 또는 직업훈련 보증제도(영국, 네덜란드, 덴마크, 스웨덴), '사회적으로 유용한

(socially useful)' 일자리와 직업교육의 확대(프랑스, 스페인, 이탈리아), 도제제도의 확대와 전(pre)직업과정(독일, 스페인) 그리고 다양한 직업소개(placement) 정책이 실시되고 있다(Furlong and McNeish, 2000).

(직업훈련 등 취업지원 정책과 같은) 실행프로그램의 개발은 청소년을 위한 급부(benefits)에 대한 태도의 변화로부터 크게 영향을 받게 된다. 긴축정책(retrenchment)의 일환으로 상당수의 국가에서 청소년에 대한 실업수당(unemployment payment)과 사회안전급부(social security benefits)(북유럽에서는 보편적)는 폐지되거나 지급기준이 더욱 엄격해졌다(Bonoli et al. 2000). 책임과 권리의 균형을 중시하는 '제3의 길(the Third Way)'의 접근법을 적용하여 각국의 정부는 청소년에 대한 급부를 활동프로그램의 참여 쪽에 초점을 맞추게 되었다. 일을 하고자 하는 의지의 유무에 따라 노동자 재교육(workfare) 수당의 지급 여부를 결정하는 미국식 스타일에 기초하여 최근의 유럽식 접근법은 실업자에게 '노동복지(workfare)', '학습복지(learnfare)', '직업훈련복지(trainfare)' 등 다양한 선택권을 부여한다. 이러한 접근법은 비용의 절감과 의존과 사회적 배제의 예방 그리고 권리와 책임의 연계에 그 목적이 있다(Yeandle 2003; 53).

청소년들에 대한 고용, 교육 또는 직업훈련에 대한 보증제도의 도입은 '적절한(appropriate)' 활동에 참여하지 않고 있는 청소년들의 상황을 설명하던 용어들을 바꾸었다. 사전에서 청소년 실업(youth employment)이란 용어가 사라지고 청소년들의 실업상태(worklessness)에 대한 책임을 나타내는 용어들이 생겨났다. 영국에서 NEET(Not in Education, Employment or Training)란 용어는 위기 상태에 놓은 청소년들을 설명하는 용어로 폭넓게 사용되고 있으며, NEET에 대한 통계조사도 이루어지고 있다. 각 국가별로 강조점에는 차이가 있으나 호주와 일본과 같은 나라에서도 이와 비슷한 과정들이 관측되고 있다.

실업보다는 NEET에 초점을 맞춤으로 인해 대상에 대한 정의를 확대할 수 있다고 하겠다. NEET란 용어의 도입은 예전부터 '나태한(inactive)' 대상으로 낙인찍음으로 인해 사회의 주변부로 밀려나 있던 미혼모(single mother)와 장애인을 정책의 틀 안으로 수용하게 된다. 다른 한편으로 NEET란 용어는 종래의 감각으로는 실업에 직접적으로 관련되어 있지 않는 어려운 처지에 놓여 있는 이들에 대한 인식을 증진하는데 도움이 되었다. 부정적인 측면으로는 NEET란 용어가 여러 가지 혼란을 초래하기도 하고 비교를 어렵게 만든다는 점이다. 또한 학자들이 하나의 가시화된 하위집단의 특징이나 경험에 기초하여 NEET 집단을 일반화하고 있다.

영국에서 주로 사용되던 NEET는 적극적으로 구직활동을 하고 있는 이들과 일을 할 수 있는 능력을 가진 이들을 모두 포함하는 이질적인(heterogeneous) 집단으로 구성되어 있다. 이들은 ILO(국제노동기구)에서 정의하고 있는 실업의 정의와 거의 일치한다. 아울러 NEET에 속하는 이들에는 구직활동을 하고 있지 않거나 할 수 없는 이들까지 포함된다. 장기간 동안 질병을 가지고 있거나 장애를 가지고 있거나 아이나 가족을 돌봐야 하는 이들은 일을 할 수 있는 상황이 못 된다. NEET의 범주에는 이들도 포함된다. 구직활동을 하고 있지 않는 이들에는 직업 이외에 다른 분야에 흥미를 가지고 있거나, 휴식을 취하고 있거나 또는 자원봉사활동을 통해 자신의 역량을 개발하고 있는 이들, 여행을 하는데 대부분의 시간을 사용하고 있는 이들도 포함된다. NEET에는 다양한 경험과 특징과 요구를 가진 이들이 포함되어 있다. 또한 NEET에는 직업훈련과 복지에 대한 지원을 필요로 하는 취약계층의 청소년도 포함되어 있지만, 교육과 취업의 필요성을 거의 느끼지 못하는 유복한 가정의 청소년들도 포함되어 있다.

NEET와 관련하여 가장 중요한 문제 가운데 하나는 실업 상태에 있는 청소년들이 아무런 도움을 필요로 하지 않는다고 믿도록 한다는 점이다. 그런데 비정규직 노동자, 실업자, 고용의 불안정성이 증가함에 따라 매우 불안정한 처지에 놓인 이들이 무시되는 것은 매우 위험하다. 불안정한 고용상태에 있는 청소년들이 겪고 있는 문제와 주변화의 위험에 대한 인식에 기초하여 일본과 호주와 같은 나라는 불안정한 고용 상태에 놓여 있는 청소년들에 대한 자료를 수집하고 있다. 하지만 이들 두 나라에서도 청소년들이 자신들의 여가 중심적 라이프스타일을 유지하기 위하여 그리고 장기간의 고용을 통한 사회적 책임을 회피하기 위한 전략의 일환으로 비정규직을 선택하고 있는 것으로 논의가 진행되고 있다. 하지만 실제로 대부분의 비정규직 청소년 노동자들은 비정규직을 자신들의 라이프스타일을 유지하기 위한 하나의 실험으로 여기기보다는 매우 열악한 상태에 놓여 있다(Furlong and Kelly 2005; Inui 2005).

현대사회의 노동시장에서 청소년들의 이직과 전직이 빈번하게 일어나기도 하지만 전업종에 걸쳐 노동자의 평균 근속기간은 계속해서 줄어들고 있다(Goodwin and O'Connor 2005). 그런데 현재의 노동시장에 관한 통계는 자발적 유연성(flexibility)과 비자발적 불확실성(precarity) 간의 명확한 구분이 어렵다. 청소년 노동시장의 유동성은 불만족스러운 일들의 연속이라기보다는 자신의 직업생활에 대한 통제라고 할 수 있는가? 이 질문에 대한 대답은 노동 계층화의 새로운 형태와 결합되어 있어 매우 복잡해진다. 그런데 예를 들어 시간제취업과 임시직은 정규직을 확보할 수 없는 청소년들과 대학을 다니면서 교육비를 충당하고자 하는 청소년들에 의해 지탱되고 있는 측면이 있다. 이러한 환경에서 다양한 그리고 서로 상이한 사회계층적 배경을 가진 청소년들은 서로 다른 이행경로를 걷게 되며, 그들의 직업적 조건이 노동시장에서의 그들의 장래 전망에 대해 아무런 단서를 제공해 주지 못한다.

학생들에 대한 재정적 지원 시스템의 재원, 적용범위와 상관없이 예전부터 학생들은 시간제 취업을 통해 교육비를 충당해 왔다. 이러한 측면에서 상당수의 대학생들은 재학기간 중에 하위계층의 서비스업에 종사한 경험을 가지고 있다. 학생들에 대한 충분한 재정적 지원이 이루어지지 못한 상태에서의 고등교육의 확대는 학업과 시간제취업을 병행하지 않을 수 없는 청소년들을 늘리게 되었으며, 아울러 종래의 학교와 노동시장 간에 존재하던 이행의 본질을 변화시키는 요인으로 작용하게 되었다. 특히, 이전과는 달리 학생들의 사회계층적 배경과는 상관없이 대학을 졸업한 후에 바로 취직을 하기가 매우 어려워졌다.

학력과 취업달성도와의 밀접한 연계 그리고 경제적 수행(performance) 정도와 교육 정도 사이에는 정(positive)의 관계가 성립한다는 신념에 기초하여 각 국가의 정부는 고등교육의 육성을 지원해 왔다. 이와 동시에 각 국가의 정부는 고등교육 진학률의 증가에 따른 재정적 부담에는 부정적인 태도를 취해 왔다. 이에 대한 실증적 자료가 충분하지는 않지만 대학졸업생에 대한 노동시장의 환원은 줄어들지 않고 있다는 연구가 있다(Future skills Scotland 2006). 실제로 영국에서 PricewaterhouseCoopers[20](2005)의 추정에 의하면[21] 고졸자에 비하여 대졸자의

---

20) [역자 주] 세계적인 회계법인.

생애소득이 12% 높다고 한다.[22] 정부는 대학생 한 명을 졸업시키는데 21,000파운드(30,000유로)를 투자하지만 이들은 대학 졸업 후 직장생활을 통해 93,000파운드(134,000유로)의 세금을 납부하게 된다.

여러 가지 측면에서 '대졸자 노동시장(graduate labour market)'이란 용어는 시대착오적(anachronism)인 용어로 전락했다. '대졸자 노동시장'은 안전지대와 불안전지대로 분리되고 있으며, 아울러 졸업생의 능력에 따라 패자와 승자를 분리하고 있다. Elias와 Purcell(2004)은 대졸자 채용을 전통적(traditional) 채용, 현대적(modern) 채용, 새로운(new) 채용 그리고 틈새시장(niche) 채용의 네 가지 형태로 구분하고 있다. 대졸자의 전통적 채용은 오랫동안 일정부분 대학졸업자격(university degree)을 갖춘 이들을 보호하는 성격이 강했던 것에 반해(변호사, 의사 그리고 과학자), 나머지 3가지 형태의 채용은 점진적으로 학위를 가진 노동자들의 영역으로 자리 잡아가고 있다. 이러한 과정들은 고등교육의 확대와 밀접하게 관련되어 있으며, 학력 인플레이션을 가늠하는 하나의 지표가 될 수 있을 것이다. 현대적 채용(modern employment)은 새롭게 등장하는 전문직과 1980년대부터 시작된 대졸학력을 요구하는 직종과 관련되어 있다(예들 들어 방송 및 언론분야, 회계사). 새로운 채용(new employment)은 대졸 학력을 요구하는 비교적 최근에 등장한 직종에 해당되며(예들 들어 마케팅, 심리치료분야), 틈새시장 직업은 반드시 대졸

---

21) 졸업에 대한 프리미엄(premium)은 대학을 진학한 이들과 진학하지 않은 이들의 비교를 통해 산출된다.

22) 상당수의 국가에서 학위를 취득하는 기간은 길어지고 있는 반면에 졸업에 대한 가치는 저하되고 있다. 예들 들어 독일은 영국에 비해 대학졸업에 대한 경제적 수익률이 낮다.

학력을 요구하지는 않지만 최근에는 전문성을 향상하기 위하여 대졸자를 필요로 하는 직종에 해당한다(예를 들어 호텔 지배인, 구매담당).

지속되는 노동시장의 불평등

1980년 이후 노동시장에서 일어난 일련의 변화들은 청소년들의 노동시장 참여에 있어 상당한 영향을 미치게 되었다. 현재 청소년들의 노동시장 참여 기간이 길어지고 있으며, 이행 경로의 다양화는 청소년들의 이행이 매우 개인화되고 있음을 의미한다. 실제로 많은 연구자들은 학교를 졸업한 이후 청소년들의 이행의 매우 복잡해지고 있다는 점과 노동시장으로의 진입경로가 다양해지고 있다는 점을 주목해 왔다(Roberts 1995; Bynner et al. 1997; Wyn and White 1997). 16세에서 18세 사이의 청소년들은 이전에 비해 매우 중요한 경험을 하게 된다. 그들은 각자 서로 다른 진로를 걷게 되는데, 예를 들어 일부는 다양한 직업훈련을 받기도 하고 어떤 이들은 대학 진학을 위한 교육을 받기도 하지만, 이들은 실제로 일을 하지는 않는다. 그런데 개인화된 또는 다양화된 이행 경로가 이행의 결과물에 대한 구조적 결정요인의 영향이 약화되었음을 의미하지는 않는다. 여러 가지 차원에서 청소년들의 이행과정상의 경험은 그들의 계층과 젠더에 따라 다양한 형태로 나타난다.

Furlong과 그의 동료들(2003)은 스코틀랜드에서 실시된 종단연구 자료를 활용하여 군집분석(cluster analysis)기법으로 16~23세 청소년의 월별 지위 변화를 분석하였다. 이러한 작업을 통하여 여덟 가지 유형을 도출하였는데, 그림 3.4에서도 나타나고 있는 바와 같이 청소년들은

장기 고등교육(long higher education)	일반적으로 3,4년의 학위 과정을 이수
단기 고등교육(short higher education)	일반적으로 2년 과정을 이수하거나, 학위 과정을 중간에 포기
교육의 강화(enhanced education)	일반적으로 고등학교를 졸업한 후 노동시장에 진입
직접 취업(direct job)	일반적으로 16세 시점에 바로 취업
지원을 통한 이행(assisted transitions)	일반적으로 직업훈련에 참여
실업(unemployment)	일반적으로 장기간에 걸친 실업
가정 내 이행(domestic transitions)	육아로 인해 노동시장에서 이탈
기타	그 숫자는 얼마 되지 않으나 건강상의 문제를 안고 있는 이들

그림 3.4 이행 유형

출처: Furlong et al. 2003

시기별로 매우 상이한 경험을 하고 있음을 알 수 있다.

또한 연구자들은 청소년들의 이행경로를 선형적(linear) 이행과 비선형(nonlinear) 이행으로 분류하기도 한다. 이들 선형 이행과 비선형 이행은 주로 실업기간과 지위(status)의 변화수에 의해 결정된다. 사례에서는 선행 모델과 비선형 모델이 절반 정도씩 분류되었다. 16~23세 청소년 각 개인들의 경험은 그림 3.5와 그림 3.6의 이행도(transitional map)에 설명되어 있다. 이행도는 시기별로 청소년들의 지위변화를 보여주고 있지만, 동일 지위 내에서 발생하는 지위의 변화(예를 들어 직종의 변화)를 보여 주진 못한다. 또한 이른 시기에 학교를 떠난(졸업한) 이들뿐만 아니라 고등교육을 받은 이들도 단절된 이행 또는 매우 복잡한 이

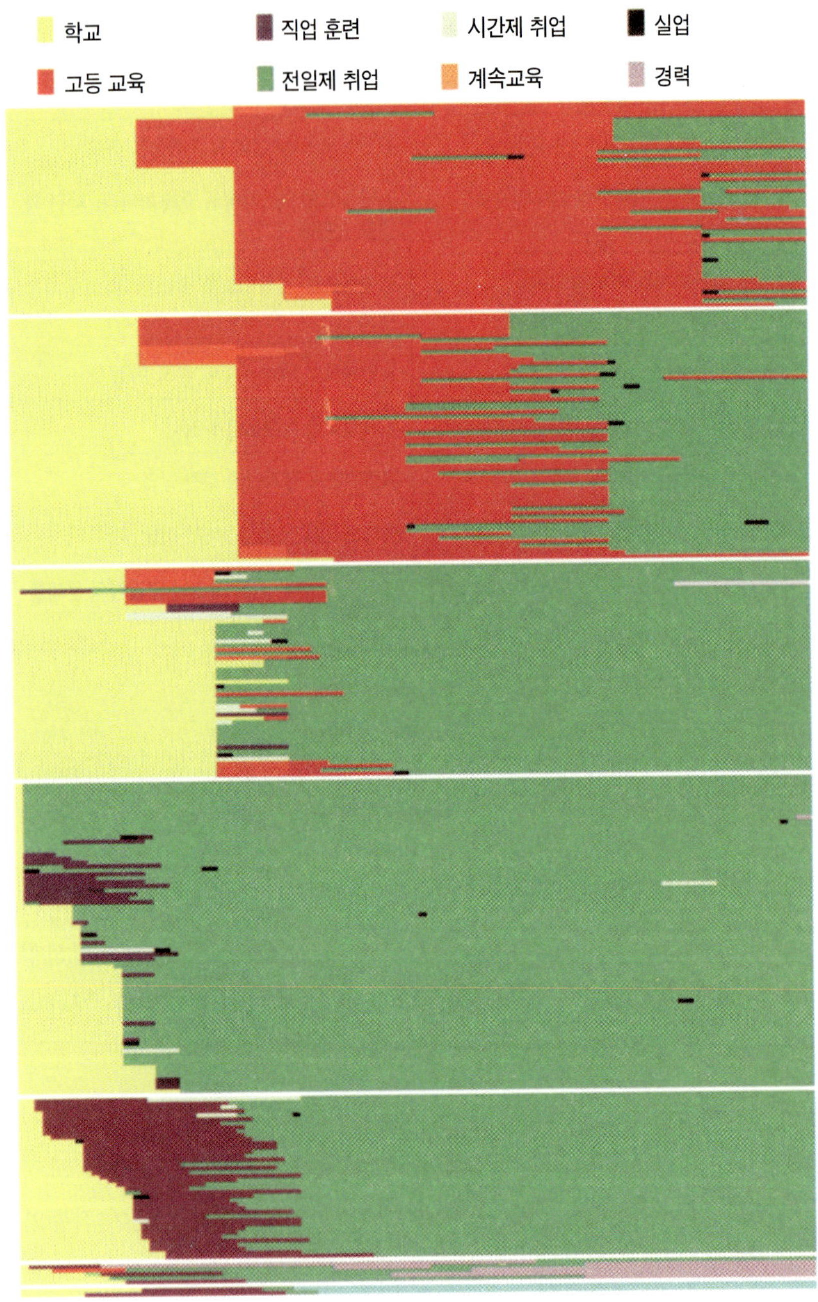

그림 3.5 이행도 1: 선형

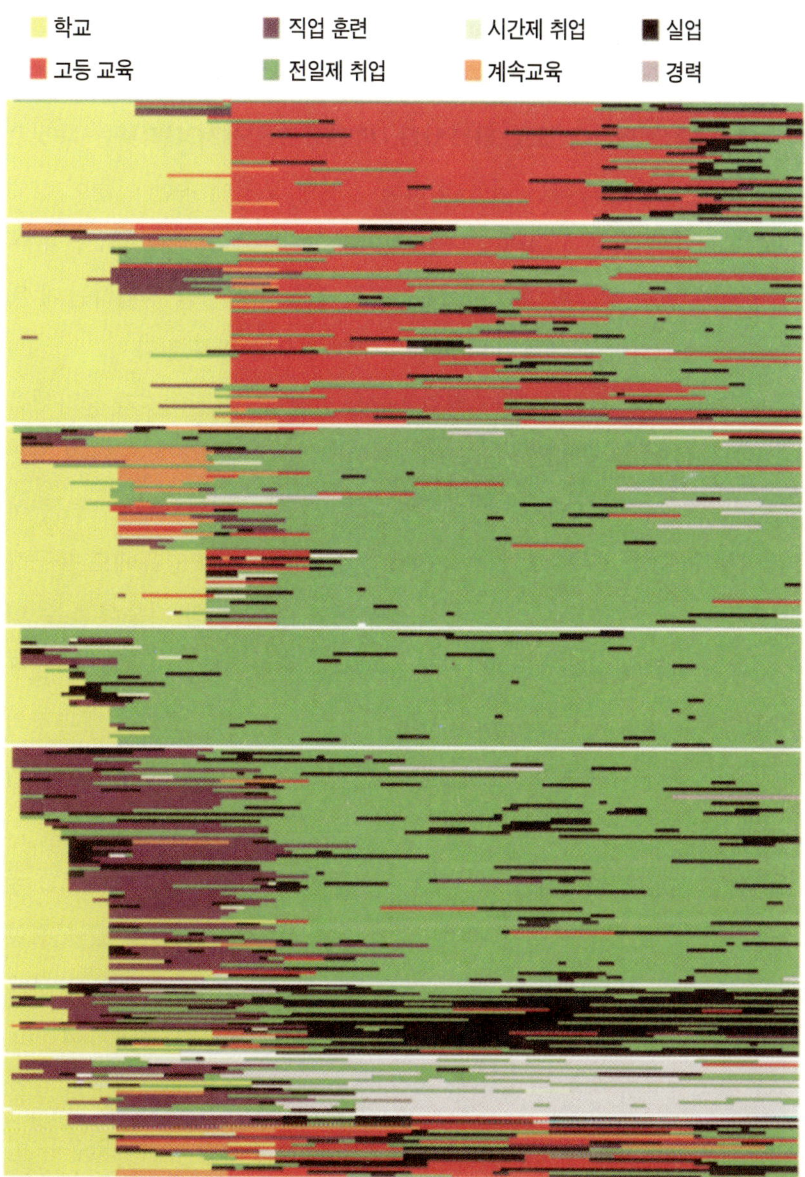

그림 3.6 이행도 2: 선형

행경로를 걷고 있는 것으로 나타났다. 비선형 모형에서 나타나는 특징으로는 선형 모형에 속하는 이들에 비해 비선형 모형에 속한 이들이 상대적으로 열악한 상황에 처해 있다는 것이다. 예를 들어 남자 청소년과 여자 청소년 모두 최상위 계층 출신의 경우 선형적 이행을 경험하는데 비해, 하위 계층의 청소년들은 비선형적 이행 경로를 걷고 있다.

실제로 전일제 교육 또는 직업훈련을 받을 수 있는 여지가 증가했음에도 불구하고 사회계층적 구조 내에서 비교적 유리한 조건을 가진 청소년들은 상대적으로 다수가 열망하는 이행 경로를 걷고 있었다. 모든 선진국에서 노동자계층 청소년들의 교육수준이 늘어나고 있음에도 불구하고 그들은 이른 시기에 노동시장에 참여하고 있다. 이와 더불어 소수 인종들이 백인들에 비해 이른 시점에 노동시장에 참여하고 있음에도 불구하고(Kao and Thompson 2003; DfES 2005), 계층에 기초한 이행과정의 차이에 변화가 발생하고 있다는 아무런 증거도 없다(Mashall and Switt 1993).

취업 시점(전일제 취업)은 성별에 따라 크게 차이가 난다. OECD 국가들에서 18세 시점에 여자 청소년들은 교육기관에 잔류하고 있는 경향이 강한 반면, 남자 청소년들은 노동시장에 참여하는 경향이 강하다(OECD 2002a). 이러한 차이는 1980년대 중반이후부터 증가하였으며, 여자 청소년들이 장기간 교육을 받는 상황은 부분적으로는 서비스 부문에서 일정 부분 학력을 갖춘 여성노동자에 대한 수요가 증가하였음을 반영하고 있다고 볼 수 있다. 실질적으로 OECD 국가들에서 여자 청소년들이 남자 청소년들에 비해 전문적인 기술을 요구하는 화이트칼라직에 종사하고자 하는 의식이 강하다(OECD 2004). 서비스업 분야에서 여성들에 대한 수요의 증가는 임금 간 격차에도 반영되고 있다. 예들 들어 영국에서는 18세 시점에 여자 청소년들이 남자 청소년들에 비해 약간 소득이 높은 것으로 나타났다(1999년에 10% 정도 여자 청소년들이 높은 것으로 나타났다). 그런데 18~20세의 남자 청소년들은 여자 청소년들에 비해 소득이 2% 정도 높으며, 21~24세에서는 양자 간의 소득 격차가 10%까지 벌어진다(DfES 2005).

취업을 전제로 한 직업훈련(work based training)의 경험은 계층과 젠더, 인종에 따라 매우 상이한 양상을 보인다. 영국에서 취업을 전제로 한 직업훈련은 매우 낮은 지위로 간주되는 경향이 있으며, 중간층 가정의 청소년들에 비해 노동자계층의 청소년들이 주로 참여한다(Furlong 1992; Courtenay and McAleese 1993). 양질의 직업훈련(quality training)에는 비교적 학력수준이 높은 청소년들(아울러 이들은 비교적 상위계층 출신)의 참여율이 높다. 많은 연구자들은 매우 열악한 환경에 처해 있는 청소년들과 소수인종출신의 청소년들이 직업훈련 참여 이후 비교적 취업률이 낮은 프로그램에 집중적으로 참여하는 경향이 있음을 지적한다(Furlong and McNeish 2000). 또한 지금까지 실시되고 있는 직업훈련 가운데 노동시장으로부터 평가를 받지 못하는 것들이 상당수 존재하는데, 이를 '사양직업훈련(sink schemes)' 또는 '창고형 직업훈련(warehousing' schemes)'이라고 부르기도 한다(Roberts and Parsell 1992a). 이러한 직업훈련 프로그램들은 사회적 통합과 주변화를 줄이는 데 그다지 도움이 되지 못하며(Schömann and O'Connell 2002), 아울러 사회적 발전에도 기여하지 못한다(Raffe and Shapira 2005).

영국과 프랑스와 같은 나라에서 취업을 전제로 한 직업훈련의 낮은 지위는 부분적이긴 하지만 직업훈련이 주로 실업상태에 있는 청소년과 성인들을 대상으로 제공된 역사적 기원에 기초하고 있다고 할 수 있다

(Raffe and Shapira 2005). 미국에서도 취업을 전제로 한 직업훈련(work based training)은 낮은 지위로의 이행 경로로 간주되고 있으며(Ryan 2001), 독일과 같은 나라에서 조차도 취업을 전제로 한 직업훈련은 다른 나라들에 비해서는 지위가 높은 편이기는 하지만, 이 프로그램에 참여한 청소년들은 주로 노동계층분야의 직종으로 이행한다(Shavit and Müller 2000).

다양한 계층적 배경을 가진 청소년들은 단기간의 실업을 경험하지만, 이들 가운데는 노동자계층의 청소년이 차지하는 비율이 높으며, 이들은 주로 노동시장의 구조조정으로 인해 심각한 타격을 받고 있는 도시 외곽지역에 거주하고 있다(White and McRae 1989; Anisef et al. 2000; O'Higgins 2001; Iannelli 2003; White and Wyn 2004; MacDonald and Marsh 2005). 여기에서 장기간에 걸쳐 실업상태에 있거나 반복적인 실업상태에 있는 이들은 복합적인 빈곤으로부터 고통받고 있다(OECD 1999; Franzén and Kassman 2005).

많은 나라에서 학력 수준이 높은 이들이 학력수준이 낮은 이들에 비해 상대적으로 장기간의 실업에 빠질 가능성이 낮다는 점은 명확한 사실이다. 학교를 졸업한 이후 3년간의 실업에 대해 주목해서 살펴보면 대졸자들이 고졸자들에 비해 장기실업률이 낮은 것으로 나타났다(그림 3.7). 예를 들어 미국에서 대학을 졸업하지 못한 남성들의 실업률은 29%인데 비해, 대학(전문학교, 커뮤니티 칼리지 포함)을 졸업한 이들의 실업률은 3%였다. 그림 3.7, 3.8은 독일형 이원시스템(German Dual System)이 하위노동자계층의 실업에 대한 위험을 줄이는 데 도움을 주고 있음을 보여 주고 있다. 하지만, 독일의 이원시스템은 노동자계층의 청소년들에게 전문직에 대한 접근을 제한하는 측면도 있다(Shavit and Müller 2000).

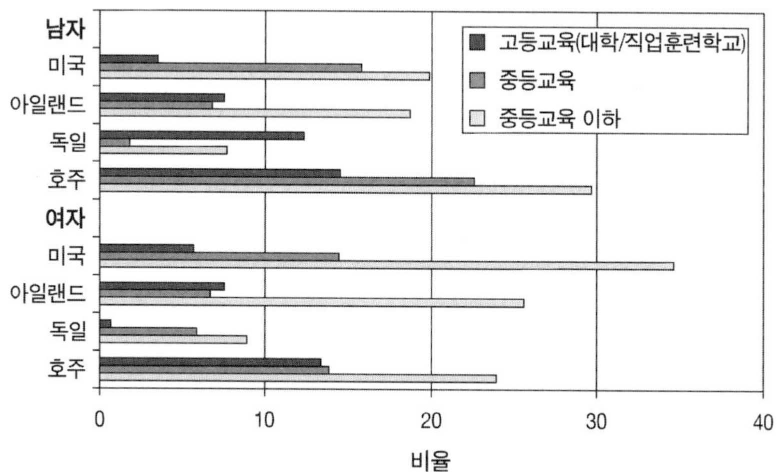

그림 3.7 학교 졸업이후 3년 이내의 실업률(성별, 학력별)

출처: OECD 1998

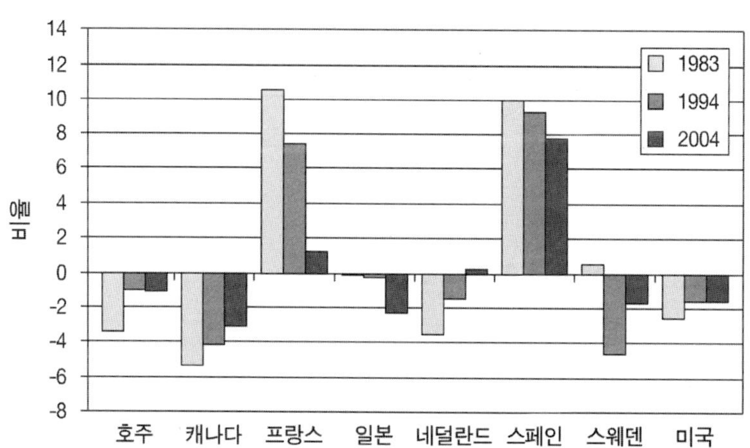

그림 3.8 성별간 실업률의 차이(15~24세)(1983~2004)

출처: OECD 1995, 2005b

각 국가에서 남녀 간 실업률의 차이는 각 국가들이 가진 노동시장의 특성과 전통에 기인한다. 일반적으로 OECD 국가들에서 여자 청소년들의 실업률은 남자 청소년들에 비해 약간 낮은 편이며, 스페인과 프랑스는 다른 나라들과는 달리 여자 청소년들의 실업률이 높은 편이다. 그런데 노동시장의 요구의 변화는 여자 청소년들의 실업 가능성을 낮추는 방향으로 변화하고 있다(그림 3.8).

많은 국가들에서 상대적으로 남자 청소년들이 장기간의 실업상태를 경험하고 있으며, 장기간의 실업은 노동시장으로부터 소외되는 결과로 이어지거나 또는 구직활동의 포기로 이어지게 된다. 그런데 이러한 경향은 여자 청소년들이 더 강하다(Furlong 1992; Biggart 2002). 청소년들이 구직에 대한 희망을 포기해버리면 노동시장으로부터의 철수(withdrawal)가 심리적인 안정감을 제공하기도 한다. 여자 청소년들, 특히 결혼을 했거나 자녀를 두고 있는 이들에게 있어 노동시장으로부터의 철수는 장기실업에 대한 일종의 사회적으로 수용될 수 있는 대안일 수 있다. 하지만 영국과 미국에서는 일부 급부를 제한함으로써 미혼모(single mother)들이 노동시장으로부터 철수하는 것을 방지하려는 노력을 기울여 왔다.

사회적 재생산의 재개념화

이 장에서 설명하고 있는 청소년 노동시장의 변화는 사회학자들이 학교에서 노동시장으로의 이행을 개념화하는 과정에서 다양한 방식으로 설명되어 왔다. 1960년대와 1970년대에 이행경로의 예측 가능성이 강조되었다(Carter 1962; Roberts 1968; Ashton and Field 1976; Willis 1977).

이 시기에 청소년들의 학교에서 노동시장의 이행에 있어 사회계층과 젠더는 학교생활과 학업성취도를 예측케 하는 강력한 요인으로 작용하였으며, 아울러 사회계층과 젠더는 이행의 본질과 노동시장 진입시의 지위(position)를 결정한다. 예들 들어 Ashton과 Field(1976)는 청소년들의 학교에서 노동시장의 이행경로를 세 가지 유형으로 분류하고 있는데, 첫 번째가 '확장형 경로(extended careers)'로 대학을 졸업한 후 대졸노동시장으로 이행하는 유형, 두 번째로 '단기 이행(short-term careers)'으로 단기간의 직업훈련을 수료 및 고등학교를 졸업한 후 숙련 노동 또는 전형적인(routine) 화이트칼라 직종으로 이행하는 유형, 세 번째로 '무경력(careerless) 이행'으로 이는 의무교육을 수료한 후 반숙련(semi skilled) 또는 비숙련(unskilled) 업종으로 이행하는 유형이다. 집단주의적 이행이 이루어지던 시기에 청소년들은 자신들의 진로에 대해 명확한 목표의식을 가지고 있었으며, 청소년기는 일종의 진로탐색기였다. 아울러 이 시기에 그들은 자신들의 진로에 대한 명확한 인식을 가지게 된다.

1980년대를 거치면서 학교에서 노동시장으로의 이행이 매우 복잡해지면서 의무교육만을 종료한 이들은 안정적인 일자리를 구하기가 힘들어졌으며, 그들의 노동시장으로의 이행도 매우 다양해졌다. 하지만 이행 경로가 다양해졌음에도 불구하고 사회학자들은 이행의 결과가 여전히 매우 구조화되는 경향이 있음을 지적한다(Roberts et al. 1987; Bynner and Roberts 1991; Banks et al. 1992). 이러한 이행 경로의 구조화는 '궤도(trajectory)'란 용어로 설명되고 있으며, 이 말은 자신들의 목적지에 대해 아무런 통제권이 없음을 의미한다(Evans and Furlong 1997).

Beck과 Giddens의 이론적 기여를 반영하듯이 1990년대에 등장한 이행 모델들은 개인이 불확실성과 위험을 어떻게 능동적으로 처리하고 있는가를 강조하고 있다. 이와 관련하여 Evans와 Furlong(1997)은 '항해(navigation)' 모델을 제시하고 있다. 후기산업사회에서 개인들에게 열려 있는 가능성은 사람들이 끊임없이 자신들의 행위에 대한 결과를 책임져야 함을 의미한다. 실제로 Beck은 '반성적 근대화(reflective modernization)'란 표현을 통해 '위험의 영향에 대한 자기 대립(self confrontation)'이 진행되고 있다는 점을 강조한다(1994: 5).

위험과 불확실성에 대한 주관적 인식은 이전 시기의 전통과의 단절을 의미한다. 1990년대 이전에는 청소년들의 가정에서 학교, 학교에서 노동시장의 이행은 매우 견고했으며, 예측 가능했기에 학교에서 노동시장으로의 이행은 각 개인들에게 불안과 걱정을 끼치지 않았다(Cater 1962; Ashton and Field 1976)[23). 우리는 청소년 노동시장의 변화가 사회적 재생산에 미친 영향에 대해 회의적이지만, 객관적인 차원에서 이전의 학교에서 노동시장으로의 이행이 안정적, 예측 가능했지만, 지금은 주관적 차원에서의 위험과 불확실성이 증대되고 있는 것으로 보고 있다.

1960년대와 1970년대에 학교와 노동시간 간의 궤도가 매우 구조화된 결과 청소년들은 자신들의 경험이 지극히 자연스러우며 평범한 것으로 여기는 경향이 강해졌다. 청소년들은 사회적으로 제한된 네트워크안에서 성장과정을 보내면서 자신들의 삶에 대한 방향과 자신들에게 주어진 가능성의 범위에 대한 인식을 발전시켜 나간다. 이러한 결과 Ashton과 Field(1976)는 학교에서 노동시장으로의 이행은 인생 초기의 기대와

---

23) Goodwin and O'Connor(2005)는 1960년대의 이행을 현대적 관점에서 해석하고 있다. 이들은 Norbert Elias와 그의 동료들의 자료를 재분석하는 작업을 통하여 1960년대에 이행의 과정이 그다지 직선적이지 않았다고 주장한다.

경험을 확정하게 되며, 이러한 과정은 대부분의 청소년들에게 원만하며 별다른 심리적인 충격을 제공하지 않는 것으로 보고 있다.

여러 가지 측면에서 보았을 때 주관적 차원에서 원활하며 예측 가능한 사회적 재생산의 과정이 전통적인 사회질서를 설명하는 중요한 특징으로 간주되며, 이러한 사회질서 내에서 청소년들은 성인들의 발자취를 따라가게 된다. 아울러 이처럼 예측 가능한 이행 경로가 존재하는 상황은 청소년들이 자신의 장래 직업과 진로에 대해 심각하게 고민하도록 하지 않는다. 직업선택의 폭이 제한된 사회에서 청소년들은 자신들이 선택 가능한 직업에 대한 기대의 수준을 설정한다. 웨일즈와 영국의 동북지방과 같이 광산지역에서 상당수의 남자 청소년들은 자신들의 아버지처럼 커서 광부가 되고자 한다(Dennis et al. 1956). Willis(1984)는 영국의 중서부지방과 같이 공장과 사무실이 즐비한 빌딩숲에서 표출되는 남성문화(masculine culture)를 찬양하는 남성 노동자들 사이에 존재하는 주관적 연속성(subjective continuity)에 주목하고 있다. 이와 유사한 상황은 여성들에게도 나타는데, 예들 들어 Westwood(1984)는 영국의 중동부지역 노동자계층의 여자 청소년들은 결혼을 해서 전업주부가 되기 전에 직물공장의 공원이 될 것으로 기대된다.

노동시장의 재구축과 청소년 노동시장의 쇠퇴는 주관적 차원에서의 청소년의 학교에서 노동시장으로의 이행에 대한 중요한 함의를 제공한다. 선진국에서 저숙련(low-skill) 노동자에 대한 요구의 감소는 지속적으로 감소하는 반면, 학력수준이 높으며 숙련된 노동자에 대한 요구는 증가하고 있다. 하지만 변화의 속도는 최근의 청소년들이 자신들의 학교에서 노동시장으로의 이행과정에서 혼란을 겪고 있음을 의미하며(아마도 이는 근대사회 노동시장의 특징이라 할 수 있다), 결과적으로 원활한 이행을 지원할 수 있는 명확한 준거의 틀(frames of reference)이 부족함을 의미한다. 이러한 측면에서 오늘날 노동시장으로의 진입은 높은 수준의 위험을 내포하고 있는 것으로 설명될 수 있을 것이다.

부모 세대와는 전혀 다른 이행을 경험하고 있는 청소년들은 자신들의 이행과정을 매우 위험하며 불확실한 것으로 인식한다. 이행의 결과를 두려워하는 상당수의 청소년들은 학교를 하나의 도피처 또는 안식처로 생각한다(Biggart and Furlong 1996). 하지만 표면적으로는 매우 안전한 이행 경로를 걷고 있는 이들도 나름대로의 위험에 대한 인식을 가지고 있다는 점을 강조할 필요가 있다. 상대적으로 상위계층의 청소년들과 명문대학을 졸업한 청소년들도 종종 실패와 자신들의 장래에 대한 불확실성에 대해 걱정하고 있다(Lucey 1996; Walkerdine et al. 2001).

주관적 준거의 틀로서의 사회계층의 약화는 사회적 재생산 과정에 영향을 미친다. 고용을 둘러싼 상황은 주관적 차원 또는 객관적 차원에서 사회계층과 밀접한 관계에 있는데 반하여, 경영 전략이 발전한 현대사회에서는 노동자계층에 속해 있는 청소년들도 자신들을 중산층으로 여긴다. Naomi Klein(2000)은 서비스 업종에 종사하는 일부 노동자들이 자신들의 상황을 일시적인 것으로 여긴다고 주장한다. 노동자들이 자신들이 하고 있는 일을 일시적인 것으로 여길 때 그들은 자신들의 처우 개선과 임금 인상을 위해 투쟁하려 하지 않는다. 서점에서 판매보조원으로 일하고 있는 그녀의 조사대상자 가운데 한 명은 그의 동료들은 자신들의 연간 소득이 13,000달러에 불과함에도 불구하고 자신들이 중산층이라고 여긴다고 하였다. 또한 Klein은 맥도널드에서 음식을 배달하는 점원들을 '장래의 법률가', '장래의 기술자' 인 것처럼 묘사하는 텔레비전 광고에 주목한다. 객관적인 차원에서 급격한 비선형 이행은 청소년들로 하여금

실현하기 힘든 직업과 사회계층에 대한 열망을 품도록 한다. 예를 들어 최근에 영국에서 실시된 남자 청소년 노동자에 대한 연구에서 자신들은 현재 맥도널드의 점원으로 일하고 있지만 그들은 향후 더 나은 미래가 펼쳐질 것이라 신념을 가지고 있었다(McDowell 2003).

결 론

이 장에서는 청소년 노동시장에서 일어나고 있는 일련의 변화들에 대해 살펴보았다. 청소년들이 학교를 졸업한 후 노동시장에서 경험하게 되는 직업의 형태는 크게 변화하였으며, 이는 경제의 세계화로 인한 노동시장 요구의 변화의 결과인 동시에 경기 침체로 인한 정책변화의 결과라고 할 수 있겠다. 청소년들이 고등교육과 직업훈련을 받을 기회가 늘어났음에도 불구하고 사회적 불이익은 여전히 존재하는 것으로 보인다. 실제로 열악한 가정환경의 청소년은 노동시장에 진입하는 과정에서 여러 가지 불이익을 감수해야 한다. '유연한(flexible)' 노동이란 신조어는 직업의 안정성을 저하시키고 있으며, 학력수준이 낮은 청소년들을 장기간의 실업이나 하위계층의 직종을 전전하도록 한다. 이와 아울러 소규모의 서비스 직종의 작업장에서의 고용의 창출은 집단적 전통과 청소년 노동자들의 노동조합 가입률을 저하시키는 요인으로 작용한다. 이와는 달리 전문직 그리고 기술직의 중간계층은 점점 더 조직화되고 있으며, 노동조합 가입률도 늘어나고 있다(Lash and Urry 1987). 이러한 측면에서 우리들은 Jossop과 그의 동료들이 주장하는 최근 전통적인 육체노동과 비육체노동의 분업을 대체하는 핵심적인 부분의 '기술 유연성(a skill flexible)'

과 주변부분의 '시간 유연성(a time flexible)' 간의 분업을 특징으로 하는 후기 포드주의 논쟁에 동의한다(1987: 109).

정보화 사회에서 유연하며, 숙련된 노동자에 대한 요구는 일부 청소년들에게는 유리하게 작용하지만, 노동시장의 연속적인 파편화는 전통적인 특권계층의 이익을 보호하는 방향으로 작용한다. 하지만 전통적인 불평등이 유지되고 있음에도 불구하고 주관적인 차원에서 청소년들은 노동시장으로의 복잡한 이행과정에 적응하도록 강요당하고 있다. 이러한 과정을 통해서 그들은 노동시장에서의 이행결과가 본인에게 책임이 있다고 인식하게 된다. 청소년들은 눈에 보이지 않는 이행의 미로 속에서 자신들의 진로를 개척하지 않으면 안 되며, 실패에 대한 객관적인 위험이 희박할지라도 그들은 자신들의 기술(skills)에 따라 이행의 결과를 인식한다.

우리는 이 장에서 Beck과 Giddens의 이론을 뒷받침하는 여러 가지 증거들을 제시하였다. 청소년들의 이행은 매우 개인화되고 있으며, 여러 가지 상이한 사회계층적 배경을 가지고 있는 청소년들은 자신들의 상황을 위험과 불확실성이 가득한 것으로 인식한다. 이와 동시에 객관적인 차원에서 위험은 불공평하게 분포되어 있으며, 전통적으로 하위계층에 속한 이들에게 더 많이 영향을 미치고 있다는 증거들을 발견할 수 있다. 상당수의 청소년 노동자들에게 자신들의 직업에 사회계층과 젠더가 어느 정도 영향을 미치고 있는 지를 설명하기란 쉽지 않지만, 청소년 노동시장에 존재하는 불확실성은 노동시장의 변화의 속도와 노동시장의 파편화와 밀접한 관계에 있다고 할 수 있겠다.

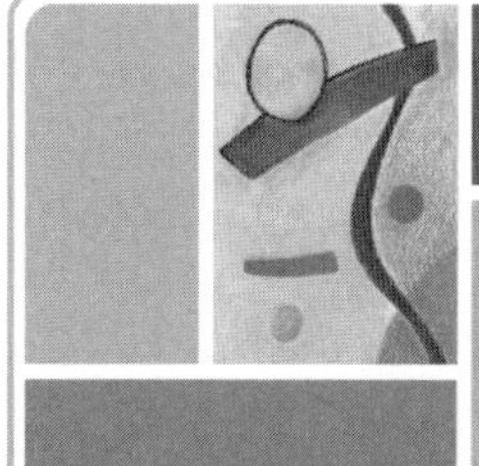

제 4 장

의존 패턴의 변화

> 현대사회에서 가족은 한번 형성되고 나면 영구히 유지되는 집합체가 아니며, 명확하게 정의된 성인기를 향해 나아가는 직선적 이동의 최종 결과물도 아니다. 오늘날의 청소년은 일생 동안 다양한 거주 방식을 선택하며 이행과 회귀를 반복하는 경우가 증가하고 있다. 또 부모, 친구, 파트너와의 친밀한 관계를 바탕으로 항상 가족의 형태를 구성하고 해체하는 일에 관여하고 있다.
>
> (Heath and Cleaver 2003: 2)

 서 론

앞서의 두 장에서 논의된 교육 패턴의 변화와 학교에서 직업세계로 이행하는 기간의 연장은 청소년들이 가족 및 일부 국가에서는 국가의 보조에 의존하는 기간을 장기화시켰다. 취업을 통한 경제적 독립은 청소년들에게 부모의 집을 떠나 보다 독자적인 주거 패턴을 결정할 수 있는 재정적 여유를 제공해 주기 때문에, 학교에서 직업세계로 이행하는 기간의 연장과 불연속적인 노동시장 참여는 청소년의 의존 패턴에 영향을 미치게 될 것이다. 그러나 현대사회에서 성인의 신분은 학교에서 직업세계로 이행하는데 성공한 것만을 기준으로 부여되지는 않는 경향이 있으며, 이와 관련된 일련의 이행과정을 모두 마쳤을 때 진정한 성인으로 인정받는다. Coles는 청소년들이 거쳐야 하며, 상호 연관된 이행의 종류에는 세 가지가 있다고 주장했다(1995). 이 중 일부는 성인 사회에 편입되기 전에 반드시 이행해야만 한다. 학교에서 직업세계로 이행하는 것 말고도 청소년들은 가정에서 출발하여 가정으로 도착하는 '가정 이행'을 할 수 있으며, 부모의(또는 대리 부모의) 집으로부터 떠나는 '거주 이행'을 할 수도 있다. 이러한 세 종류의 이행은 서로 연결되어 있기 때문에, 인생의 한 측면에서 전개된 사건이 다른 이행과정에도 영향을 미칠 수 있다. 예를 들어, 실업으로 인해 청소년들이 학교에서 직업세계로 이행하는 과정이 지연되면 이들의 가정 및 거주 이행 시점에도 영향을 미치게 된다. Arnett는 이에 대해 다른 접근방법을 취하고 있지만(2004), 그 시사점은 유사하다. 성인기는 스스로에 대해 책임을 지고, 독립적인 결정을 내리고, 경제적으로 자립해야 하는 시기이다.

이행기간이 장기화됨에 따라 한 개인의 일생 동안 통상적으로 발생하는 여러 가지 사건의 배열순서도 변화하고, 정체성 확립과 개인화 과정 및 리스크에도 영향을 미칠 수 있다. Coles가 제시한 세 종류의 이행이 모두 연장되고 종결하기 어려워졌는지에 대해서는 이견의 여지가 있지만(Coles 1995; Heath and Cleaver 2003), 이 장에서는 청년기 의존의 장기화가 내포하는 시사점을 살펴보고, 개인화 과정과 리스크의 새로운 패턴이 어느 정도로 가정 및 거주 이행 변화와 연계될 수 있는지 알아보자. 우리는 청년기 의존을 어쩔 수 없이 연장시킨 최근의 사회적 변화가 미래를 리스크와 불확실성으로 가득 찬 것처럼 보이게 한다고 주장했다. 이러한 상황에서는 안정적인 정체성을 유지하기가 힘들다. 일부 국가에서는 가족 구조가 변화하면서 청소년들에게 제공하던 주택 보조 혜택을 축소하는 사회 정책이 도입되고 있는데 이러한 상황은 오늘날의 청소년이 극복해야 하는 새로운 장애물이다. 충분한 사회 및 경제적 자원을 확보할 수 있는 젊은이들은 이행의 실패에 대해 덜 취약한 반면, 가족의 보조가 없는 청소년은 극도의 곤궁에 처할 수 있다. 이러한 맥락에서 우리는 성인으로의 이행에 성공할 수 있는 능력이 여전히 계층이나 성별과 같은 '전통적인' 불평등 요소에 의해 좌우된다고 주장할 수 있다.

반(半) 의존 기간의 연장

현대사회에서 청소년은 라이프사이클의 중간 단계에 해당한다. 법적으로 아동은 성인에게 의존하며 보호 받아야 하는 존재로 간주되는 반면, 성인은 완전한 시민으로 여겨지며 스스로의 삶에 대해 책임을 져야 한다(Coles 1995: Arnett 2004). 청소년은 아동과 다른 대우를 받으며, 권리와 책임이 일부분 부여되지만 성인에게 주어진 수준은 아니나(Jones and Wallace 1992; Coles 1995; Arnett 2004). 완전한 시민 자격은 일정한 나이에 도달하면 자동으로 부여되는 것이 아니라 Coles가 주장한 것처럼 '아동 신분에는 명확한 종료시점이 없으며, 청소년에게 완전한 성인의 권리와 책임을 부여하기 시작하는 나이는 정해진 바 없다'(1995:

7). 또한, 성인을 의미하는 법적 권리와 책임은 단계적으로 부여되며 이 중 일부는 시간적 연령을 기준으로 하고 있지만 다른 것들은 이행 과정(풀타임 교육 이수 등)의 종료 여부에 따라 부여되기도 한다.

영국의 청소년들은 13세부터 파트타임 취업을 시작할 수 있으며, 16세부터는 학교를 졸업하여 풀타임 취업을 할 수 있지만 18세 이전에는 부모의 승낙 없이 결혼을 하거나 선거에서 투표할 수 없고 25세 이전에는 완전한 '성인'으로서 사회보장제도의 혜택을 누릴 수 없다(Harris 1990; Craig 1991; Coles; 1995). 권리가 부여되는 단계는 나라마다 다르지만 성인이 누리는 법적 권리는 통상적으로 시간 간격을 두고 부분적으로 주어진다. 미국에서 청소년들은 음주가 허용되는 나이보다 몇 년 전부터 집을 떠나 결혼하고 자동차를 운전할 수 있다. 반면, 포르투갈에서는 젊은이들이 결혼, 투표, 운전을 할 수 있는 나이보다 음주를 할 수 있는 나이가 더 빠르다.

따라서 청소년은 사회적으로 법과 문화적 규범에 따라 지정된 반 의존의 시기이며, 전적으로 의존하는 아동기와 독립적인 성인기를 이어주는 과도기이다. 대개 청소년은 그 자체의 의의보다는, 누리지 못하는 것들 때문에 부정적으로 평가된다. 청소년은 더 이상 어린이가 아니지만, 완전한 성인으로서 독립적인 생활을 영위하는 시기도 아니다. 라이프사이클에서 뚜렷하게 구분된 경계 없이 우리가 청소년기라 부르는 시기는 역사적으로나 사회적으로 다양하게 정의되어 왔다. 산업 발달의 특정 시기 동안 아동기를 따로 구분해 온 것처럼(Aries 1962), '청소년기'와 '사춘기'는 사회 경제적 발달의 특정 단계에서 등장한 개념이다.

사춘기라는 용어는 Stanley Hall이 처음으로 사용했으며(1904) 청소년들에게서 발현되는 신체성숙 및 성적관심과 관련된 생리적 과정을 설명하는 용어인데, 심리학자들은 사춘기를 약 12~18세 사이에 발생하는 신체적, 성적, 정서적 발달의 시기로 간주하는 경향이 있다. 그러나 신체 성숙의 발현은 영양학적 기준으로 보았을 때, 과거보다 현재 더 빨리 나타나고 있다(Donovan 1990). 심리학자들은 또한 개인이 생리적 변화를 받아들이고, 성인으로서의 정체성을 확립하는 방법에 관심을 보여 왔다(예: Erikson 1968). 1920년대 이래 심리학자들은 생리적 성숙 과정과 청소년들이 새로운 신분을 받아들여 성인으로서의 정체성을 발달시키는 사회적 과정을 구분하는 경향이 있었다. 일례로 Bühler는 사회적 생리적 성숙 과정을 '**문화적 신체성숙**(Kulturpubertat)'이라고 정의했다(1921). 그러나 심리학적 접근방법의 발전에도 불구하고, 심리학적 맥락에서 주로 사용되는 '사춘기'와 전통적으로 사회학 연구의 초점이 되어 왔던 '청소년기'는 구분되어야 한다. 사춘기가 한정된 시기로 간주되는 반면, 청소년기는 보다 광범위하게 적용되어 오늘날에는 10대 중반에서 20대 중반까지 해당된다(Springhall 1986). 사춘기와 달리 청소년기는 신체상의 생리적 변화가 없는 사회적 개념이다.

정의는 서로 다르지만 한 때 청소년기와 사춘기는 크게 보아 유사한 생애 시점을 가리켜 사용되었기 때문에 그 결과로 부적절하게 혼동되기도 했다. 현재 청소년기는 사춘기보다 훨씬 긴 시기에 해당하기 때문에, 일부 사회 과학자들은 청소년기가 과연 서로 다른 경험을 지닌 청소년들을 모두 포괄하는 개념이 될 수 있을지 의문을 제기하기 시작했다. 독립성이 거의 없는 10대 초반부터, 경제적으로는 부모나 국가에 의존하고 있지만 다른 한편으로는 자신의 삶에 대해 상당히 자율적이며 다른 사람을 책임지기도 하는 20대 중 후반이 모두 청소년기에 해당하기 때문이다(EGRIS 2001; Bynner 2005; Arnett 2004, 2006). Arnett는 다음과 같이 주장했다.

> '청소년기'는 사춘기 이후로부터 완전한 성인기 이전까지 전에는 존재하지 않았던 새로운 시기를 설명하기 위해 사용하기에는 너무나 모호하고 함축적인 용어이다. 10(또는 12)~25세까지 해당하는 모든 연령 집단에 적용할 수 있는 용어는 사실 의미가 없다. 전형적인 10~12세 아동과 15~17세 청소년은 전형적인 25세 청소년과 너무나 다르기 때문이다.
>
> (2006: 119)

청소년들의 이행 기간이 점점 장기화되어 가는 가운데 어느덧 생활의 특징이 되어버린 의존과 자율 간의 어색한 균형으로 인해 청소년기와 성인기가 '젊은 성인기'(EGRIS 2001), '신흥 성인기'(Arnett 2004), '포스트 사춘기' 또는 '심리적 성인기'(Cote 2000)라고 부르는 새로운 시기에 의해 구분된다는 주장이 등장했다. 젊은 성인이나 신흥 성인과 같은 용어가 근대 말부터 나타나기 시작한 모순점을 파악하는 데 일부 도움을 주는 반면, 오늘날에는 청소년기와 젊은 성인기 또는 젊은 성인기와 완전한 성인기를 개념적으로 구분할 수 있는 설득력 있는 기준이 없다. 다시 말해, 연구자들은 시간적 연령의 차이 말고는 청소년기와 젊은 성인기를 구분할 수 있는 기준이 없는 듯 보인다. Côté가 말했듯이, 성인기는 현재 '사회적 규범보다는 개인적 성향에 더 큰 바탕을 두고 있다'(2003: 32).

청소년들이 성인 신분을 부여 받기 전에 거치는 반 의존의 시기로 간주되는 청소년기는 역사적으로나 사회적으로 다양하게 정의되었다. 독립적인 성인의 인정이 사회적 규범, 경제적 상황, 사회 정책에 따라 달라지기 때문이다. 청소년기라 불리는 생애 단계의 역사적 차이점을 설명하면서 Springhall은 근대 초반 많은 청소년들이 신체성숙에 도달하기에 앞서 집을 떠나 살아야 하는 도제생활을 시작하거나 군에 입대했다고 주장한다(1986). 그와 동시에 남성은 결혼과 독립 가구의 구성을 20대 중후반까지 미루게 되었다. 지금보다 평균 수명이 더 짧았던 과거에 이러한 관습은 청소년의 반 의존 시기가 라이프사이클에서 상당한 부분을 차지했음을 의미한다. 그와 반대로 1950년대와 1960년대에 청소년은 종종 십대와 동일하게 간주되어, 신체성숙기에 시작하여 10대 중 후반에 최초로 풀타임 취업을 하면서 대부분 끝나는 시기를 가리켰다. 이러한 관점에서 보았을 때, 20세기 중반의 특징이던 비교적 신속한 이행은 역사적인 예외였다고 주장할 수 있다.

1960년대와 1970년대에는 순조로운 경제 여건과 사회 정책의 결과로 많은 나라에서 청소년들이 학교에서 직업세계로 곧장 이행할 수 있었고, 15~16세부터는 부분적으로 경제적 자립을 얻을 수 있었다. 부모는 자녀가 정규 교육을 이수하고 나면 어느 정도 스스로에 대해 책임을 질 것이라고 여기는 경향이 있었으며, 또 자녀가 가계 지출에서 일정 부분을 부담할 것으로 기대했다. 자녀가 학교를 다니는 동안 파트타임으로 일할 것을 기대하는 부모도 적지 않았다. 학교를 졸업하여 처음으로 급료를 받는 것은 청소년들이나 부모에게나 모두 상징적인 의미가 있었으며, 이후부터 더 큰 자유와 책임이 부여되는 경향이 있었다(Kiernan 1992; Coles 1995). 그렇다고 노동시장에 진입한 젊은이들이 자동으로 성인의 신분을 획득했다는 것은 아니다. Goodwin과 O'Conner가 밝혔듯이(2005), 1960년대에도 많은 청소년 근로자의 부모는 자녀의 급료를 차지하고 그 대신 약간의 용돈을 주면서 이들을 아동으로 취급했다.

그러나 근대 후반에 들어 청소년들의 라이프사이클에서 이행 과정과 주요 사건의 배열순서가 바뀌기 시작했다. 1950년대와 1960년대의 이행 과정은 대개 청소년들이 학교를 졸업한 후 최초의 성적 경험을 하고 집을 떠나 얼마 후 결혼하는 순서로 전개된 반면, 오늘날의 청소년들은 먼저 성적으로 활발해진 다음 학교를 졸업하고 결혼을 하거나 동거한 다음에 자녀를 갖는다.

교육적 참여의 패턴이 다르기 때문에, 1960년대와 1970년대의 서민층 청소년은 일반적으로 중산층 청소년이 20대 초반 이전까지 부모에 의존하는 반면 이들보다 훨씬 빨리 경제적으로 독립하는 경향이 있었다 (Roberts 1985; Goodwin and O'Conner 2005). 대부분의 십대는 계속 가족과 함께 거주했지만, 학교를 졸업한 자녀는 가계 지출을 부담해야 했다. 이 시기에 북 유럽과 호주에서는 구직에 실패한 졸업생들도 학교 졸업 후 몇 주 동안 국가 복지혜택을 신청할 수 있었기 때문에 약간의 경제적 독립을 누렸다. 이들에게 제공된 재정적 지원은 부모의 보조가 어느 정도 지속된다는 가정 하에 책정되긴 했지만, 국가에서는 학교를 졸업한 청소년들이 현재의 생애 단계에서 어느 정도로 경제적 자율성을 지닐 권리가 있다고 인식했다. 이러한 원칙은 1980년대에 일부 나라에서 청소년들이 경제적 책임을 포기하고, 부모에게 자녀가 20대 중반이 될 때까지 비용을 부담하도록 강요하기 시작하면서 사라졌다. 청소년들을 위한 경제적 지원은 1970년대에는 보편적이었지만 오늘날에는 스칸디나비아 일부 지역에 한정되어 있으며, 그마저도 자격 제약이 있다. 뚜렷한 계층 및 성별 차이가 존재하기는 하지만, 16세 이후의 루트를 고려할 때 오늘날의 청소년들이 10대에 비교적 자율적인 성인의 생활을 획득할 수 있는 가능성은 적다. 일부에게는 이것이 축복이지만 다른 이들에게는 답답한 일이다.

1980년대 영국에서는 장기화되어 가고 있는 반 의존 기간을 고려하여, Jones의 주장에 따르면(1995) 18세까지로 연장된 의존기 및 25세까지로 연장된 반 의존기를 정식으로 인정한 일련의 법안이 도입되었다. 이 시기에 청소년들과 국가 간의 관계는 부모가 중재하며, 완전한 시민 자격은 이들이 독립적인 성인으로서 국가와 직접적인 관계를 맺기까지 부여되지 않았다(Jones and Wallace 1992). 이러한 법적 변화는 청소년들이 정규 교육 및 훈련을 받아야 하고, 국가의 복지혜택에 의존하여 살아가는 방식을 체득해서는 안 된다고 보는 정부의 관점을 반영하고 있다(제3장 참조). 또한 이러한 변화는 자녀가 자립할 수 있을 때까지 부모가 자녀에 대해 경제적 책임을 져야 한다는 관점을 기반으로 하고 있으며(Flinch 1989), 실업 증가가 국가의 비용구조에 미치는 악영향 때문에 촉발되었다는 주장도 제기되었다. 이와 유사한 과정은 이전까지 십대 후반에 대한 경제적 책임을 국가에서 맡아왔던 나라에서 흔히 발견할 수 있다.

이러한 변화는 자녀가 부모의 집에서 분가할 수 있는 능력이나, 부모의 집에서 계속 함께 거주하는 생활 모두에 새로운 불평등을 야기했다. 이 단계에서는 경제적 자원이 부모에게서 자녀에게로 이전됨에 따라 가정 이행과 거주 이행이 촉진되는데, 경제적 자원의 이전은 교육받은 부유층에서 발생하였다(de Vaus and Qu 1998; White and Wyn 2004). 젊은 성인이 부모의 집에서 함께 거주하는 생활도 부유층에서는 질적으로 달랐다. White와 Wyn이 주장한 것처럼 '부유한 가정은 개인이 "자신의 일을 할" 수 있는 보다 물질적이며 금전적인 여유를 제공하고, 가족구성원에게 더 큰 프라이버시를 제공한다'(2004: 110).

이처럼 새로운 법안의 도입을 통해 어쩔 수 없이 장기화된 청소년층의 의존은 많은 선진 사회의 특징이며, 경제적 변화와 아울러 세금 부담을 크게 증가시키지 않고 대중적인 고등 교육제도를 마련하고자 하는 뜻과 연결시켜 생각할 수 있다. 그러나 변화는 단순히 국가 복지제도에만 해당하는 것은 아니다. 일례로, 일부 국가에서는 청소년들의 이동을 제한하는 형사처벌 제도에 변화가 있었다(제7장 참조). 이는 근대 후반, 청소년 의존을 장기화하고자 한 사회 정책이 구조적인 변화를 강화시켰음을 강조하고 있다.

근대적인 의미의 '청소년기'를 정의하는 데 기여한 외부 여건을 강조하는 가운데, 일부에게는 이러한 변화가 새로운 기회를 열어주었음을 인정해야 한다. 근대 청소년기를 대별하는 불확실성과 불안감에도 불구하고, 이용할 자원이 있는 청소년들은 이전 세대에게는 대부분 허용되지 않았던 자유를 즐기고 여러 가능성을 타진할 수 있는 여유를 누리게 되었다. 그 좋은 예가 많은 나라에서 발견되는 '휴학 기간(Gap Year)'이다. du Bois와 Reymond(1998a)이나 Arnett(2004)가 언급했듯이, 신흥 성인기의 장기화에 따라 선택의 폭이 일부 확대되었다. 젊은 성인은 동거 관계에 들어가고 나중에 자녀를 갖게 되는데, 이는 부분적으로는 이들이 전통적인 아동기 및 청소년기와 완전한 성인기 사이에 내재된 자유를 즐기고자 하기 때문이다. 동시에 젊은 성인기에 '자유'를 누릴 수 있는 기회는 경제적 문화적 자원을 이용할 수 있는 가능성과 밀접하게 연결되어 있다고 한 Bynner(2005)의 주장은 타당하다.

정체성

앞서 설명한 의존기간의 연장은 정체성 확립에 있어 중요한 시사점을 지닌다. 근대 청소년의 사회적 구성과 지난 수십 년간 진행되어온 의존기간의 연장은 청소년들에게 개인으로서의 발전을 추구하고, 가족의 영향이 줄어든 환경에서 다양한 라이프스타일을 실험해 볼 수 있는 기회를 제공해 주었다고 일부 학자들은 주장한다(Ainley 1991; Miles 1998). 그러나 다른 이들은 이러한 변화가 정체성 확립에 부정적인 영향을 미쳤다고 주장한다. 청소년들에게 있어 신체적 성숙과 성인 신분 획득 사이의 기간이 연장됨에 따라, 경제적 사회적 주변인으로 정의되는 시기에 안정적인 정체성을 형성하는데 어려움을 느낄 수 있기 때문에 문제점으로 볼 수도 있다. Erikson(1968)과 같은 심리학자들이 정체성 확립을 사춘기의 핵심 과제 중 하나로 간주했듯이, 청년기는 불확실성의 시기이며 청소년들이 미래에 대해 뚜렷한 청사진을 갖고 있지 않은 시기이므로 이러한 혼란은 정체성 형성에 큰 영향을 미칠 수 있다. 이러한 맥락에서 Côté와 Allahar는 근대 후반의 사춘기가 심리적으로 부정적인 결과를 초래할 수도 있는 '정체성의 일시 정지' 상태로 대별된다고 보았다. 사춘기는 혼란의 시기이며 일부 청소년들은 방향을 잃거나 탈선한다. 이처럼 청소년기는 '일생 중 가장 파괴적이거나 소모적인 시기'가 될 수도 있다(1996: 74). Côté는 많은 사춘기 청소년이 '불완전하게 형성된 이상, 정체성, 기술이 특징인 미숙함의 세계에서 허우적거리고 있다'고 말했다(2000: 31).

20세기 대부분에서 성인으로서의 정체성 확립은 이행과정이 완료되는 속도와 단순성, 직업 세계의 안정성 때문에 훨씬 용이해졌다. 앞 장에서 언급했듯이, 청소년들은 학교를 졸업하여 노동시장으로 이행할 때 이미 확실하게 파악된 루트를 따르는 경향이 있기 때문에 종종 부모나 손위 형제자매(소위 '표준 일대기')의 선례를 따른다. 이러한 환경에서 정체성은 사회적으로 한정된 네트워크에서 계발되는 경향이 있으며, 청소년들은 계층 및 성별을 기준으로 완성된 기성의 관계를 반영하여 가정(假定)의 세계를 구축한다. 근대 후반의 청소년들은 뚜렷한 준거의 틀을 갖추지 못한 채 리스크와 불확실성으로 가득 차 있다고 생각하는 세상에 나와 성인으로서의 정체성을 수립하게 된다.

불확실하고 급변하는 사회에서는 청소년들이 안정적인 사회적 정체성을 구축하기 어려울 수 있으며, 교육 및 노동시장의 변화는 이들이 점증하는 사회적 문화적 영향 하에 있다는 것을 의미한다(Melucci 1992). 또한 Côté와 Allahar(1996)는 특히 근대 후반 청소년들이 이들을 부당하게 이용하는 성인의 조종에 취약해진 가운데, 청소년층의 정체성 위기가 사회적으로 조성되었다고 주장한다. 일례로, 매스 미디어는 종종 정형화된 성(性) 이미지와 관련된 정체성 담론을 강요한다. 레저 및 청소년 문화 역시 청소년들의 사회적 정체성 변화를 이해하는 데 중요하며(제5장 참조), 개인화 및 리스크 과정에 영향을 미친다.

이것은 du Bois와 Reymond(1998a)가 '유행 선도자(Trendsetter)'라고 부르는 그룹과 관련하여 제시한 주장이다. 유행을 선도하는 청소년들은 대체적으로 중산층이며, 일과 놀이의 경계선을 허물려 노력하고 정체성의 조화를 달성하려 노력하고 전통적으로 분류되어 온 근로 정체성과 라이프스타일을 답습하지 않으려는 것처럼 보인다. 전통적인 성인기의 특징인 순응, 반복성, 일과 생활의 분리를 고려하면 이러한 청소년들에게 성인기는 무슨 일이 있어도 피해야 할 대상이다. 이와 유사하게, 일본의 연구자들은 '프리터(Freeter)'의 개념에 대해 설명하고 있다. 프리터는 '프리랜서(Freelance)'와 '아르바이트 생(Arbeiter)'에서 파생된 용어로 '자유직 노동자(Free Worker)'를 의미한다. 미디어와 정부는 이들이 착실한 생활을 의미하는 안정적인 풀타임 취업보다 파트타임이나 임시직을 선호한다고(잘못) 인식하고 있다(Inui 2005). 여기에서 '선택적 일대기(Choice Boigraphy)'라는 용어는 한때 다르다고 생각했던 삶의 영역이 서로 연결되어 있음을 인정하고, 최소한 특권층 젊은이에게 있어서는 기관이 정체성 수립에 있어 큰 역할을 하고 있다는 점을 인식한 것으로 보인다.

Rattansi와 Phoenix는 보다 이론적인 수준에서 사회적 변화가 젊은 이들의 정체성에 미치는 영향을 연구했다(1997). 이들의 입장은 첫째, 근대 후반과 관련된 변화 중 하나는 정체성의 분리로, 주관성이 경제적 생활의 전통적인 기반으로부터 분리되어 인식론적 오류의 전제조건이 되었다고 주장하는 과정을 인정하는 것이다. 둘째, 근대 후반을 이해하기 위해 우리는 정체성을 형성할 수 있는 공간이 여러 곳이며 이들은 중복되거나 상충할 수 있다는 점을 인정해야 한다. 근대 후반 정체성 형성의 다원화는 청소년들, 특히 사회 경제적 혜택으로부터 소외된 계층의 청소년들이 부적합한 정체성을 유지해 나가거나 합리화할 수 있는 길을 찾아야 한다는 것을 의미한다. 이러한 맥락에서 청소년기는 불확실성과 함께 살아가는 방법을 배우는 시기이다.

거주 및 가정 이행

학교에서 직업세계로 이행하는 과정이 장기화됨에 따라 의존의 패턴에 영향을 미치는 법적인 변화와 함께 성인 신분의 획득을 위해 필수적인 거주 및 가정 이행을 해야 하는 청소년들의 능력도 변화하게 되었다. Coles가 언급했듯이, 청소년들이 실행하는 3대 이행은 서로 밀접하게 연결되어 있으며, 한 이행과정이 지연되면 다른 이행과정에도 '도미노' 작용을 한다(1995). 1980년대 초 이래 학교에서 직업세계로 이행하는 과정이 변화하면서 청소년들이 부모의 집을 떠나 독립적인 생활로 이행하고, 스스로의 가정을 꾸리는 단계에 영향을 미쳤다. Jones(1995)는 1950년대와 1960년대에 가정 및 거주 이행을 강조했다. 이는 특히 정규 노동시장에 진입함과 동시에 부모의 집을 떠나, 결혼을 하고 자녀를 갖는 서민층 출신의 청소년들에게 해당되었다. 1970년부터 세 종류의 이행 사이에 시간 간격이 벌어지기 시작하여, 18세기와 19세기에 보편적이었던 형태로 돌아갔다(Springhall 1986; Jones 1995; Heath and Cleaver 2003).

최근 거주 및 가정 이행에 큰 변화가 발생하였다. 많은 이가 다양한 거주 방식을 경험하고 있다. 혼자 살거나 친구, 파트너, 같은 학교 학생 및 직장 동료, 친척과 함께 살거나 노숙을 하거나 보호 시설에서 거주하고 있다. 여러 생활 형태의 정상적인 이행 경로를 설명하는 순서는 정해진 바 없으며, 이행은 무계획적이거나 심지어 혼란스러운 것으로 여겨질 수도 있다. 실상 일부 논평자에게는 이러한 변화가 무질서한 이행을 반영하는 것으로 해석될 수도 있다(Rindfuss et al. 1987). 그러나 다른 이들은 주거지의 변화가 이행의 실패보다는 역할의 변화(교육 과정 이수와 관련된 변화 등)를 나타내며(DaVanzo and Goldscheider 1990), 실제 경제생활에 적응하는 과정을 가리키고 있다고 본다. 추이를 해석하면, 이러한 변화는 단순한 의존기간 연장 이상을 의미한다. 청소년들, 특히 부유한 가정 출신의 청소년들은 자신들의 복잡한 생활과 어울리는 새로운 거주 방식을 활발하게 추구하였다. 그 결과 권력 구조에 변화가 발생하였으며, 현대의 가족은 '권위주의적 가정에서 협상하는 가정으로 변화하는 가운데 젊은 성인을 포함하게 되었다'(du Bois Reymond 1998b: 59).

분 가

1980년대 이래 젊은이들이 집을 떠나 분가하는 시점에 변화가 일어났다. 이러한 변화는 여러 사회 계층 구성원에게 상이한 영향을 미쳤으며, 전반적으로는 부모와 함께 사는 청소년들의 수가 증가하게 되었다. 서민 가정에서 특히 독립적인 생활 수단을 제공하는 안정적인 직업 커리어를 구축하는데 소요되는 시간이 길어지면서 청소년들의 결혼과 동거가 지연됨에 따라, 부모의 집에 더 오래 머무르게 되었다. 취업 조건의 변화는 서민층 출신 청소년들이 빠른 시기에 분가하는 것을 더욱 어렵게 만들었으나, 대중 고등교육의 확대로 독립적인 생활을 영위할 수 있는 다른 길이 열렸으며 일부 국가에서는 이들이 감당할 수 있는 분가 기회가 제공되었다.

청소년들의 거주 이행에 대한 논의에서, '집에서 떠나 사는 것'과 '분가'는 구분해서 생각해야 한다(Jones 1987; Young 1987). 집에서 떠나 사는 청소년의 상당수는 결국 집으로 돌아간다(Kerckhoff and McRae 1992; Iacovou 2001). 많은 학생이 대학을 졸업한 뒤 집으로 돌아가며, 방학을 가족의 집에서 보내는 일이 흔하다. 미국에서 대학 입학을 위해 집에서 떠난 10명 중 4명 이상의(46%) 청소년이 결국 집으로 돌아왔다(Mulder and Clark 2002). 한편 서민층 출신의 청소년들은 보다 늦은 나이에 분가하는 경향이 있으나 이들의 분가는 훨씬 영구적이다(Young 1984; Goldschedier and Davanzo 1986; Jones 1987). 이러한 맥락에서 비록 일부 국가에서는 청소년들이 이전보다 어린 나이에 '집에서 떠나 사는' 경향이 있다 해도 이들이 가족의 집으로 돌아가는 것이, 특히 최초로 집을 떠난 시점으로부터 1~2년 이내에 돌아가는 것이 보다 빈번해졌다는 점을 강조하고 싶다(Young 1989; White 1994).

청소년들이 가족의 집을 떠나는 이유는 나라마다 매우 다르다. 포르투갈, 스페인, 이탈리아와 같은 남부 유럽 국가에서는, 남성의 2/3 이상이 파트너와 동거하기 위해 집을 떠난다(포르투갈의 경우 거의 10명 중 9명). 다른 이들은 주로 혼자 살며, 공부 때문에 집을 떠나는 청소년은 거의 없다. 덴마크나 네덜란드 같은 북부 유럽 국가에서는 남성 10명 중 4~5명이 혼자 살기 위해 집을 떠나며, 10명 중 약 세 명이 파트너와 동거하기 위해 집을 떠나며, 4~5명 중 한 명이 공부 때문에 집을 떠난다. 여성의 경우도 유사하다. 남부와 북부 유럽에서 혼자 살기 위해 집을 떠나는 젊은 여성의 수는 약간 적은 반면, 파트너와 동거하기 위해 집을 떠나는 여성의 수는 약간 더 많았고, 공부 때문에 집을 떠나는 여성의 수는 비슷했다(Iacovou 2001).

많은 나라에서 중산층 청소년들의 고등교육 참여가 증가하면서 이들의 분가 패턴도 크게 변화했다. 경제적 자원을 갖춘 이들에게는 고등교육 참여가 진학을 위해 집에서 떠나 사는 것을 의미한다(Kiernan 1986; Jones 1987; Mulder and Clark 2002). 이러한 추이는 대졸자를 채용하는 직업으로 이행하기 위해 필요한 재정적 지원 때문에 청소년들이 대학교를 졸업한 다음 집으로 돌아가는 경우가 늘어나고 있다는 점 때문에 복잡해진다. 특히 남부 유럽에서, 대학을 졸업한 자녀들이 대졸자 커리어를 추구함에 따라 (때로는 수년에 걸쳐) 부모는 이들이 비 대졸 부문에서 일하게 하기보다는 기꺼이 재정 지원 기간을 연장하고 있다는 사실이 주목된다(Furlong and McNeish 2000).

청소년들이 최초로 집에서 떠나 사는 나이를 결정하는 요인은 많다. 성별도 큰 영향을 미치는데, 여성은 남성보다 더 일찍 분가하는 경향이 있다(Iacovou and Berthoud 2001; Aassve et al. 2002; Jones 2004). 이는 여성이 공부 때문에 집을 떠나는 경우가 많기 때문이기도 하지만 평균적으로 여성의 결혼 및 최초 동거 연령이 더 낮기 때문이다(Young 1984; Jones 1987; Furlong and Cooney 1990, Ferri and Smith 2003). 여성의 분가 시기가 더 빠른 이유는 부모가 아들과 딸을 대하는 방식이 다르기 때문이기도 하다. 젊은 여성은 부모의 면밀한 감시 하에 있으며(Ward and Spitze; 1992; White 1994), 가사 노동에 더 많이 기여해야 한다(White 1994). 유럽에 살고 있는 소수 민족의 가정 및 거주 이행에 대한 연구는 거의 없지만, 미국을 증거자료로 삼았을 때 확대 가족을 중요시하는 흑인 청소년층은 결혼 상태와 무관하게 부모와 함께 사는 경우가 더 많았다(Hogan et al. 1990; White 1994).

조기 분가에 영향을 미치는 또 다른 요인은 가족의 부유함이다. 중산층 가정에서 세대 간의 경제적 자원 이전이 증가하고 있다는 증거가 발견되었다(White and Wyn 2004). Ermisch(1997)가 주장했듯이, 부모가 자녀를 경제적으로 지원할 여력이 있는 경우 조기 분가는 보편적인 경향이었다. 농촌 청소년층 (특히 여성)은 소수 민족의 경우에서처럼 비교적 이른 시기에 분가하는 경향이 있었는데, 이들은 큰 포부를 지닌 청소년들이거나 형제자매가 많은 집안 출신이었다(Garasky et al. 2001; Garasky 2002). 계부 계모와 사는 청소년, 부모가 이혼한 청소년, 그리고 가정불화가 심한 청소년 역시 조기 분가자 중 큰 비중을 차지했다(Bernhardt and Gahler 2001; Bernhardt et al. 2005).

White에 따르면 경제적, 정치적, 인구통계학적 요인으로 청소년들의 거주 패턴 변화를 설명할 수 있다(1994). 경제적 측면에서 청소년들의 취업과 그에 따른 임금 소득은 중요하다. 최근의 추이로 보았을 때,

산업 경제로부터 서비스 산업 지배도가 증가하는 경제로 이행함에 따라 (그에 따라 교육받은 근로자에 대한 수요가 증가하고 다른 한편으로는 파트타임 일자리 및 고용 불안정이 증가하게 됨) 청소년들이 조기에 독립할 수 있는 기회가 줄었다고 주장할 수 있다. 정치적 측면에서는 일부 국가에서 분명하게 나타나고 있는 사회보장제도의 변화가 거주 및 가정 이행에 영향을 미친다는 것을 알 수 있다. 출산, 결혼, 이혼과 같은 인구통계학적 요인 역시 거주 패턴에 영향을 미친다. 결혼, 동거, 출산의 평균 연령이 증가함에 따라 가정 및 거주 이행도 지연될 수 있으며 부모의 이혼을 경험하는 청소년이 증가함에 따라 이들이 독립적인 거주 형태를 갖추게 될 동기부여도 증가하고 있다.

청소년들의 분가 능력이 일자리 공급, 경제적 지원 여부, 결혼 및 동거의 유행과 같은 요인의 영향을 받는 가운데 나라별로 큰 차이가 발견되었다. 특히 남부 유럽에서 국가 지원의 결여와 가족 보조의 깊은 전통, 1990년대 중 후반까지 매우 높았던 청년 실업률과 고소득 일자리의 부족은 청소년들의 조기 분가를 어렵게 했다. 결혼을 했거나 고정된 파트너가 있다 해도 30대 초반까지 부모와 함께 사는 성인이 아직 많다. 이러한 맥락에서 Holdsworth는 스페인에서 '결혼 전에 분가하게 되면 보다 큰 제도적 지원(주택 시장 및 복지 제도 포함)을 받지 못하며, 혼전 분가는 문화적으로 정착된 개념도 아니다'라고 언급했다(2000: 219).

전 유럽에 걸쳐 분가 패턴을 설명하면서 Iacovou와 Berthoud는 이탈리아에서 21~25세 사이 남성의 7%와 여성의 19%만이 분가했거나 가족의 집에서 파트너와 함께 살고 있다고 밝혔다(2001)(그림 4.1). 이는 동일 시기에 다수(남성의 73%와 여성의 90%)가 분가한 덴마크의 경우와 대조적이다(덴마크는 청소년 복지제도를 운영하고 있다). 대부분의

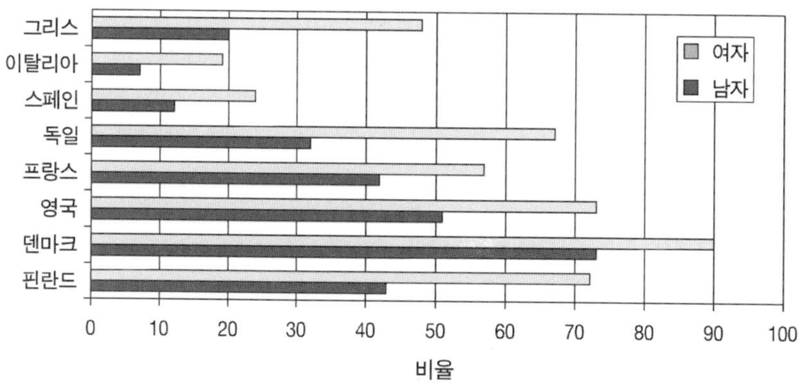

그림 4.1 21~25세 분가 인구: 선택 국가

출처: Iacovou와 Berthoud 2001

나라에서 여성이 남성보다 일찍 결혼하거나 동거하는 경향 때문에, 25세에 분가하는 비율은 여성이 훨씬 높았다. 성별 차이는 특히 핀란드, 독일, 그리스에서 두드러졌다.

분가 패턴에 대한 논의에서 중요하게 고려해야 하는 요인 중 하나는 날로 증가하는 '중개(Intermediary) 가정'의 중요성이다(Penhale 1990; Jones 1995; Heath and Cleaver 2003). 1970년대 이래 선진국에서는 결혼이나 동거로 가정 이행을 하기 전에 청소년들이 혼자 살거나 친구와 함께 사는 일이 흔해졌다(Harris 1983; Young 1984; Jones 1995; Heath and Cleaver 2003). Heath와 Cleaver는(2003) 유럽, 호주, 북미 지역에서 대부분의 청소년들이 일정한 형태의 공동 거주 방식을 경험하게 될 것이라고 주장한다. 중개 가정은 중산층과 서민층 출신 청소년들 모두에게 영향을 미치지만 차이점이 있다. 중산층에서 중개 가정으로 이행하는 경우 대학 진학과 일치하는 경향이 있으며 학생 기숙사에서 생활하거나 친구와 아파트에서 함께 사는 것이 대부분이었다. 반면 서민층 출신 청소년들은 호스텔에서 살거나, 친척집에 하숙생활을 하거나, 고용주가 제공하는 숙소에서 사는 경우가 많다(군입대자는 군대 막사에서 거주하고 간호사들은 병원 기숙사에서 거주하는 등) (Jones and Wallace 1992; Iacovou 2001).

청소년들은 다양한 이유로 가족의 집에서 나와 산다. 일부는 공부나 집에서 멀리 떨어진 곳에 취업하기 위해 나오고, 다른 이들은 결혼이나 파트너와의 동거를 위해 분가한다. 부모와 함께 사는 것이 불편해서 집을 나오는 청소년도 있는데, 이것은 부모나 계부 계모와의 불편한 관계 때문이거나 가정 폭력 혹은 학대 때문일 수도 있다. 일부는 집으로부터 나가달라는 요청을 듣거나 '쫓겨나기도 하고,' 지방 당국의 보호소에 거주하던 청소년들은 비교적 젊은 나이에 독립 가정을 꾸려야만 한다 (Coles 1995). 취업 기회가 다른 곳보다 큰 지역에서는 일과 관련된 이유로 분가를 하기도 한다.

다양한 '문제' 때문에 분가하는 청소년들의 비중은 적지만, Jones는 가정불화 때문에 분가하는 청소년의 수가 증가하고 있다고 주장했다 (1995). 특히 이혼, 재구성(Reconstituted) 가정 및 편부 편모 가정의 증가는 청소년들이 거주 이행을 하는 시기와 이들이 기대할 수 있는 경제적 지원의 수준에 영향을 미친다. 재구성 가정과 편부 편모 가정에서 성장한 이들은 친부모와 함께 사는 이들보다 더 일찍 분가하는 경향이 있다(Kiernan 1992; Jones 1995). 그러나 재구성 가정(친 가족보다 결속력이 낮은 것으로 간주됨)과 청소년들의 조기 분가 간의 상관관계는 남성보다 여성에게서 더욱 두드러졌으며, 캐러비안계 흑인(African-Caribbean) 인종보다 백인 및 동양인에게서 훨씬 유의미하게 나타났다(Goldscheider and Goldscheider 1993). 아동의 경우 편부 편모나 계부 계모와 함께 사는 등 가정환경의 변화를 경험하는 일이 훨씬 많아졌다. 1981년부터 2002년 사이 영국에서 편부 편모와 생활하는 아동의 수는 두 배로 증가하여, 아동 5명 중 1명이 편부 편모와 살고 있었다(ONS 2003). 낙후된 지역에서 이러한 증가세는 더욱 두드러졌다. 런던의 램버스 지구(London Borough of Lambeth)에서는 청소년 3명 중 1명이 편부 편모와 살고 있었다(ONS 2003).

많은 아동이 안정적인 편부 편모 가정에서 아동기를 마치고 있기는 하지만, 부모의 파경을 경험한 청소년들은 학교에서 직업세계로 보다 빠른 나이에 이행하는 경향이 있다. 이들은 또한 학력 수준이 더 낮고 실업의 리스크도 더 크다(Wadsworth and Maclean 1986; Kiernan 1992; Jones 2000). 이는 이들의 가정 및 거주 이행에 영향을 미친다. Jones는 계부 계모와 함께 산 경험이 있는 인구 중 남성의 40%와 여성의 23%가 '가정불화'를 분가의 주요 이유로 제시했다고 보고했다(1995). 가족이 자녀를 지원할 능력이 없거나 의사가 없어서 노숙자가 된 청소년의 숫자가 증가했다는 자료가 있다(Bynner et al. 2004). 현재의 정책이 가족에게 경제적 지원을 연장하도록 요구하는 가운데, 이러한 지원이 가능해 보이지 않는 가정에서 출생한 청소년들이 증가하고 있다. 이들은 신속하게 거주 이행을 해야 하는 압력 하에 있으며, 보다 큰 리스크 속에서 거주 이행을 하고 있다. 일과 관련된 이유로, 가정 이행을 위해, 또는 가정불화 때문에 집을 떠나는 청소년들은 금전적 어려움이나 숙소 마련의 애로 등과 같은 경제적인 문제점을 보고했다. Ainley는 집에서 떠나는 순간 '거의 모든 청소년이 즉각적인 물질적 불편을 겪게 되었다'고 주장했다(1991: 108). 최근의 법적 변화는 이러한 문제점을 악화시켰을 수도 있다.

가속화되는 거주 이행과 노숙 간의 관계도 주목 받고 있다(Coles 1995; Fitzpatrick 2000). 특히, 보호소에서 자란 이들은 성공적으로 거주 이행을 달성하기 어려우며 따라서 노숙자나 수감 인구 중 대부분을 차지한다는 주장이 제기되었다. 보호소에서 자란 청소년의 수가 비교적 적은 영국에서도 노숙자 4명 중 약 1명과 수감자 10명 중 약 4 명이 지역 당국의 보호소에서 성장했다(Anderson et al. 1993; Coles 1995). 노숙자 중에는 소수 민족이 대부분인데, 정신 건강 문제가 있는 사람 중에서도 소수 민족이 다수를 차지했다(Bynner et al. 2004). 미국에서도 노숙자 청소년은 종종 혼란스러운 삶을 영위하며, 많은 이가 보호소에서 자랐고 그 외에도 상당수가 신체적 성적 학대를 받았다(Polman and Vitone 2004).

청소년들의 노숙 패턴 변화에 대해 신뢰할 수 있는 통계수치는 많지 않다. 혼자 사는 이들은 새 주거 시설로 옮기기 위해 지역 당국에 등록하지 않기 때문이다. 노숙자의 공식 발표 수치는 집 없는 청소년의 비율을 과소평가하고 있다. 영국에서 Pleace와 Fitzpatrick은 16~24세 인구의 1/5이 최소 한 시기에 노숙을 경험할 것이라고 추정했다(2004). 미국에서도 대부분의 도시에서 노숙자의 수가 증가하고 있으며, 평균 노숙 기간도 늘어나고 있다는 자료가 있다(United States Conference of Mayors 2005). 호주에서도 유사한 자료가 발견되었다(Mackenzie and Chamberlain 2003).

동거, 결혼, 출산

결혼과 출산은 전통적으로 '성인으로 이행하는 최종 단계'로 여겨져 왔지만(Kiernan 1986: 11), 최근에는 거주 이행과 가정 이행을 분리하는 성향이 증가하고 있다. 그와 동시에 Ainley(1991)는 기저에서 발생하는 책임의 이동 때문에, 가정 이행이 완전한 성인 신분을 획득하는 데 있어 특히 중요한 단계라고 주장하고 있다. 젊은 성인은 더 이상 누군가의 책임이 아니라 스스로가 다른 이에 대한 책임을 져야 한다. 또한 의존에서 독립으로의 직접적인 이행은 지나친 단순화라는 주장도 있다. 의존과 독립의 상호 연관관계는 젊은 성인이 집을 떠나기 전에 성립되어 결혼 이후에도 지속된다(Millward 1998; White and Wyn 2004).

1960년대와 1980년대에는 결혼이 집을 떠나는 주요 이유였으며 많은 서민층 지역사회 에서 '결혼 전에 집을 떠나는 청소년들은 거의 없었다'(Leonard 1980: 61). 그러나 최근 많은 나라에서 동거가 증가했으며 결혼 연령이 대부분 높아졌고 분가와 결혼, 그리고 출산과 결혼 간의 연결고리가 느슨해졌다(Jones 2000; Heath and Cleaver 2003).

안정적인 관계를 맺고 있는 커플 중에서도 따로 거주하는 경우가 증가하고 있다는 자료가 있다. 이러한 관계는 LAT(Living Apart Together)라 정의하며, 불어로는 *Cohabitation Iintermittente*라 한다(Caradec 1996; Trost 1999; Haskey 2005). Haskey는 영국에서 16~59세 인구(약 400만 명) 10명 가운데 3명 가량이 LAT로 정의된다고 주장했다(2005). 이들 중 절반 가량은 16~24세 집단이었다. 뿐만 아니라, 10쌍의 LAT 커플 중 6쌍이 이러한 형태를 영구히 유지하고 싶다고 말했다(Ermisch 2000; Heath and Cleaver 2003).

지난 수십 년간에 걸쳐 발생한 또 다른 주요한 변화는 동거의 증가였는데(Heath and Cleaver 2003), 특히 북 유럽, 북미, 호주에서 두드러졌다. Heath와 Cleaver는 영국에서 동거 비율이 1980년에서 2000년 사이 두 배로 증가하여 대다수의 청소년들이 20대에 동거를 경험한다고 밝혔다. 유럽연합에서 20~24세 여성의 14%와 남성의 9%가 동거를 하고 있으며, 이 수치는 덴마크에서 여성의 45%와 남성의 43%, 그리스에서는 여성의 1%, 그리고 스페인과 포르투갈에서는 남성의 1%로 나타나고 있다(Kiernan 1999). 남부 유럽에서 동거는 보편적이지 않으며, 아직까지 파트너와 관계를 형성하는 시작점은 결혼이다(Wasoff and Morrison 2005).

동거는 일시적이고 실험적인 관계일 수도 있으며, 아니면 결혼으로 이어지는 장기적 관계의 첫 번째 단계일 수도 있으며, 혹은 제도로서의 결혼을 거부하는 것일 수도 있다(One plus One 2004). 영국의 경우(특히 북유럽 국가에서 전형적임), 최초로 파트너와 동거하는 사람 중 약 10명 가운데 7명은 대개 실험적으로 동거하며 동거의 평균 지속 기간은 2년이었다(Ermisch and Francesconi 2000; One plus One 2004). 그러나 동거(대개 두 번째 및 세 번째)는 종종 결혼의 전(前) 단계에 해당된다. 1990년대 후반에는 기혼 여성의 약 80%가 결혼 전에 배우자와 동거한 경험이 있었다(Haskey 2001).

이행과정의 연장과 동거의 높은 인기로 인해 결혼 연령이 증가했으며, 결혼율 감소로 이어졌다. 유럽연합에서 1971년에서 2002년 사이 평균 초혼 연령은 남성의 경우 26~30세로, 여성의 경우 23~28세로 증가했다. 여성이 남성보다 더 빠른 나이에 결혼하는 경향이 있는 가운데, 부모가 이혼한 사람과 계부 계모와 함께 사는 사람은 일찍 결혼하는 경향을 보였는데(Kiernan 1992) 많은 나라에서 비교적 오랜 기간 동안 교육을 받는 중산층의 특성 때문에 평균 결혼 연령에서도 계급별 차이가 발견되었다.

직업 세계로의 이행이 연장되면서 유사한 현상이 출산에서도 발견되었다. 이는 중산층의 경우 더욱 두드러졌고, 그 결과 가족 형성이 지연되었다. 출산율은 전반적으로 감소하고 있고 국가 간에 큰 편차가 존재하기는 하지만, 평균적으로 유럽에서는 여성의 첫 풀타임 취업과 첫 출산 사이에 3~7년의 기간이 소요된다(Nicoletti and Tanturri 2005). 이탈리아와 그리스의 경우 노동시장 진입이 늦어짐에 따라 가족 형성이 크게 지연된 반면 영국, 덴마크, 핀란드에서는 그 영향이 비교적 적었는데(Iacovou and Berthoud 2001), 이는 결혼에 앞서 출산하는 경향이 더 크기 때문일 수도 있다(Wasoff and Morrison 2005).

모든 사회 계층에서 결혼과 첫 아이 출산 간의 평균 기간은 증가했다. 유럽에서 20세 여성의 출산율은 5%인 반면 25세 여성의 경우 28%로 증가했다(Iacovou and Berthoud 2001). 국가별로도 큰 차이가 발견된다. 영국, 스웨덴, 그리스, 오스트리아에서는 21~25세 인구의 4명 중 1명 꼴로 자녀가 있는데 이에 비해 이탈리아, 네덜란드, 스페인에서는 10명 중 1명 가량이 자녀를 두고 있었다(Iacovou and Berthoud 2001). 미국, 일부 동 유럽 국가, 영국에서 십대 임신 비율이 다른 측면에서 유사한 나라들보다 훨씬 높았지만(Selman 2003; ONS 2005), 전체 연령에서의 출산율과 마찬가지로 십대 어머니의 숫자는 모든 선진국에서 감소했다(그림 4.2). 모든 국가에서 사회 하위 계층 출신과 고등교육을 받지 못한 이들에게서 젊은 나이에 출산하는 비율이 더 높았다(Nicoleti and Tanturri 2005). 그 예로 영국에서 첫 아이 출산의 평균 연령은 반 숙련 및 저 숙련 노동자계층 출신 중에서는 23.7세였는데, 이에 비해 전문직 및 관리직 가정 출신은 27.9세였다(ONS 2005). 십대 임신 비율은 사회 최하위 계층을 상위 계층과 비교했을 때 최하위 계층이 10배 더 높았다

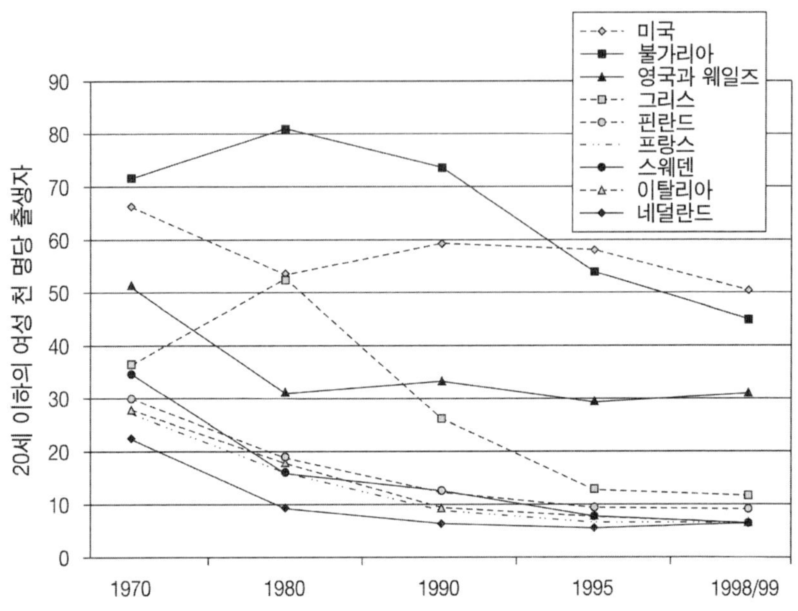

그림 4.2 십대 출산율: 선택 국가

출처: 셀맨 2003

(Social Exclusion Unit 1999).

편부 편모 가정, 젊은 어머니, 복지제도 의존성

유럽연합에서 혼외자의 출생은 1980년에서 2004년 사이 세 배로 증가했으며, 서민층 출신의 젊은 여성은 중산층 출신과 비교했을 때 혼외자 출산 비율이 두 배였다(Babb and Bethare 1995; ONS 2006). 그러나 안정적인 관계에 있는 부모에게서도 이러한 아동이 태어나는데, 이러한 아동의 출생은 한 집에 살고 있으며 대개 출산 직후 결혼하는 두 명의 부모가 공동으로 신고한다(Hess 1995; One plus One 2004).

미디어는 혼외자를 출산하는 젊은 여성의 수가 증가함에 따라 이에 주목하게 되었으며, 정치적 논쟁의 주요 이슈가 되었다. 영국에서 25세 이하 계층에게 제공하던 주택 복지혜택을 철폐한 주요 이유 중 하나는 청소년들이 복지 제도를 악용하여 자신의 재정이 허락하는 것보다 빠른 시기에 분가하고 있다는 우려 때문이었다. 1970년대에서 1990년대 사이 높게 나타난 청년 실업은 청소년들이 조기에 거주 및 가정 이행을 할 수 있는 자립 재원 마련의 가능성을 축소시켰는데, 그럼에도 불구하고 청소년들은 사회보장제도와 주택 복지혜택 때문에 이러한 이행을 계속할 수 있었다고 영국 정부는 생각하고 있다.

미디어의 관심 역시 조기 출산을 전략으로 삼아 지역 당국의 주택 및 복지혜택을 '새치기'하려는 것처럼 보이는 십대 어머니에게 쏠려 있다. 그에 대한 대응으로, 영국 정부는 복지혜택을 더욱 엄격하게 제한하였다. 이와 유사한 정치적 대응을 여러 나라에서 발견할 수 있다. 한 예로 미국에서 클린턴 대통령은 부모와 함께 살고 있지 않거나, 성인이 감독하는 인가 환경에서 생활하지 않는 18세 이하 어머니에게 복지혜택 지급을 중단했다.

십대 임신율의 국가별 차이는 종종 성 교육, 피임기구 사용, 취업 기회 및 교육적 진보의 차이로 설명된다(SEU 1999; Chase et al. 2003; Bernstein 2004). Chase와 그 동료들은 십대 임신 비율이 비교적 낮은 국가가 대개 교내 성 교육 및 관계 교육 프로그램을 마련하고 있으며 피임기구 및 성적 위생 서비스에 대한 액세스를 확립하고 있다고 주장한다(2003). 영국에서는 16~19세의 66%가 최초로 삽입 성교를 했을 때 피임기구를 사용한 반면, 네덜란드에서는 청소년들의 85%로 나타났다

(Chase et al. 2003). 뿐만 아니라, 십대 임신 비율이 낮은 국가에서는 '양질의 가족과 성에 대한 사회적 커뮤니케이션 및 청소년들의 성욕을 향한 긍정적 태도'가 발견되었다(2003; 2). 이러한 긍정적인 태도는 피임기구와 성적 위생 프로그램보다는 금욕절제 프로그램에 더 많은 재원을 지출하고 있는 미국에서 눈에 띄지 않았다(Singh et al. 2001).

높은 실업률과 높은 십대 출산율 사이에 강력한 상관관계가 있다는 증거가 있다(Ainley 1991; Tomal 1999; Kirkby et al. 2001). 실업 청년들은 풀타임 일자리를 갖고 있거나 학생인 청소년들보다 아이를 낳을 확률이 더 높다(Coffield et al. 1986; Harris 1990; Tomal 1999; Kirkby et al. 2001). 이러한 경향은 직업이나 교육 등과 같은 성취 수단에 대한 액세스가 차단된 청소년들이 신분을 획득하고 독립하는 수단으로 출산을 택한 것으로 설명되어 왔다(Coffield et al. 1986; Wallace 1987; Banks and Ullah 1988). 다시 말해 출산을 통해 부모가 됨으로써, 생의 다른 측면에서는 소외된 청소년들은 정체성의 원천을 발견할 수 있다. 또한 빈곤층의 젊은 여성은 이른 출산을 부정적으로 생각하지 않으며, 중산층의 젊은 여성보다 임신중절에 반대하는 경향이 있다는 주장이 제기되었다(MacDonald and Marsh 2005).

혼외자 출생의 증가와 그에 따른 노동시장 참여 중단은 급격한 노동시장의 변화와 저 숙련 청소년층 노동자에 대한 수요가 감소한 결과라기보다는, 복지에 의존하는 문화와 낮은 근로 의지 때문이라고 설명되어 왔다(Murray 1990). 이러한 맥락에서, 복지 제도에 의존하여 살아가는 편모의 수적 증가는 이들의 자녀가 의존의 문화를 어린 시절부터 체득하게 된다는 우려와 연관되어 왔다. Bagguley와 Mann은 이렇게 주장한다.

> 편모에 대한 초점은 이들의 결혼 상태와 공적 복지에 대한 장기적 의존을 강조하고 있다. 이들이 자녀에게 복지에 대한 의존이 오점이 되거나, 결혼에 있어 불리하게 작용하지 않을 것이라고 주입시킬 것이다. 이로써 다음 세대는 복지 의존을 피하려 하지 않거나 피할 수 없게 될 것이라고 주장할 수 있다.
>
> (1992: 122)

Bagguley와 Mann은 복지에 의존하는 가정에서 성장한 젊은이 중 다수가 성공적으로 노동시장으로 이행하는 가운데, 지속적인 복지 의존에 문화적으로 익숙한 영구 최하층이 존재한다는 생각을 뒷받침하는 실증적 자료가 없다고 주장한다. 실제로 복지 혜택에 의존하고 있는 젊은 편부편모의 증가는 낮은 청년 임금과 저 숙련 청년 노동 수요의 감소로 대별되는 시기에 젊은 어머니가 처한 경제적 어려움을 반영하는 것일 수 있다. Craine은 젊은 미혼 남녀의의 출산을 무책임만으로 설명할 수는 없으며, 경제 사회적 불안정으로부터 파생된 '숙명적인 결과'라고 주장했다(1997: 143). Tomal이 지적했듯이, '십대 출산율은 금욕절제나 피임기구에 대한 것이 아니다… [이는] 십대들이 처한 환경의 사회 경제적 기저에 대한 것이며 바람직하지 않은 사회 경제적 통계수치의 증상이자 원인으로 작용한다'(1999: 5). 이러한 맥락에서 소외 계층 출신의 젊은 여성에게 왜 조기 출산 경향이 있는지에 대해서는 중산층의 젊은 여성에게 왜 그러한 경향이 없는지를 이해하면 더 잘 이해할 수 있으리라는 결론을 내릴 수 있다. 이것은 자원 및 기회와 관련된 차이 때문이었다.

결 론

최근의 가정 및 거주 이행의 변화가 청소년층에게 열려 있는 가능성의 범위 증가를 반영하고 있다고 주장할 수도 있다. 이행의 연장과 배열순서의 해체는 청소년들이 이전 세대의 경험을 결정 지어온 일부 제약조건으로부터 자유로운 가운데, 다양한 생활 형태를 실험하고 자아 정체성을 확립하는 공간을 창조하는데 기여하는 것으로 여겨져 왔다. 이에 대한 증거는 충분하며 일부 청소년들은 책임감의 결여와 젊은 성인기의 자유를 만끽하고 있다. 다른 청소년들은 자신들이 희망해온 성인의 라이프스타일을 확립할 수 없다는 것을 발견하고 독립적인 생활을 영위하도록 도울 자원의 부족에 실망하기도 한다. 우리는 근대 후반 많은 청소년들이 안정적인 사회적 정체성을 형성하는데 어려움을 겪어 왔으며 이러한 문제점이 이들의 생활 중 여러 차원에서 반영될 것이라고 주장해 왔다. 어떤 차원에서 반영될 것인지는 이후에서 논의될 것이다.

20~30년 전, 서민층 청소년들은 결혼을 통해 가정을 형성하기 위해 분가하는 경향이 있었으며 부모로서의 책임감을 비교적 이른 나이부터 짊어졌다. 거주 및 가정 이행은 종종 동시에 이루어졌으며 친구와의 거주, 동거 및 독립생활은 중산층 청소년을 위한 패턴이었다. 가정 및 거주 이행이 연장되고 의무 교육 이후의 교육 참여가 증가함에 따라, 오늘날 서민층과 중산층 청소년 및 젊은 남성과 여성 간의 경험에 많은 유사점이 발견되고 있다. 1990년경 지중해 국가 이외에서 대부분의 청소년들은 결혼이 아닌 이유로 분가하며 독립적인 라이프스타일 기반을 확립하려는 욕망이 두드러졌다(Poole 1989).

그러나 이러한 변화가 보다 다양해진 선택의 기회와 함께 청소년들에게 제시된 개인화 과정으로 간주되는 가운데, 가정 및 거주 이행은 극도로 구조화되어 왔다. 이행의 시기와 간편함은 대개 개인의 사회적 위치에 의해 결정되며, 이행 실패와 관련된 리스크는 공평하게 분포되지 않는다. 우리는 최근의 사회 정책 때문에 제도로서의 가정이 근본적인 변화를 겪고 있는 가운데 가족에 대한 청소년층의 의존이 증대했다고 주장하고 있다. 의존의 연장은 법에 의해 강화되었는데, 청소년들과 부모 모두 청소년층의 더 큰 자율성을 요구하고 있다는 점을 생각할 때 상충된다(Harris 1990). 현대사회 정책은 가족이 자녀가 20대 중반 이후가 될 때까지 지원할 수 있으며 지원을 희망하고, 청소년들은 이 시기에 부모의 권위에 복종하고자 한다는 가정에 기반하고 있다. 분명 젊은 성인을 위한 더 큰 공간과 자유를 확보하는 방법으로 진화가 일어나고 있으며, 많은 부모들이 자식에게 자원을 양도하기 위한 단계를 밟고 있다(White and Wyn 2004). 그러나 이처럼 양도 가능한 경제적 자원을 소유한 부모는 많지 않으며, 일부는 그들의 시절과 마찬가지로 청소년들이 10대일 때부터 독립해야 한다고 믿고 있다. 따라서 우리는 사회적으로 취약한 청소년의 다수가 가정 및 국가의 지원을 받지 못하고 있으며, 새로운 리스크와 불확실성에 노출되어 있다고 주장하는 것이다.

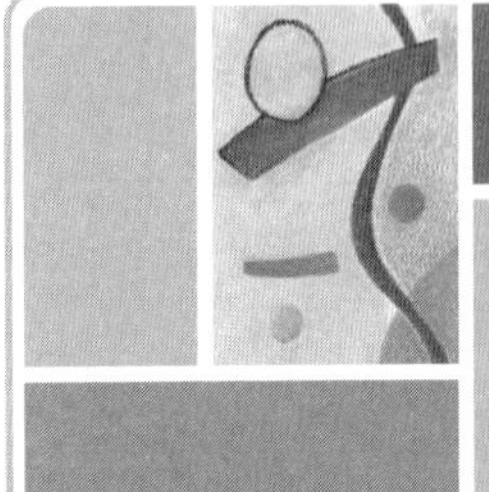

제 5 장

레저와 라이프스타일

> 서민층의 청소년들에게 "레저"는 변변찮은 주머니 사정, 자신이 거주하는 동네에 대한 뚜렷한 자각, 지리적, 계층적 위치에 붙은 낙인에 의해 그 형태가 만들어진다. 자원을 집결할 수 있다는 것은 활동의 다른 측면에서뿐 아니라 레저의 세계에서도 아주 색다른 사회적 경험과 기회로 연결된다. 후기 자본주의의 변형된 야간경제활동은 중산층 청소년들에게 레저를 다양하게 선택할 수 있는 여지를 주고 있다.
>
> (White and Wyn 2004: 16–18)

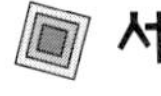 서 론

지난 수십 년간 교육적 참여 패턴과 노동시장이 변화하고 부모에게 의존해 지내는 기간이 늘어나면서 청소년들의 라이프스타일과 여가시간을 보내는 방식도 많이 바뀌었다. 레저와 라이프스타일이 아직도 성별과 계층적 위치를 반영하고 있기는 하지만, 레저 업계의 영향과 지연된 변화(Roberts and Parsell 1994)를 공통적으로 경험하게 되면서 그 경계는 많이 모호해졌다. 남녀를 막론하고 모든 사회 계층에서 과거보다 더 많은 여가를 누리게 되었고 레저를 추구하는 범위도 커져서 표면적으로는 차이점보다는 유사점이 훨씬 더 많은 듯하다. 청소년들이 결혼을 하고 자녀를 갖는 시기가 미뤄졌는데, 이는 스스로의 재량으로 소비할 수 있는 기간이 늘어남을 의미한다(Stewart 1992). 학력이 높아지고 학자금 지원 체계가 변하면서 경제적으로 더 어려워질 수도 있지만, 중산층의 경우에는 세대 간 자원 이전으로 인해 다양하고 비용이 많이 드는 레저를 추구하는 라이프스타일을 유지할 수도 있다.

지금까지 일어난 변화는 한계뿐 아니라 새로운 자유라는 결과로 이어졌다. 현대화 말기, 삶의 여러 측면에서 선택의 폭이 크게 늘어나고 있다. 하지만 그와 동시에 한계와 영향력이라는 강력한 구성에 종속된 채로 남아 있는 것도 사실이다. 이러한 모순은 밀접하게 상호 연관된 레저와 소비에서 특히 확연하게 드러난다. 이제 선택할 수 있는 레저의 범위가 넓어졌고 소비의 세부적인 양상이 발전하면서 청소년들은 개성을 드러낼 수 있는 스타일을 선택하도록 부추겨지게 되었다. 그와 동시에 미디어, 레저, 소비 업계가 산업 후 경제에서 중심적인 역할을 하면서, 대기업은 발전된 마케팅 전략의 사용을 통해 소비자의 기호를 만들 수 있게 되었고(Clarke and Critcher 1985; Klein 2000; Chatteron and Hollands 2003), 문화적 경향을 활용할 수 있게 되었다. 실제로 Clarke와 Critcher(1985)는, 레저가 선택이나 패션에 의해 형성되기보다는 계층 투쟁의 산물이며 지배적인 계층에 의해 형성되는 경향이 있다고 주장한다. Klein(2000)이 주장하듯 청소년의 패션과 음악적 선호도의 유사성은 다국적 기업이 사용하는 성공적인 전략을 잘 보여 주고 있다. 종종 뚜렷이 드러나는 스타일, 레저, 소비의 개인화와 다양화의 패턴은 제품을 홍보하기 위한 발전된 마케팅 기법과 시도를 반영하고 있다.

Rojek(1985)는 현대 자본주의에서 파악할 수 있는 트렌드로 네 가지를 꼽았는데 민영화, 개인화, 상업화 그리고 화해(Pacification)가 그것이다. 위성이나 케이블 텔레비전, DVD, 플레이스테이션, 인터넷, 3세대 휴대폰 보급률의 증가로 레저 활동이 공적인 활동에서 사적인 활동으로 바뀌어가면서 레저 자체도 점차로 사적인 것으로 바뀌었다. 이러한 흐름은 특히 일본에서 두드러지는데, 일본에서는 생활이 너무나 심하게 사적인 레저에 파묻힌 나머지 집안에 은둔하고 자기 방을 떠나지 않으려 하며 전자적인 수단으로만 타인과 접촉하려 하는 "히키코모리"에 대한 우려의 목소리가 존재할 정도이다(Saito 1998; Shiokura 2002). 레저의 개인화는 개인적인 라이프스타일을 정의해 주는 상품으로서 레저의 상업적인 발전과 관련되어 있다. 레저의 상업화는, 수익성 높은 비즈니스에 대한 수요를 만들고 여러 방법을 사용해 사용 패턴을 조작하는 대기업의 시장 장악에 잘 반영되어 있다. 화해의 과정은, 분업증가와 다양한 인생경험으로 대별되는 사회에서 사회 통합을 통해 유지할 수 있는 메커니즘을 제공하며 레저를 사회 통제의 과정으로 설명하는 방식에 초점을 맞춘다.

현대화 말기, 레저와 라이프스타일에 관한 이러한 논의의 맥락 속에서, 사람들이 이제는 자신의 개성과 창의성을 연합된 라이프스타일과 소비의 형태를 통해 발휘할 수밖에 없게 되었다는 베크의 주장을 평가해 보고자 한다. 필자의 견해로는, 레저의 트렌드는 하이 모더니티라는 인식론적 오류가 지속되는 방식을 강조하고 있는 것 같다. 레저에 있어서 계층과 성별의 구분이 모호해지고 있는 것은 상당부분 상업화의 과정에서 기인한 것인데 이는 개성과 계층성이라는 환상을 만들어내는 데 일조했다. 사회적 정체성은 레저와 소비의 관련 계층 내에서 했던 경험을 통해 부분적으로 형성되므로 이 분야에서 계층 구분이 약화된다는 것은 사람들이 주관적으로 스스로를 사회적 세계에 위치시키는 방식 속에서 발현될 것이다. 이러한 측면에서 필자는, 문화 업계를 이데올로기 조작의 원천으로 보아도 될 것이라고 주장했던 프랑크푸르트 학파(Horkheimer and Adorno 1972)와 어느 정도 의견을 같이 한다고 봐도 무방할 것이다. 이 장에서는 청소년들의 레저와 라이프스타일이 어떤 식으로 변화했는가에서 시작하여 이러한 변화들이 레저와 라이프스타일의 개인화를 어느 정도까지 대표하는 것으로 보아야 할지를 논의하기로 한다. 변화하는 청소년 문화를 분석함으로써 또래 집단의 영향을 살펴보고 패션이 어떻게 마켓의 한계에 종속되는지 알아보기로 한다. 여러 집단의 젊은이들이 추구하는 레저의 포트폴리오에는 상당한 유사점이 발견되고 있는 것이 사실이지만, 레저 활동의 틀과 참여의 패턴에 있어서는 상당한 차이점이 존재하는 것도 사실이다. 뿐만 아니라 겉으로는 다양성과 선택의 자유가 있어 보이지만, 사실은 청소년들이 그들의 사회적 존재를 조건화하는 저변의 사실에 대해 알지 못하도록 만드는 소비주의라는 "네온 새장"(Langman 1992) 안에 점점 더 갇히는 결과가 초래될 수 있다.

레 저

청소년들은 여러 방법으로 여가시간을 사용한다. 어떤 청소년들은 형식에 얽매이지 않는 흥미의 추구나 혼자 하는 활동으로 여가시간의 상당 부분을 쓰기도 하고, 또 어떤 청소년들은 조직화된 그룹 활동에 정기적으로 참가하기도 한다. 그 차이점은 다음과 같이 강조될 수 있다. 대다수의 청소년들은 TV를 보거나 친구들과 어울리고 쇼핑을 하고 컴퓨터 게임을 하는 등으로 시간을 보내고 또 어떤 청소년들은 광범위한 포트폴리오 내에서 특정 활동에 중점을 둔다. 청소년들이 참여하는 활동의 유형에 특히 초점을 맞추는 것은 차이점을 가리고, 실제로는 상당히 다양하다고 볼 수 있는 활동 패턴의 통일화된 부분을 과장하는 결과를 초래할 가능성이 있다. 좀 더 여유가 있는 청소년들은 최고의 시설을 갖춘 스포츠클럽에 가입할 수도 있을 것이고 또 어떤 청소년들은 그냥 공공시설을 사용할 수도 있을 것이다. 어떤 이들은 특정 고객들만 입장하는 나이트클럽에 갈 수도 있고 또 어떤 이들은 대중들을 위한 클럽에 갈 수도 있을 것이다. 다시 말해서, 액세스는 늘 기호뿐 아니라 자원(리소스)에 의해 제한되기 마련이므로 공통적인 레저의 관심이 사회적으로 동일한 형태의 참여로 이어진다는 가정을 해서는 안 될 것이다.

과거에 청소년들의 레저 활동에 관해 이루어진 연구를 보면 사회 계층이나 "인종"보다는 성별에 따른 차이를 강조하는 경향이 있었다(Roberts et al. 1989). 여자 청소년들은 레저에 있어서 남자 청소년들보다 활동성이 덜하며 여가시간 중 더 많은 부분을 집안일을 돕는 데 사용해야 한다는 기대를 받고 있고 귀가 시간도 남자 청소년에 비해 빠른 경우가 많다는 것이다. 뿐만 아니라 여가시간을 활용하기 위한 자원이 남자 청소년에 비해 적은 경향이 있었는데 여자들은 임금이 적고 용돈도 적었으며 "꾸미는 데 드는 비용"이 남자들보다 많았다(Roberts 1983). 성별에 따른 구분은 여전히 상당한 수준이지만 약화되고 있는 추세로 보인다. 이러한 경향은 그간 우려의 대상이었고 축하를 받기보다는 분노를 일으켰다. 예를 들면 영국에서는 언론이 "라데츠(Ladettes)"를 중점적으로 다루었는데 "라데츠"는 폭음이나 폭력적인 행동 등 "남자 같은" 행동을 하는 젊은 여성들을 가리키는 말이었다.

청소년들이 선호하는 레저는 지역, 국가의 문화와 풍습의 영향을 받는다. 북부 유럽에서는 기후적인 조건 때문에 1년 중 상당 부분을 실내에서 할 수 있는 레저에 대한 선호도가 높았지만 호주, 남아공, 남미 국가 등에서는 좀 더 많은 활동이 야외에서 이루어지고 있다.

유럽지역 시간 활용 여론조사(European Time Use Survey) (European Commission 2003a)에서는 청소년들이 시간을 사용하는 방식에 주목하고 있는데 15~24세까지 응답자의 시간 사용에 상당한 유사성이 보인다(그림 5.1). 식사와 수면 시간을 포함한 자기관리(Personal Care)가 가장 많은 시간을 차지하고 있고 그 다음이 레저, 업무 및 공부, 그리고 집안일이다. 프랑스처럼 청소년들의 레저시간이 약간 적은 국가에서는 일이나 공부 보다는 자기관리에 많은 시간이 사용되면서 레저시간이 다소 짧아지는 결과가 나왔다. 모든 유럽 국가에서 남자 청소년들은 여자 청소년들보다 집안일에 할애하는 시간이 적었고 자유시간은 더 많았다.

레저시간 활용방법을 상세히 살펴보면, 유럽에서는 남녀 불문하고 가장 많은 청소년들을 TV시청을 꼽았다. 연구결과를 보면 영국에서는 여가시간의 거의 절반을 TV시청이 차지하는 것으로 나타났고(ONS 2005) 유럽 6개국을 대상으로 한 연구에서는 12~15세 사이의 청소년들이 TV시청과 음악감상을 주요 여가 활동으로 꼽았다(Brettschneider and Naul 2004). 노르웨이와 영국의 15~24세 응답자의 레저 활동을 비교해 보면(그림 5.2) 노르웨이 청소년들은 사교활동에 보내는 시간이 더

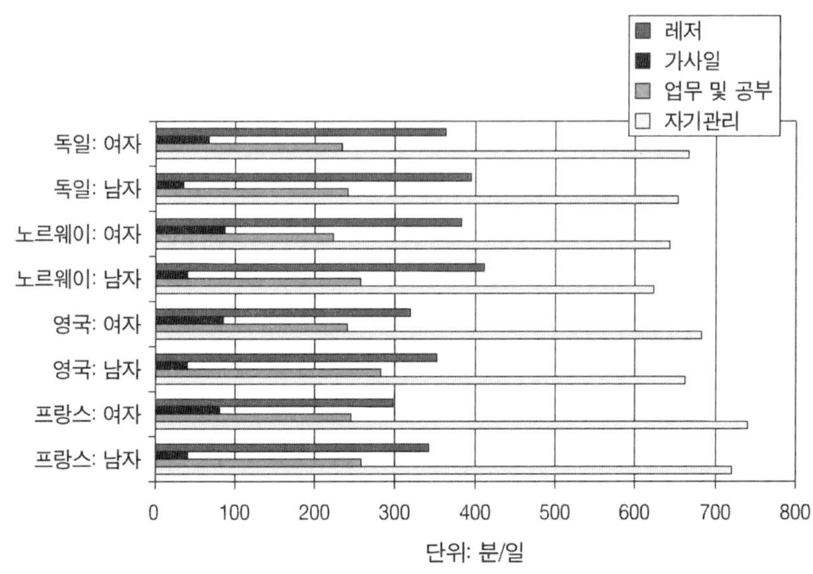

그림 5.1 15~24세의 시간 활용: 선정된 국가 대상

주: 쇼핑은 집안일이 아니라 레저 활동으로 분류.

출처: 유럽 집행위원회 2003a

많았는데 양국 모두 남자보다는 여자들이 사교활동에 많은 시간을 사용했다. 영국 청소년들, 특히 남자 청소년들은 TV시청에 좀 더 많은 시간을 할애했다. 양국 모두 여자 청소년들은 남자 청소년에 비해 독서와 쇼핑에 더 많은 시간을 보냈다. 반면 양국의 남자 청소년들은 컴퓨터 이용에 훨씬 더 많은 시간을 소비했다.

정책적인 측면에서 각국 정부는 바람직한 청소년의 레저활동과 우려나 의혹을 자아내는 활동이 무엇인지에 대해 명확한 개념을 가지고 있는 것으로 보인다. 아무래도 "건강한" 레저에 대해서는 청소년과 성인들 간에 견해차이가 큰 경우가 많고 자유시간 활용은 세대 간 의견차이가 큰

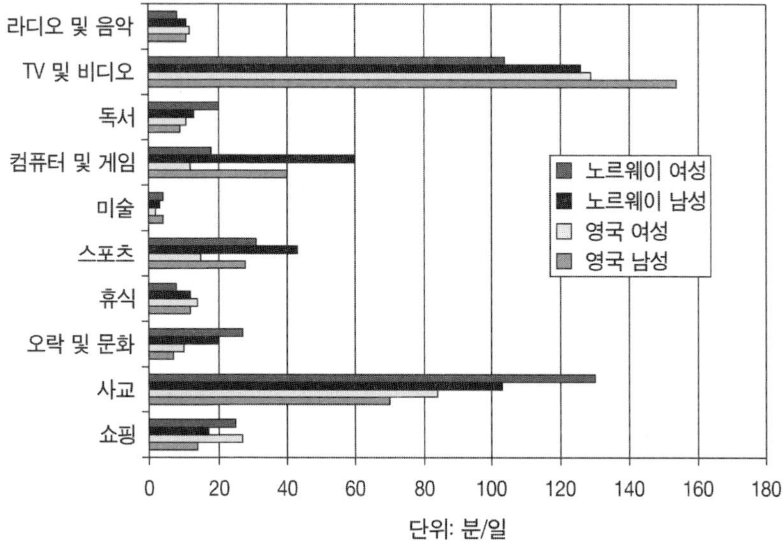

그림 5.2 15~24세의 레저 활동: 노르웨이와 영국

출처: 유럽 집행위원회 2003a

부분일 것이다. 1, 2차 세계대전 사이의 절정기 때부터 (전체주의적 철학과의 관련성에도 불구하고) 경쟁적인 성격을 띠는 집단 스포츠는 성인들이 건전하고 인격형성에 도움이 되는 레저를 형성하는 데 있어 중심적인 역할을 해 왔다. 그러나 연령이 높아지면서 스포츠에 대한 참여도가 감소하며(European Commission 2004b; Green et al. 2005) 일부 국가에서는 시간이 흐르면서 감소하는 것으로 나타나고 있다(MORI 2005). 유럽 6개국을 대상으로 한 Brettschneider와 Naul의 연구(2004)에 따르면 레크리에이션 스포츠가 인기 있는 여가 활동 부문에서 6위, 집단 스포츠가 9위를 차지했다. 연령과의 관계를 보면, 고령 집단에서 상업적이며 집단성이

덜한 활동을 선호하는 경향이 나타났지만 이는 청소년층에서는, 특히 학교생활을 하는 청소년들은 선택의 여지가 별로 없이 강압적인 참여를 해야 하는 경우가 많다는 것으로 설명할 수 있을 것 같다.

Hendry와 동료들(1993)은, 남녀 청소년의 비 가정 기반 레저활동의 패턴이 연령에 관련하여 세 단계를 거친다고 주장했다. 즉, "집단적 레저" "캐주얼한 레저" 그리고 "상업적 레저"가 그것인데 남자들의 경우 한 단계에서 다음 단계로의 이전이 여자들보다 좀 더 늦은 연령에서 나타났다. 집단적 레저에는 스포츠 활동이 포함되는데 13세부터 14세 사이에 감소하는 경향이 있다. 캐주얼한 레저에는 친구들과 돌아다니는 것이 포함되는데 이것은 16세 이후에는 감소하는 경향이 있다. 상업적 레저는 16세 이후부터 많이 나타나며 극장에 가거나 나이트클럽, 술집에 가는 등의 활동을 포함한다. 상업적 레저 단계에서, 청소년들은 더 많은 시간을 이성과 섞여 있는 환경에서 보내기 시작한다.

여자 청소년들은 스포츠 활동에 대한 참여가 저조해지는 시기가 남자들에 비해 어린 나이에 발생하는 경향이 있고 십대 청소년들은 스포츠 활동이 비교적 적었다. 그러나 증거 자료에 따르면 스포츠 활동 참여에 있어 남녀 간의 격차가 좁아지고 있으며(Roberts 1999; Farrell and Shields 2002) 예전에는 남자들의 스포츠로 여겨졌던 축구와 킥복싱 등에 참여하는 여성의 수가 늘어나고 있다. 여자 청소년들의 스포츠 참여도가 낮은 것은, 부분적으로는 집단적인 팀 활동을 싫어하는 경향 때문이기도 하고 스스로 생각하는 여성스러움의 개념과 스포츠가 부합하지 않는다는 인식 때문이기도 하다(Flintoff and Scraton 2005). Coakley와 White의 연구(1992)에 따르면 남자 청소년들은 스포츠 활동을 남자다움에 부합하는 것으로 인식하며 경쟁적이고 공격적인 레저 활동에 참여함으로써 위신을 세운다. 한편 여자 청소년들은 스포츠 활동을 여성이 되어가는 과정과 연관시키지 않으려는 경향이 있으며 여성스러움에 대한 위협으로 받아들여질 수 있는 레저 활동에의 참여를 피하는 경향이 있다. Hendry와 동료들(1993)은 여자들의 문화는 "단짝친구"와 소그룹으로 이루어지는 가까운 친구관계를 강조하는 경향이 있으며 이로 인해 집단적인 팀 상황에는 불편함을 느끼게 된다고 주장하고 있다.

여자들의 레저 활동은 모든 단계에서 다양한 방법으로 성별에 의한 제약을 받고 있다(Deem 1986; Green et al. 1990; Roberts 1999; Flintoff and Scranton 2005). 특히 레저 활동에 참가할 기회는 특정 장소 사용을 통제하는 전통적 관습에 의해 제한 받고 있다. 여자들의 자유로운 접근을 금지하는 장소에 관련된 수많은 제약사항들이 엄연히 존재한다. 이러한 제약은 소수 인종들에게도 적용되는데 이슬람 문화권에서는 좀 더 강력한 영향력을 발휘하며(Benn 2005) 아시아계 청소년들의 스포츠 참여도가 낮은 데에서 드러나기도 한다(Sport England 2000). 예를 들어 여자 청소년들이 스포츠를 하고 싶다면 친구나 친지를 함께 참여시켜야 안전하고 적절한 것으로 여겨지는 경우가 많다. Coakley와 White의 연구(1992)에 따르면 관습상 젊은 여성이 당구장에 혼자 들어오는 것은 꺼려지는 반면 남자친구나 오빠를 동반하여 들어오는 여성은 구경꾼으로서 받아들여지며 괜찮은 것으로 인식된다는 것이다. 젊은 남성의 활동에 제약을 가하는 관습은 훨씬 적다.

공공장소에서, 특히 어두워진 후 여성이 느끼는 공포가 이들이 집밖에서 레저 활동을 하는 데 있어 중요한 제약사항이 되고 있음은 여러 학자들이 다양한 방법으로 강조했다(Deem 1986; Green et al. 1990). 이런 점에서 여성들이 특정 장소를 위험하다고 느끼는 것은 레저 활동을 스스로 감시하고 단축하는 결과로 이어진다(Massey 1994; Seabrook and Green 2004). 동시에 변화의 증거도 있는데 이는 부분적으로는 독립적이고 여유도 있는 젊은 여성들의 소비 잠재력을 활용하려는 레저 업계의 열의에 의한 것이다. 바와 술집 등은 그 동안 주 고객층을 남성 근로자로 잡고 젊은 여성들을 유인하려는 노력은 거의 하지 않았었다. 1990년대 업계 내에서는, "레이브 세대"가 술을 레저활동의 중심에 두지 않고 "엑스터시와 대마초를 각종 약물 중 하나로 보듯 맥주와 위스키를 여러 알코올 류 중 하나로 보고 있다"는 우려가 있었다(Collins 1998: 279). 영국 유수의 양조업체에서 일하는 개발 책임자에 따르면 업계가 직면한 있는 문제는 "어떻게 하면 알코올을 이러한 선택사항 중 하나로 만들 수 있을까"이다(Brain 2000에서 인용).

핵심 고객층은 감소하고 있는데 젊은 세대도 유인하지 못하고 있다는 우려에서 테마 바와 "여성 친화적" 술집들이 개발되었고 새로운 제품들이 도입되었다(Chatterton and Hollands 2003; Measham 2004). 그러나 업계가 여성들과 젊은 소비자들을 유인하는 데 성공하면서 공중 보건 로비에 대한 우려가 촉발되었고 때때로 "폭음"에 대해 언론주도적인 도덕적 공포가 발생하기도 했다.

야간 경제(Night-time Economy)의 변화는 레저에의 접근성이 사회계층에 의해 제한되는 방식에도 영향을 미쳤다. Chatterton과 Hollands에 따르면, 도시 환경의 변화는 "하위 활동과 서민층 지역사회를 현금이 많은 계층을 겨냥한 고위 활동이 대체하는" 결과로 이어졌다(2003: 10). Loader는 직장이 없는 젊은이들이 "자신들의 커뮤니티에 안주하는" 방식 (1996)을 강조하기도 했다. 이러한 환경에서, 돈이 없어 새로운 야간 경제로부터 소외된 서민 계층은 어쩔 수 없이 거리에서 사교활동을 하게 되고 강력한 경찰의 감시와 괴롭힘에 노출될 수 있게 된다(White and Wyn 2004; MacDonald and Marsh 2005; Shildrick and MacDonald 2006). 레저에의 접근성이 제한된다는 것은 소수 인종 청소년들의 경험에서도 분명히 드러나는데 이들은 특정 장소에서 소외됨으로써 밤 문화의 선택권을 유지하기 위해 집단적인 전략을 개발하게 된다(Bóse 2003).

"과도한" 알코올 섭취나 불법 약물 사용등과 관련된 여가 활동에 대해 성인들이 강력하게 비난하고 있지만(이들 성인의 상당수는 그들 스스로가 이러한 활동에 탐닉했거나 계속해서 탐닉하고 있음) 좀 더 개인적인 취미에 많은 시간을 보내는 청소년들 역시 성인들을 받는 경우가 있다. 특히 컴퓨터 게임의 경우, 게임이 더욱 복잡해지면서 인기도가 크게 상승하여 이제는 청소년들의 시간과 소득의 상당 부분을 차지하게 되었다. 이제 게임은 음악에 필적할 정도가 되어 일부 신종 컴퓨터 게임은 베스트셀러 음반보다 더 많이 팔리고 있다. 2002년, "Grand Theft Auto"라는 컴퓨터 게임은 크리스마스를 앞두고 8주간 영국에서 800만개가 팔려나간 반면 역대 최고의 베스트셀러 게임인 슈퍼 마리오는 2005년까지 전세계적으로 1억 8,100만 개가 팔렸다(Gillett 2005). 미국은 컴퓨터 게임 판매에서 선두를 유지하고 있는데 1995년부터 2009년까지 예상 매출이 2억 5,000만 개가 넘는다. 미국보다는 덜하지만 일본, 영국, 그리고 독일, 프랑스, 이탈리아도 대규모의 컴퓨터 게임 소비 시장이다.

컴퓨터 게임에 대한 우려는 혼자서 취미를 즐기는데 소비하는 시간, "중독"에 대한 공포, 폭력이나 불법적인 활동이 등장하는 게임을 장시간 즐기는 데 대한 염려와 관련이 있다. 영국에서는 컴퓨터 게임을 하는 청소년들은 1주일에 평균 11시간을 게임에 소비하며, 남자가 여자에 비해

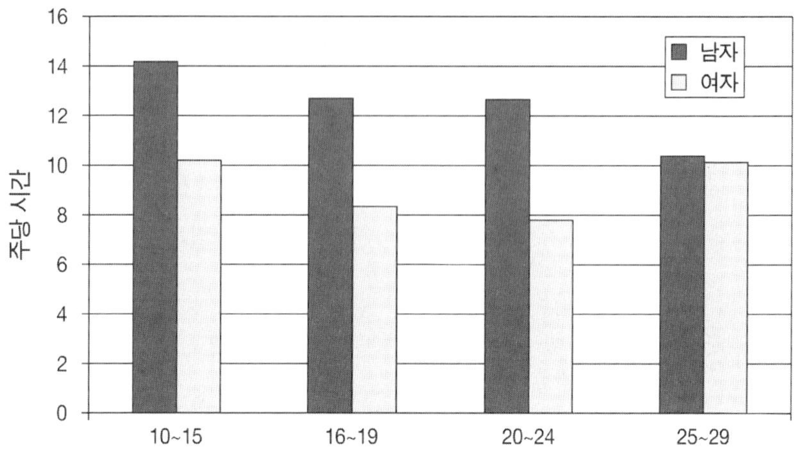

그림 5.3 컴퓨터 게임에 할애하는 평균 시간/주: 영국

출처: Gillett 2005

게임 시간이 길고, 어릴수록 많은 시간을 게임에 소비했다(그림 5.3). 일본에서는 젊은 남성 5명 중 1명이 "히키코모리"(최소 6개월간 방에 틀어박혀 게임을 하는 사람들로 정의)이며 극단적인 경우 10년 이상을 히키코모리로 지내면서 부모의 보살핌을 받는 남성들도 있다고 한다(Saito 1998; Shiokura 2002).

이러한 논의는, 사람들이 혼자 하는 취미활동에 점점 더 많은 시간을 보내면서 사회생활이나 공동체 생활로부터 유리되는 현상에 관한 Putnam의 논문(2000) 내용을 어느 정도 뒷받침하고 있다. Putnam은 미국의 통계자료를 이용하여 사회적 유리의 패턴이 가장 어린 연령층에서 가장 두드러졌으며 20년 전 동 연령층의 활동과 비교했을 때 훨씬 더 분명하게 나타났음을 보여 준다. 한편으로는 청소년들이 비교적 많은 시간을 사교에 쓰고 있다고 볼 수도 있다. 영국에서는 펍이 중요한 사교의 장으로 여전히 남아 있으며 청소년들의 음주 패턴에 대한 우려도 나타나고 있다. 2004년 영국에서는, 혼자서 하는 활동이라기보다는 사교활동이라고 할 수 있는 "극장에서 영화관람"이 30여 년만에 두 번째로 높은 수준으로 나타났다(ONS 2005). 1984년에는 15~24세 연령층에서 한 달에 최소 1회 극장을 찾은 청소년들의 수가 5명 중 1명이 안 됐던 것에 비해 2004년에는 2명 중 1명 이상이 정기적으로 극장을 찾는 것으로 나타났다.

사교성의 패턴이 변하면서 사회적 참여가 줄어든 것은 사실이지만 정적인 지표에만 의존하는 것은 오해를 불러일으킬 소지가 있다. (Putnam은 노조 가입, 교회 출석, 청원서 서명 등의 지표를 사용하고 있다.) 젊은이들에게는 이메일, 인터넷 채팅 룸 참여, 휴대폰, 온라인 게임 등이 새로운 가상의 사회적 참여의 형태로서 현대사회에 더욱 적합한 형태로 간주될 수 있는 것이다. 영국에서는 12~19세의 연령층에서 정기적으로 인터넷을 사용하는 사람 2명 중 1명 이상이 시민단체 또는 정치 웹사이트를 방문한 경험이 있다(Livingstone et al. 2004). 이러한 맥락에서 보면 이용패턴에 대한 오해로 인해, 부모가 자녀들의 인터넷 사용을 혼자 하는 활동으로 간주할 수 있다는 것은 흥미롭다. Livingstone과 동료들의 보고에 따르면 9~15세의 정기적 인터넷 유저 중 72%가 채팅 룸을 방문했는데 이들의 부모 중 30%만이 이를 파악하고 있었다. 같은 집단 중 47%가 인터넷으로 포르노를 보았고 부모 중 15%만이 이를 파악하고 있었다.

통화, 문자 메시지, 사진 송수신, 전화벨소리와 스크린세이버 다운로드를 위한 휴대폰 사용은 업계 입장에서는 청소년들의 레저 비용으로 이윤을 얻을 수 있는 수익성 높은 기회이지만, 그와 동시에 커뮤니케이션과 사교의 새로운 형태이기도 하다. 유럽과 일본에서 휴대폰 보급은 거의 포화상태에 도달했다. 영국에서는 휴대전화를 소유한 청소년 10명 중 9명은 문자메시지를 매일 보내며 절반 이상이 하루에 다섯 번 이상 문자를 보내는 것으로 나타났다(Haste 2005a). 부모들이 전화를 통해 십대 자녀들의 동선을 추적할 수 있는 점도 있지만 청소년들은 부모가 들을 염려 없이 통화를 할 수 있으므로 더 많은 프라이버시가 주어지는 것도 사실이다. 예를 들어 소규모 아파트가 일반화된 일본에서는 청소년들이 휴대전화를 사적인 의사소통의 수단으로 여기고 있다(Oksman and Rautiainen 2002).

레저 전문가들은, 성별 및 연령이 참여의 패턴에 어떻게 영향을 미치는지 주목하는 경우가 많은데 소수의 사회학자들을 제외하고는 계층 구분을 간과하거나 오해하는 경우가 많다. Roberts(1999)가 주장했듯이, 사회 전 계층의 청소년들이 참여하는 활동의 범위가 유사하다는 것이 "레저의 민주화"를 입증하는 증거는 아니다. 차이점은 주로 정성적이며 소득 및 부의 불평등과 관련이 있다. 예컨대 Roberts는 다음과 같이 주장한다.

> 레저 활용에 있어 사회적 계층 간에 보이는 차이점의 근저에는 (가처분 소득의 형태를 띤) 경제적 자본이 있다. 대안적인 삶의 방식이라기보다는 기본적이며 노골적인 불평등이 차이를 유발한다.
>
> (1999: 87)

레저는 비공식적 학습의 주요 원천이 되기도 하는데 부유층의 청소년들은 광범위한 레저 활동을 통해 "레저 자본"을 습득할 기회가 가장 많다는 점이 주목을 끌어 왔다(Zeijl et al. 2001: 395). 호주의 Garton과 Pratt

(1991)은, 학생들의 레크리에이션 레저 활동이 최소한 부분적으로는 리소스의 가용 여부에 의해 결정된다고 결론지었다. 서민 가정의 청소년들은 특정 활동에 참여할 리소스가 부족하기도 하지만 조롱거리가 될까봐 중산층과 어울리는 활동에 참여하기를 꺼려할 수도 있다는 것이다. 실제로 Coakley와 White의 연구에 따르면 참여에 대한 결정은 청소년들이 스스로를 어떻게 생각하느냐와 이들이 사회와 어떻게 연결되어 있는가에 밀접하게 관련되어 있다(1992: 32).

그러나 사회 계층과 소득 간의 관계는 단순히 금전적 자원의 기능뿐 아니라 문화적 관습과도 관련이 있다. 고전적인 미국의 연구에서 Cheek와 Burch(1976)는 교육 및 직업적 특권이 일단 형성되면 소득수준은 레저 활동의 변수들을 설명하는데 도움이 되지 않는다는 사실을 발견했다. 예를 들어 복권에 당첨된 사람들이 반드시 상류층의 레저활동을 모방하지는 않는다는 것이다. 사람들이 광범위한 레저 활동을 즐기는 경우가 많음을 인지한 Chan과 Goldthorpe의 연구(2005)에 따르면, 영국에서는 "고급" 문화를 배타적으로 소비하는 문화 엘리트들과 모든 사회계층의 사람들이 서로 다른 방법으로 문화적 형태를 결합하는 경향이 있다는 증거는 나타나지 않는다는 것이다. 서로 다른 형태의 소비를 묘사하기 위해 이들은 "문화적 잡식성(Cultural Omnivore)"과 "문화적 비잡식성(Cultural Univore)"이라는 용어를 사용하여 범위가 좁거나 넓은 기호와 관습을 향유하는 집단의 수준을 나타내고 있다. 이들은 문화적 잡식성이 되는 기회는 사회적 지위가 올라감에 따라 증가한다고 결론짓고 있다.

사회적 계층과 청소년들의 레저 라이프스타일 간에 연관관계가 여전히 상당부분 존재함에도 불구하고 지금도 계속되고 있는 청소년들의 경험 변화는 동질화 과정으로 이어지게 될 것이다. 예를 들어 Roberts와

Parsell은, 온갖 사회 계층의 청소년들이 레저에 대한 기호와 환경을 점진적으로 공유하면서 확대된 과도기의 결과 중 하나는 "계층 관련 레저 패턴의 경계가 흐릿해지는 것"이 될 것이라고 주장했다(1994: 47). 그러나 의무교육 후 교육(Post-compulsory Education) 증가 등의 트렌드로 인해 서민층 청소년들이 즐기는 레저의 지평이 넓어졌을지는 모르지만 다른 트렌드(실업의 집중, 불안정한 근로 패턴 및 서민층의 저소득 등)가 교육적 변화의 영향을 상쇄할 수도 있다. 3장에서 보았듯이 교육적 성취도가 낮은 청소년들(주로 서민가정 출신 청소년들)은 특히 실업에 취약하며(O'Higgins 2001) 일부 국가에서는 실업상태의 청소년들이 범위가 협소하고 성취도가 낮은 레저 라이프스타일을 즐기는 경우가 많다. 직업이 없는 청소년들은 (상업적 레저 활동이 취업과 교육에 있어서 또래들의 삶에 좀 더 중심적인 역할을 하고 있는 이때에) 상업적 레저 활동에 참여할 리소스가 없는 경우가 많으며 많은 시간을 그냥 빈둥거리며 보내는 경향이 있다(Hendry and Raymond, 1983; MacDonald and Marsh 2005). 실제로 Hendry와 동료들이 주장했듯이 "실업의 중요한 결과는 청소년들이 "성인" 라이프스타일의 필수적인 부분이라고 할 수 있는 직장과 레저라는 "패키지"에 진입할 수 없도록 하는 것이다"(1993: 54). 혜택의 수준이 사교성의 정도에 영향을 미친다는 증거도 있다(Furlong and Cartmel 2001). 예를 들어 스칸디나비아 국가에서는 실업 수준에 대해 상대적으로 관대하므로 실업과 사회적 소외 간의 관련성이 비교적 약했다(Heikkinen 2001).

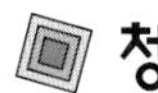 청소년 문화

과도기적 경험의 변화와 공격적이며 세련된 마케팅 테크닉은 레저시간의 활용뿐 아니라 문화 정체성을 상징화하는 소비 패턴과 청소년 라이프스타일에도 영향을 미쳤다. 이제 청소년들은 더 많은 시간을 반의존적인 상태로 보내거나 또래들과 함께 보내고 있으며 이것은 이들의 스타일뿐 아니라 이들이 동일시하는 집단 및 제품들에도 영향을 미쳤다. 과거에는 라이프스타일, 패션, 계층 내 구성원이 밀접하게 연관되어 있었지만 이러한 관계는 이제 약화되었거나(Roberts and Parsell 1994; Bennett 2000; Miles 2000) 희미해졌다. 패션과 대중음악계를 주도하던 서민층 청소년들의 영향은 줄어들었고 중산층은 영향력을 점점 더 넓혀 결국에는 이 둘의 통합으로 이어지고 있다(Frith 1978; Roberts and Parsell 1994; Forsyth 1997; Chatterton and Hollands 2003). 이러한 변화는 청소년 노동시장의 붕괴로 인한 계층별 소득 격차의 변화와 레저 업계의 신시장 개척을 둘 다 반영하고 있는데, 그 규모가 상당한 것으로 보인다.

사회적 계층과 현재의 청소년 문화 간의 관계는 복잡하지만 이에 대한 연구는 부족한 상황이다. 청소년 문화에 대한 자료가 광범위한 점을 감안하면 놀라운 일일 수도 있겠으나 포스트구조주의적 관점에서 쓰여진 연구가 대다수이기 때문이라고 설명할 수 있다. Greener와 Hollands는 청소년 문화에 대한 포스트구조주의적 접근은 "특정 청소년 집단에만 초점을 맞추고 자신들의 이론에 따라 이들을 분석하며 자신들의 접근방식을 전체 사회 집단의 것인 것처럼 청소년에게 투사하는" 경우가 많다고 주장했다(2006: 23). 사회계층은 유행에 따라 달라지는 개념이 아니며 계층이라는 렌즈가 문화적 형성에 새로운 시각을 던져줄 수 있다는 생각은 그다지 환영 받지 못하고 있다.

사회 계층과 청소년 문화 간의 관계가 약하거나 존재하지 않는다는 생각은 1970년대 현대 문화 연구소(Centers for Contemporary Cultural Studies) 회원들이 발전시켰던 사상(Cohen 1972; Hall and Jefferson 1976; Hebdige 1979)과는 완전히 대조된다. 예컨대 Hebdige(1979)에 따르면 청소년들은 시각적 스타일을 통해 권위에 대한 저항을 표현했다. 청소년 문화는 계층에 기반한 것으로 비춰졌고 청소년들이 정치적인 질문에 대한 대답을 탐구하는 장을 마련해 주는 것으로 보였다(Hollands 1990). 이러한 전통을 회피한 현대의 학자들은 "현대문화연구소의 계층 기반적 분석과 거리를 두려는" 노골적인 시도를 하는 경우가 많다 (Chatterton and Hollands 2003: 76).

1950년대와 1960년대의 청소년 문화는 서민 계층에 뿌리를 두었다 (Roberts and Parsell, 1994; Osgerby 1998). 그 시대를 주도했던 스타일인 테디 보이스,[24] 모즈,[25] 그리고 록커스[26]는 서민 문화의 변용이었고

---

24) [역자 주] Teddy Boys: 에드워드 시대 스타일의 의상을 입었던 십대 청소년들을 지칭하는 말로 1950년대 런던에서 시작해 영국 전역으로 빠르게 전파됨. 잉글랜드에서는 최초로 스스로를 차별화한 틴에이저들이었으며 미국의 로큰롤과 밀접히 연관되어 있고 청소년 마켓 탄생에 일조하였다. 이후 많은 테디 보이스가 록커스가 됨.

25) [역자 주] Mods: 1950년대 후반 런던에서 시작해 1960년대 중 초반에 절정에 달했던 하부문화. 모드 라이프스타일은 음악, 의류(주로 맞춤의류), 춤, 모터 스쿠터 등을 포함. 60년대 중 후반 이후 주류언론에서는 "모드"를 인기 있고 패셔너블하고 모던하다는 의미로 사용.

26) [역자 주] Rockers: 60년대 영국에서 떼지어 모터사이클을 타던 청소년들.

중산층 청소년들은 대체로 배제되었다. 예컨대 1950년대 로큰롤의 인기가 높아진 것은 서민층 청소년들 덕분이라고 할 수 있다. 이런 맥락에서 Murdock과 McCron(1976)은 음악적 취향과 계층은 밀접하게 연관되어 있다고 주장했다. 그런데 1960년대에 상황이 변화하기 시작했다. 한때는 청소년 문화에 별 영향력이 없었던 중산층 청소년들이(실질적으로 서민층의 서브 컬처라고 할 수 있었음) "프로그레시브 락" 음악과 급진적인 정치성향을 중심으로 자신들만의 스타일을 발전시키기 시작한 것이다. 1960년대 후반까지 음악적 취향과 스타일이 사회계층의 경계선을 넘나들기 시작했다. Douvan과 Adelson(1966)은 대중음악이 미국 청소년 문화의 동질화에 큰 영향을 미친 반면 영국에서는 비틀즈와 1960년대 브리티시 팝이 청소년들 사이에서 계층 간 구분을 희석시키는데 일조한 것으로 보였다(Murdock and McCron 1976).

여기서부터 계층과 스타일 간의 관계가 약화되기 시작했다. 서민층 지역사회와 단순 노동자층이 쇠퇴하던 시기에 전통적인 서민층 청소년 문화를 재건하고자 했던 스킨헤드족들은 이러한 변화를 혐오했다. 일부 집단의 저항에도 불구하고 1990년대까지 "거의 모든 레저 활동과 온갖 유형의 사교성이 서로 다른 계층에 속한 청소년들을 갈라놓기보다는 서로 연결시켰다"는 것이 Roberts와 Parsell의 주장이다(1994: 33).

레저 측면에서 계층 간 구분이 모호해진 점은 여러 가지로 해석되었다. Roberts와 필자를 포함한 일부 전문가들은 계층 구분이 모호해진 것을 계층의 객관적 관계 약화로 해석할 수는 없으며 계층의 절대적 관계는 레저에의 불평등한 접근과 패션과 음악적 취향에 나타나는 (때로는 미묘한) 문화적 차이에 반영된다고 보고 있다. 극단적으로 대조되는 견해를 보면, Bennett(1999; 2000)과 같은 포스트모더니스트들은 음악적 취향과 스타일이 사회적 계층에 연관되어 있기보다는 "유동적"인 것으로 본다.

부족에 대한 Maffesoli의 개념(1996)을 차용하여, 계층이라는 시대에 뒤떨어진 개념을 갖고 있는 서브 컬처라는 용어에 대체하면 다음과 같다고 Bennett은 주장한다.

> 부족의 정체성은, 개인이 계속해서 집단적 표현의 여러 부문을 이동함에 따라 스스로를 "재구성"하면서, 현대 소비 사회에서 집단적 정체성의 일시적 속성을 보여 주는 역할을 한다.
>
> (1999: 606)

부족 또는 Bennett이 선호하는 "신 부족(Neo-tribes)"은 유동적인 경계와 부유하는 멤버십으로 대별되는 일시적인 집단"인 듯하다(1999: 600).

Bennett이 적용한 포스트모던적 입장에 대해 많은 청소년 전문가들이 거부감을 나타냈는데, 이들은 사회계층과 레저 라이프스타일 간의 관계를 강조할 필요성을 느끼고 있다(Hodkinson 2002; Blackman 2005). 서브 컬처라는 용어는 계층 문화와 그 계층에 속한 청소년들이 자신들의 레저 활동과 패션, 음악적 취향을 표현하는 방식 간의 연관성에 관심을 모으는 방법으로 자주 사용되고 있다. 포스트모더니스트들은 다소 어색하고 헷갈리는 "포스트 서브컬처"라는 용어를 사용하여, 계층과 라이프스타일 간의 관계를 인정할 수 없음을 주장한다.

1950년대 뚜렷한 청소년 서브 컬처가 등장한 이래 청소년들의 라이프스타일은 위협적이며 이들의 종속성을 담보하는 상징적인 질서에 대한 도전으로 종종 묘사되어 왔다(Hebdige 1988: 18). 테디 보이스, 모즈, 록커스, 히피족, 라스타스,[27)] 펑크족, 스킨헤드족, 래퍼와 같은 다양한 집단들이 모두 청소년 문화에 대한 "도덕적 패닉"과 "문명화된" 사회에 대한 위협을 생산하기 위해 언론에 의해 이용된 것들이다. Widdicombe과 Woffit은 테디 보이스가 청소년 문화에 대한 일반대중과 언론, 학계의 우려를 자아내는 데 큰 역할을 한 것으로 보고 있다(1995: 8). 1960년대, 모즈와 록커스는 단순히 폭력적인 훌리건으로 묘사된 반면 히피와 학생 운동가들의 좌파적이고 무정부주의적 철학은 정치적 질서에 좀 더 직접적인 위협을 제시하는 것으로 간주되었다. 상징적인 질서에 대한 가장 최근의 위협으로는 레이브를 들 수 있는데 마약 문화와의 연관 때문이었으며 갱스터 랩은 폭력, 총기 문화와의 연관성 때문에 위협으로 간주되었다.

전후 시대 청소년 문화의 부상과 현재까지의 발전은 경제적 변화 및 중요성이 커지는 소비집단의 구매력을 포착하려는 레저 업계의 시도와도 관련지을 수 있다. 즉, 청소년에게 상대적으로 여유가 생긴 것과 밀접하게 연관된 변화인 것이다. 1950년대 중반부터 시작된 풍족한 전후 시대에 십대 청소년들은 뚜렷한 구매 스타일과 소비 패턴을 보이며 니치 마켓을 형성하는 것으로 여겨지기 시작했고(Abrams 1961; Davis; 1990) 음악과 패션 업계가 주목하는 대상이 되었다. Davis(1990)는 1950년대 후반까지 십대의 평균 소득을 전쟁 전 수준과 비교했을 때 실질소득이 50% 이상 증가했다고 주장한다. 전후 붐이 일어나면서 젊은 근로자들이 전쟁 이전에 비해 상대적으로 높은 임금을 받게 되었고 실질소득으로 계산했을 때 이들이 가정 경제에 기여하는 정도는 줄어들었다(Steward

27) [역자 주] 에티오피아의 전 황제를 신으로 받든 종교 운동으로 레게 음악, 특히 밥 말리의 음악과 함께 전세계로 전파.

1992). 이들의 소비가 "비 필수" 부문에 집중되는 경향이 있었기 때문에 성장하는 레저 업계의 타깃이 되었으며(Abrams 1961) 특화된 청소년 마켓의 형성으로 이어져 업계에서는 패션부터 오락, 식음료에 이르기까지 이들에게 맞춘 제품과 서비스를 공급하게 되었다.

청소년들의 구매력을 타깃으로 삼고 빠르게 변화하는 마켓플레이스의 트렌드를 파악하고자 한 업계에서는 마케팅 전략을 통해 변화하는 스타일과 기호를 다양한 방식으로 조작했다. Ferchoff(1990)는 독일의 청소년 문화와 스타일은 특정 계층 문화와 그리 큰 관련이 없고 좀 더 거대한 청소년 인구를 겨냥하여 포장되고 마케팅된 문화적 스타일과 더불어 상업화되고 통합된 형태로 보아야 한다고 주장했다. 예를 들어 "애시드 하우스"[28]는 작은 서브 컬처로 시작했으나 여러 요소들이 빠르게 메인스트림 청소년 문화에 흡수되었다. 마찬가지로 상업적인 청소년 패션에 대한 반작용으로 생겨난 펑크가 결국은 더 광범위한 인구를 타깃으로 한 마케팅의 대상이 되고 말았다. 레저 업계의 마케팅 전략에 굴복하는 청소년 소비자들이 있는 반면 저항을 하는 청소년들도 있다. 비록 그러한 저항이 니치 마켓을 발전시키고 활용할 기회로 연결되기도 하지만 말이다. 예를 들어 버밍햄에는 체인이나 양조장 소유의 펍을 피하고 개성과 고유성이 있는 펍만을 찾는 청소년들도 있다(Holt and Griffin 2005). 한 청소년은 이런 말을 했다.

> 뱅크스 펍이나 안셀스펍, 퍼킨 펍, 아니면 오닐 펍 같은 데를 가면 어떤 분위기일지 짐작이 가죠. 본사에서 똑같이 관리하니까요. 그래서

28) [역자 주] 하우스 뮤직의 세부 장르로 전자 음악 중심.

재미가 없어요.

(Holt and Griffin 2005: 261)

근대 후기, 청소년들이 의류 소비를 통해 차용한 시각적 스타일은 정체성의 수립과 또래와의 연관성에 더욱 중점을 두었던 것으로 보인다(Miles 1996). 사회계층과 커뮤니티에 기반한 사회적 차별화의 전통적인 원천이 약화되었다는 것이 많은 이들의 주장이지만 청소년들은 상품, 특히 패션의 소비를 통해 다른 청소년들과 동질화하고 자아실현을 하려는 듯 하다(Willis 1990; Miles 1995; Phoenix and Tizard 1996; Holt and Griffin 2005; Croghan et al. 2006). 이러한 맥락에서 Kellner는 이전에는 정체성이 직접적인 배경에서 형성되었지만 근대 후기 사회에서는 "레저, 외모, 이미지, 소비를 중심으로 이루어진다"(1992; 153)고 주장하고 있다. 실제로 Beck(1992)에 따르면 개인 소비자의 선택과 스타일은 마케팅 전략과 미디어를 통해 창출되었던 것이다. 그리하여 "소비자의 스타일과 인공품이 [청소년들의] 정체성의 필수불가결한 일부"로 받아들여지게 된다(Jones and Wallace 1992: 119).

Miles(1995; 1996)에 따르면, 청소년 소비의 패턴은 정체성이 사회적으로 형성되는 과정의 중심이며 청소년들이 스스로 구매하는 제품에 부여하는 의미와 패션을 통해 공유된 가치를 소통하고 수립하는 방식에 초점을 맞추어야 한다. 청소년 노동시장이 변화하면서 청소년들이 마켓플레이스에 눈을 돌려 자신들의 정체성을 보여 주는 소품들을 구매하게 되었는데 이는 청소년들이 또래와의 관계에 있어 좀 더 자신감을 갖게 한다. 현대화 후기, 소비와 레저 라이프스타일 패턴 역시 남성다움과 여성다움을 수립하는 데 있어 핵심적인 부분으로 간주되어 왔다(Hollands

1995). 그러나 청소년들의 스타일은 차이점보다는 유사성을 강조하는 경우가 많다. 개성을 표현하기보다는 유행하는 패션을 따르는 청소년들이 또래 집단에서 인정받는 경향이 뚜렷했다. 이런 맥락에서 Croghan과 동료들(2006)은 획일화와 개성 간의 모순에 초점을 맞추었고 청소년들이 특정 집단의 일원으로서 자신의 정체성을 수립하는 동시에 무리에서 튈 수 있도록 특정 스타일을 갖고 있음을 증명해야 한다고 주장했다.

이러한 자신감과 획일성이라는 주제는 Miles(1995)의 연구에서도 뚜렷하게 나타난다. 물론 계층에 기반한 구분도 간과할 수는 없지만 말이다. 소비와 계층 간의 관계를 분석한 소수의 연구 중 하나를 보면 Phoenix와 Tizard(1996)는 런던 청소년들이 소비를 통해 계층을 형성하는 방식에 대해 중요한 통찰을 제시하고 있다. Croghan과 동료들(2006) 역시 돈, 스타일, 사회적 가치 사이에 강력한 상관관계가 있음에 주목했다.

Phoenix와 Tizard(1996)에게 있어 패션의 소비와 기타 라이프스타일 지표는 사회적 지위를 타인에게 알려주는 신호로 사용되는 것이므로 강력한 "상징적 중요성"을 지닌다. 특정 패션이 여러 계층을 아우르는 경우도 있지만 만일 어떤 스타일이 사회의 하류 계층과 너무 밀접하게 연관된다면 그 스타일의 가치는 떨어질 것이고 다른 계층의 일원들에게는 조롱의 대상이 될 것이다. 예를 들어 버버리 브랜드는 상류계층 디자이너 라벨로 널리 인식되다가 하류계층의 청소년들이 애용하게 되었다. 잉글랜드에서는 "차브스"로 알려진 서민층 하위문화는 화려한 골드 장신구, 흰색 운동화, 트레이닝복, 버버리 야구모자와 버버리의 타탄 체크로 된(모조품인 경우 많음) 의류 등으로 특징지어진다. 여성 차브스 족들은 여기에다가 인공 선탠한 피부에 머리를 뒤로 넘겨 타이트하게 말거나 포니 테일 형으로 묶는다는 특징이 있다.

영국의 차브 현상은 사회 계층과 명확한 연관성이 있으며 보통은 평범하게 받아들여지지 않는 속물근성을 부각한다. 차브스 족의 의상은 불량청소년, 낮은 지적 수준, 성 문란, 십대 임신을 연상시킨다. 유명한 웹사이트인 www.chavscum.co.uk에서 사람들은 "차베스크" 현상과 "차브스" 족의 사진을 다운받는 한편 차브스를 비하하는 댓글을 남기기도 한다. Holt와 Griffin(2005)은 사회 계층을 소비에 기반한 표현으로부터 분리하려는 이러한 과정을 "타자화(othering)"라고 부르며 "주도적인 집단의 일원들이 특정 사회적, 역사적, 정치적 맥락에서 힘이 약한 집단을 멸시하고 배제하여 자신들의 정체성을 지키려는 과정이라고 주장한다.

> 타자화는 중산층이 자기 집단의 특징으로 정의하고, 유지하고 싶어하는 정체성(예를 들어 중산층의 기호, 지성, 세련미)의 측면에 초점을 맞추면서 한편으로는 서민층이 이러한 특징을 가지고 있음을 부인하도록 해 준다.
>
> (Holt and Griffin 2005: 248)

현대사회에서 자란 청소년들, 특히 제대로 된 직장을 찾지 못하고 소외된 청소년들에게 소비 수단과의 관계는 문화적 정체성을 표현하는데 있어서 전통적인 계층 차이보다 훨씬 더 중요한 경우가 있다. 필요한 자원에 접근할 수 있는 청소년들은 계층을 아우르는 젊은 문화에 참여하여 다양하고 성취감을 주는 레저 라이프스타일을 즐길 수 있다. 그와 동시에 계층 구분의 모호함과 선택이라는 환상이, 라이프스타일과 정체성을 형성하는 강력한 상업적 이해를 가리고 있음을 인식하는 것도 중요하다. 실제로 Côté와 Allahar는 청소년들이, 덧없고 사람을 미혹하는 상업적 관심과 매도된 정체성에 놓아나고 있다고 주장한다. 이러한 과정들은 "선진화된 산업사회에서 사회적으로 만들어진 정체성 위기라는 전염병"으로 이어졌다(1996: xvii). 청소년들의 정체성을 형성하는데 있어서 소비에 중점을 두는 것을 Seabrook은 서민층에게는 "미묘하고 식별이 쉽지 않은 속박"이라고 해석하기도 했다. 청소년들은 "목적도 없고 제대로 기능하지 못하며 덫에 걸린 상태"로서 물질적 소유를 갈구하는 탐욕스러운 문화에 갇혀버린 존재로 보았다. 이들의 삶에 있어서 "1차적인 결정요인"은 "구매하고, 획득하고, 소유하는 것에 대한 일그러진 고집"인데 이는 "이전에 알려진 것보다 훨씬 더 강력한 종속"을 상징한다(Seabrook 1983: 8-11).

청소년의 스타일과 사회적 정체성을 나타내는 지표로써의 계층의 역할이 약화되었다는 증거가 나와 있는 것은 사실이지만, 물질적인 수준으로만 설명할 수 있는 라이프스타일에 대한 접근성에 있어서 중요한 차이는 여전히 존재한다. 소비주도 패턴에 전적으로 참여할 수 있도록 하는 자원을 가지고 있는 청소년들도 있지만, 소외되고 배제된 청소년들도 엄연히 존재하고 있다. 실업상태에 놓인 청소년들은 "적절한" 문화적 정체성을 지속시킬 수 있는 수단이 없기 때문에 재정적으로뿐 아니라 문화적으로도 소외될 수 있다. 예를 들어 Jones와 Wallace(1992)는 저소득자들도 특정 스타일을 강조한 의류를 구입해야 한다는 부담을 느끼고 있으며, 소비 과정에서 소외된 이들은 "의지가 박약하고 자유를 마음껏 누리지 못하는 자"로 묘사된다고 주장한다(Tomlinson 1990: 13). 문화적으로 가치를 인정받고 있는 패션 액세서리를 정당한 방법으로 손에 넣기 어려운 청소년들은 (불법적인) 대안으로 자신들의 욕구를 만족시켜줄 수단을 찾고자 할 수도 있다(제7장 참조).

결 론

일생 중 청년기가 차지하는 기간이 연장되고, 청년이 관여할 수 있는 활동의 범위가 확대됨에 따라 영국 청년 세대의 생활 양상도 크게 달라지게 되었다. 그 중에서도 고도로 현대화된 생활의 특징을 가장 두드러지게 부각시키는 것은 청년의 레저 및 라이프스타일을 예측하는 데 있어 사회적 계급의 의의가 약화되고 있다는 사실이다. 오늘날 학교 졸업 직후 풀타임 취업으로 이행하는 청소년의 수는 매우 적으며, 상급 교육 기관 진학을 택한 청소년과 일찍 학업을 마치고 직업훈련을 받는 청소년 간에 구매력 격차가 줄어들었다. 성별 구매력 차이는 여전히 존재하지만 과거에 비해 감소하였으며, 상급 교육 기관 진학률이 증가함에 따라 진학을 택한 청소년들 가운데 성별 구매력 격차가 가장 낮게 나타나고 있다.

청소년의 문화에는 전통적인 계급 격차가 적용되지 않는 경우가 빈번하다. 레저 패턴의 차별화가 점점 줄어드는 가운데, 일부 소외된 청소년이 존재하며 이들은 상업적으로 조직된 다양한 형태의 레저 활동으로부터 배제되고 있음을 알 수 있다. 레저와 라이프스타일에서 가장 두드러진 차이는 미취업 청소년 및 주변부 주거지역에 거주하는 청소년층이 당면한 상황을 보면 명백히 알 수 있다. 청년 실업자들의 경우 대부분 오늘날 다수의 젊은이가 즐기는 부유한 레저 라이프스타일을 누릴 수 있는 기회가 차단되었다. 뿐만 아니라, 레저 활동의 상업성이 심화되고 있는 환경에서 청년 실업자들은 현대 사회에서 젊은이의 정체성 형성에 있어 중심이 되는 소비문화로부터 배제되고 있다. 소비문화로부터의 배제는 젊은이들의 자신감을 약화시킬 수 있고, 계급 차이를 가로지르는 청년 문화 내부로의 수용을 방해한다.

청년층의 레저 및 라이프스타일에서 발견되는 이러한 변화는 Beck이 지적한 개인화 과정의 여파를 강조하고 있다(1992). 대부분의 젊은이들은 광범위한 활동 중 자신이 원하는 것을 선택할 수 있고 전통적인 사회적 격차가 강력하게 작용하지 않는 영역에서 자신의 정체성을 구축한다. 그러나 이처럼 중요한 생애 시점에서 계급의 모호성은 젊은이의 사회적 삶에 대해 많은 것을 시사하고 있다. 레저 및 소비의 분야에서 젊은이들이 얻는 체험은 중요한 메커니즘으로 기능하며, 그를 통해 근대 후기의 인식론적 오류가 유지되고 재생산되었다.

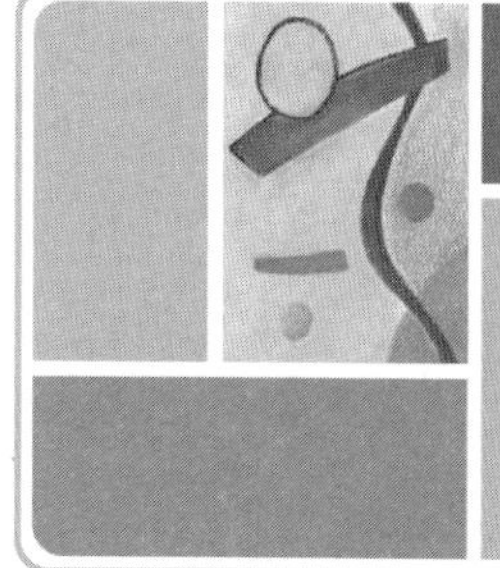

제 6 장

현대사회의 건강 위험

현재의 경제적인 지위에 대해 인간이 치르는 대가중의 하나는 노동자 계층 청소년들 사이에 광범위하게 퍼져 있는 자신의 미래에 대한 불확신이다. 약물의존, 정신병, 자살 등 이 모든 것이 청소년들에 의해 변화된 체험에 따른 징후이다.

(Cashmore 1984: 7)

서 론

앞장에서 서술했듯이, 직업의 변화에 따른 학업의 연장, 가정과 주거환경의 변화, 여가와 생활스타일의 변화 등이 새로운 위험과 취약성으로 나타났다. 이 장에서는 요즘 현대사회의 청소년들이 겪으며 건강을 해치는 중요문제를 알아보기로 한다. 그리고 이러한 위험요소들의 확산에 대하여 Beck이 관심을 가진"전통적"불평등에 대해 알아보고자 한다. 청소년들에게 나타나는 여러 종류의 건강위험 요소들이 사회 계층이나 성별(gender)에 따라 다르게 나타나기도 하지만, 우리는 불확실한 과도기의 결과로 나타나는 스트레스와 연결지어 생각할 수 있고 개별화가 되어가는 과정들이 청소년들의 건강과 밀접한 관계를 가지고 있다고 말할 수 있다. 특히, 청소년기의 연장과 지속이 그들의 정신적 건강문제에 악영향을 끼치는 것에 대한 논의가 있다. 이런 점에서 볼 때, Beck과 Giddens가 말했던 개별화에 대한 반대 의견 즉, 빠르게 변화하는 사회에서 응집력 있는 표현과, 성숙한 주체성의 확립 필요성을 느끼는 것이 새로운 위험을 야기시킬 수 있다는 제의가 옳을 수도 있다.

청소년기를 하나의 모험과 실험적 시기라고 옛부터 묘사되기도 했고, 청소년들의 방법이 때로는 위험적인 요소로 이어져 이것들이 청소년들의 건강을 해치거나 심하게는 조기사망으로 이어지기까지 한다. 청소년들의 활동과 관련된 신체적 위험은, 지난 20~30년 동안 특별히 바뀐 것이 없지만. 우리는 청소년들이 과도기에 경험하는 다양한 변화가 스트레스를 불러일으키고 그것은 자살의 증대를 초래하고, parasuicide(자살미수), 섭식장애(eating disorders) 중에서 거식증(anorexia)이나, 병적인 과식증(bulimia) 등으로 나타난다고 말할 수 있다. 또한, 청소년들은 많은 건강 위험요소들에 직면하게 되는데 일상적인 예로는 흡연이나, 음주, 성적인 발견, 그리고 새로운 행동들, 예를 들어 운전하는 것 등이 중심이 되어 위험한 결과를 초래한다. 이 장에서는 이러한 위험들을 관찰하면서 사회생활 속에서 청소년들이 겪어야 하는 위험요소들을 어떻게 대처하고 변화시킬 수 있는지 알아보도록 한다.

청소년기의 건강 불균형

청소년들이나 성인기 초기의 사람들은 일반적 건강과 신체적 건강의 상태가 절정인 상태라고 묘사되기도 한다. 생명주기상 전반기와 후반기의 단계를 비교해 볼 때, 아주 소수의 청소년들만 급병변이나 생명에 위협적인 건강상태로 인해 고통을 겪게 된다. 이런 위험요소들은 아동기(childhood)의 선천적 질환과 전염병(호흡질환) 등을 감소시킨 반면, 퇴행성 질환(심장질환이나 암) 등이 최소한의 위협이 되고 있다(Hurrelmann 1990; Kutcher 1994). 십대 후반의 시기에는 상해나 약물중독이 도시화된 모든 지역에서 교통사고와 함께 가장 큰 비율의 사망원인으로 자리 잡고 있다(Woodroffe et al. 1993;). 자살과 개인부주의로 인한 부상이 15~29세의 연령에서 두 번째로 높은 사망비율을 차지하였으며, 살인으로 인한 죽음이 세 번째로 높은 사망률이었다(Blum and Nelson-Mmari 2004). Hurrelmann(1990)이 언급했듯이, 이 시기가 건강상 위험성이 적은 시기라는 것은 잘못된 것이다. 부주의로 인한 죽음, 자살, 난폭한 행동들이 성병, 정신병, 조기 임신, 그리고 마약 남용(drug abuse) 등과 함께 과도기의 건강을 해치는 주요 원인인 것이다. 게다가, 청소년들의 생활습관이나 행동에 대한 태도들은 그들의 건강에 좋지 않은 결과를 낳기도 하는데, 흡연, 조잡한 식이요법, 알코올 섭취, 운동부족 등이 그 예이다.

청소년기의 건강에 대한 사회의 일반적 습성은 청소년들의 의·생태학적인 특별한 연구로의 자리매김을 하는데 부족함을 초래하였다. 실제로, 가장 포괄적이며 큰 영향을 주는 영국의 Black Report[29](Townsend

29) [역자 주] 1980년 영국에서 발간된 'Black Report'는 건강불평등 문제를 체계

and Davidson 1982), 같은 건강학 연구에서는 청소년기를 광범위하게 눈에 보이지 않는 연령층으로 분류했다(West 1988, 1977). 하지만, 아동기(childhood)의 여자 아이가 남자 아이보다 건강함에도 불구하고 청소년기 때에는 여자 청소년이 남자 청소년보다 만성병(chronic: 생명을 위협하지는 않는 것)이나 심리적인 장애로 더 많은 고통을 받는 것으로 드러났다(Sweeting 1995). 그러나 한편으로는 여자가 청소년기에 병을 앓을 확률이 많은 반면에 남자는 사망확률이 높다(Sweeting 1995).

청소년들의 건강에 관한 사회학상의 부족한 연구가 함축하는 것들 중의 하나는 아동기(childhood)와 성인기(사회계층과 같은)의 건강위험 요소들에 대한 배려가 청소년기에도 필요하다는 것이다. 실제로 청소년들의 건강에 대해 초점을 맞춘 몇몇 사회학자들 중의 하나인 Patrick West는 이 견해에 문제를 제기했다.

젊거나 나이든 그룹들 사이에서 확실하게 나타나는 양상을 말하는 것보다, 오히려 'West 가설(West hypothesis)'에서 초기 청소년기의 양상이 상대적으로 일정하다고 주장한다(West 1988, 1977). 영국의 통계청이 발표한 인구조사나 이 연구만큼 종적 연구인 'West of Scotland Twenty-07 Study'[30]를 통해, West는 다양한 사회적 계층 속에 있는 청

적으로 제기한 이 나라의 첫 보고서다. 이 보고서는 사회계층과 지역에 따른 사망률의 차이를 통해 건강 불평등 문제를 본격 제기해 영국은 물론 세계적으로 큰 반향을 불러 모았다. 이후 건강 불평등 문제는 영·미는 물론 유럽 등에서 학자들 사이에서 활발한 연구 대상으로 떠올랐으며, 영국은 1997년 노동당 정권이 집권한 뒤에 구체적인 정부 정책과제로 채택됐다. 특히 영국의 사례는 건강 불평등에 대한 보고서를 통해 사회적 인식을 높인 뒤 이를 줄이기 위한 사업을 펼치고, 범 정부적 차원에서 대책에 나서도록 하고 있다.

소년들의 질병과 증상수의 분포를 분석했다고 한다. 그는 사회계층 중 아동기(childhood)와 성인기 때의 질병관계에 대하여 중요한 상관관계가 있다 할지라도, 영국에서의 초기 청소년기는 상대적으로 일정했다. 건강의 7가지 양상(사망률, 만성병, 자신과 관련된 건강, 급성병의 증상들, 사고와 부상들, 정신적 건강상태와 특정한 상태들[31])의 사회적 측면과 관련된 증거를 재검토한 후에 West는 만성병〔유아기(infancy)와는 다르게 구분됨〕이 사회계층의 건강과 관련된 가장 중요한 것이라고 주장했다.

West는 초기 청소년기가 건강에 방심한 상태이고, 신체적 변화와 건강과 연관된 행동의 다른 양상들이 그들의 노후에도 영향을 미치게 된다는 것이 이 그룹에서 확인되었다고 말한 관점에서는 비판을 받을 수 있다(Bennett, Williams 1994). 예를 들자면, Macintyer(1988)는 사회계층과 신장의 상호관계가 영양섭취와 관련이 있고, 그들의 건강상태가 그들의 성인시절에 질병을 퇴화시킬 수 있는 우선적 원인이라고 강조했다.

---

30) [역자 주] 사회적 건강에 관한 불평등의 기원에 관한 연구로 사회 경제적인 환경, 성, 거주 지역, 나이, 인종 그리고 가족 유형에 이르기까지의 차이가 지역사회 건강에 미치는 원인을 연구하기 위해 1986년에 실시한 연구로 4510명의 사람들이 20년 동안 함께하고 있다. 처음 데이터의 수집은 1987~8년에 있었으며, 그때 응답자들은 15, 35 그리고 55세였다. 데이터 수집의 마지막은 첫 응답자들이 35, 55 그리고 75세가 되는 2007년에 있을 것이다. 이렇게 하여 이 연구는 20년 이상 사람들의 삶의 변화와 그들의 경험, 건강 등에 어떠한 영향을 주었는지 조사하여 우리에게 새로운 시사점을 제공하기 위한 연구이다.

31) 특별한 상태들이란 지적 무력, 낭포성 섬유종(cystic fibrosis), 호흡기 문제, 외이의 감염, 청력과 시력의 손상 등을 포함시킨다.

건강의 변화에 있어서 중요한 점은 성인기의 직업적 경험에서 야기되는데 그것은 후에 사회계층과 성(gender)의 차이를 더 강화시키는 역할을 하게 된다. 청소년들은 지금 당장 보이지 않는 위험이 있음에도 불구하고, 계속 직업에 따른 다른 종류의 건강적 위험 요소들에 직면하게 된다.

West의 가장 중요한 이의는 22개의 유럽과 북미에서 청소년기에 자신이 측정한 건강에 대해 연구하는 Torsheim과 동료들(2004)에 의해 제기되었다. Torsheim과 동료들은 청소년기의 '불평등감소(reduction in inequalities)'(2004: 9)에 대해, 어떠한 증후를 한편으로는 받아들이면서도 다른 한편으로는 '평등화(equalization)'의 과정에 대해서는 부인한다. 그들이 연구한 모든 나라(상대적으로 부유하고 평등적인 북유럽국가)에서 나타나는, 물질적 결핍과 스스로 보고된 건강결핍 사이에 연관성을 보여 주는 두드러진 증거를 제시하면서, 그들은 평등이론이라는 것은, 청소년들이 그들의 부모직업에 대해서 알고(혹은 잘 모르고), 그로 인하여 나중에 사회계층이 결정되는 근거가 될 수 있는 부적절한 방법론과 연결될 수 있음을 제시했다. '직업으로 인한 부모의 명성이나, 교육, 수입이 청소년들에게 상대적인 사회적 불평등으로 영향을 미치는 것으로 연구 보고된 적이 있다(2004: 2, 원문 강조). 여러 단계의 논리적 회귀를 사용하여, Torsheim과 동료들은 우선 실직된 청소년들은 실직되지 않은 청소년들보다 3배 더 자신들의 건강이 나쁘다고 평가되어져 있음을 보여 주었다.

여자 청소년들은 남자 청소년들보다 병적 질환에 대해 더 고통을 느끼고 청소년들의 건강이 명확하게 어떤 계층에서는 비교적 약하게 나타난다는 주장은 본제에서 벗어나므로, 이 장에서 청소년기의 질병 원인에 대해 세세하게 다룰 수는 없다. 실제로, 많은 의학 연구자들의 관점에서는, 청소년기의 불가시성으로 인하여, 건강상 위험에 대한 변화를 발표하는데 활용될 시대적 자료는 부족한 편이다. 이 장의 남은 부분에서 우리들은 첫 번째로 고도의 현대적인 삶속에서도 예측할 수 없는 자연현상과도 같은 청소년들의 건강에 관한 몇몇 특수한 양상: 나약한 정신건강, 그와 관련된 자살률의 증가, 자살행동과 섭식장애에 중점을 두려고 한다. 두 번째로는, 건강과 관련된 사회계층의 행동들(흡연, 음주, 성)이 현재와 미래에 어떠한 영향을 끼치는지 알아 보는 것이다.

정신 건강

몇 가지 요소들에서 표출된 증거는, 경험의 변화가 스트레스를 증가시키고 그것이 그 후의 심리적 질환을 가져다준다는 것을 의미한다(Smith and Rutter 1995; West and Sweeting 1996, 2003). 청소년들이 어른들이 하는 것들을 따라하고 성취하고 싶어 하며, 청소년기는 항상 어떤 심리학적인 조절을 수반한다 하더라도, 청소년들의 좌절과 스트레스가 연관된 문제는 더욱 증가하는데, 실제로, 1945년부터 청소년기의 '심리·사회적 장애(psycho-social disorders)'(좌절, 섭식장애, 자살행동을 포함)가 '사실상 더 널리 퍼지게 된 것은'(Smith and Rutter 1995; Fombonne 1998), 1980년대에 몇몇의 청소년들이 정신적 질환으로 진단되었고, 스스로 정신병원에 입원하는 경우가 늘어났다(Fombonne 1998). WHO(세계 보건 기구)는 청소년들의 정신장애가 15년 안에(Blum and Nelson-Mmari 2004) 50% 증가할 것 이라고 예측한다. 그러나 아직 시대적인 증거가 설득력 있지는 않지만, 사람들이 정신적 문제에 더 전문적인 도움을 찾고 의사들도 정신적인 질환에 대해 진단을 더 내리는 경향으로 가고 있다는 것을 간과해서는 안 된다(Hill 1995).

우울증에 따른 위험은 대체로 10대의 여자 청소년들에게서 높게 나타난다(Meeus 1994; Smith and Rutter 1995; West, Sweeting 1996, 2003). 이 책에서, 청소년기는 '위험한 창(window of risk)'이라고 나와 있다(Burke et al. 1990). 유럽의 3개국 청소년들에 대한 비교에서, Offer와 동료들(1998)은 10명중 3명의 청소년들이 우울증으로 고통을 겪고 있다고 발표했다. WHO는 전 세계적으로, 5명 중 1명의 아동(child)과 청소년들이 치료 할 수 없는 정신질환으로 고통 받고 있다고 추측한다(Blum and Nelson-Mmari 2004). 미국에서 10명의 젊은이들 중 1명이 정신적 질환치료를 받고 있음에도 불구하고(Blum and Nelson-Mmari 2004) 10～15%의 청소년들이 정신과적 행동으로 심각한 문제를 앓고 있다(Kutcher 1994). 또 그 상태나 환경이 더 나쁘게 악화되었다는 증거도 있다. Scottish의 두 그룹 중 첫 번째 그룹은 1980년대에, 두 번째 그룹은 1990년대에 조사하였는데, West와 Sweeting(2003)은 심리적인 고민이나 고통이 여성들에게서 더 강하게 나타나는 것을 알 수 있었다.

청소년들에 대한 심리적 행복의 감소는 자살률과 섭식장애의 증가로 반영되어 나타날 수 있다. 1950년대부터 자살률은 유럽, 북미, 호주를 포함한 많은 지역에서 청소년들에게서는 증가하는 추세를 보여 온 반면, 노년층에서는 감소하는 경향을 보였다(Smith and Rutter 1995; Eckersley and Dear 2002). 세계적으로, 해마다 20만 명의 청소년들이 자살한다(Blum and Nelson-Mmari 2004). 북미나 유럽, 서 태평양 연안에서 15～29세의(본의 아닌 부상, 특히 교통사고는 가장 악명 높은 사망 원인이다; Blum and Nelson-Mmari 2004) 자살은 두 번째로 큰 사망의 원인이다. 한편으로, 청소년과 성인의 자살률을 비교해 볼 때, 청소년 세대가 자살에 대하여 더 수용적인 것으로 나타났다: Hill은 '부모들은 자살을 종교적이거나 도덕적인 측면에서 생각하지만, 그들의 자녀들(children)은 자살을 개인의 권리라고 생각한다'고 말했다(1995: 89). 또한 방송 매체들이 청소년들에게 자살을 더 친근한 것으로 만드는 경향이 있다고 주장했다: 예를 들자면, 미국에서 평균적으로 청소년들은 보통 졸업 전까지 800편이 넘는 자살 장면을 본 것으로 알려졌다(Hill 1995). 유명인들의 자살 또한 자살률의 변동과 관련이 있었다.

1960년대 이래로, 미국이나 호주, 뉴질랜드 같은 서구 국가들 중에서, 특히 15~19세 연령대(영국에서는 1970년에서 1998년 사이에 72%가 증가)의 남자 청소년들 사이에서 더 빨리 증가하여 4배(Ryland and Kruesi 1992)나 높은 청소년 자살률을 보인 반면, 이 시기 여자 청소년들의 자살률은 조금 감소된 것으로 나타났다(McClure 2001). 이러한 경향은 결과적으로, 영국과 미국의 15~19세 사이의 남자 청소년들은 여자 청소년들보다 4배 높은 자살률을 보인 것이다(Woodroffe et al. 1993; Blum and Nelson-Mmari 2004). 남자 청소년의 자살률이 급격한 증가 추세를 보이는 것에 대해 고려해 보아야 할 문제이지만, 상대적으로 소수의 청소년들이 자살하도록 압박하고 있는 것이 무엇인지 주목해야 한다. 영국에서 해마다 자살률은 15~24세 사이에서 현재 남자 청소년은 10만 명 중 8명, 여자 청소년은 10만 명 중 2명으로 나타나고 있다. 하지만, 뉴질랜드나 핀란드 등 어떤 다른 나라들은 남자 청소년의 자살률이 여자 청소년보다 10만 명 중 30명으로 굉장히 높다[32](Eckersley and

---

32) 이것은 어쩌면 상당히 많은 나라들이 자살률을 줄여서 보고하는 관습에 따른 차이로, 영국의 경우, 자살 에 대하여 어떠한 의심도 없을 때에만 자살로 기

Dear 2002).

실제 청소년들 사이에서 자살은 비교적 종종 있는 일이 아니지만, 자살행위나 자살생각은 그들에게 일상적이다[33]. 호주에서 남자 청소년들이 15번 정도 자살을 시도하는 동안 여자 청소년들은 100번 이상의 자살시도를 하는 것으로 알려졌다(Mission Australia 2001). 프랑스에서는 약 800명의 10대들이 해마다 자살을 시도하고 약 4만 명이 자살하고 싶은 충동을 느낀다고 한다. 프랑스 여자 청소년들은 남자 청소년들보다 3배 더 자살시도를 하는 것으로 나타났고, 첫 번째 자살시도를 실패한 청소년들 중 3배의 여자 청소년들이 또 다른 두 번째의 자살시도를 하는 것으로 나타났다(Henley 2005a). 최근 영국에서 제시한 증거자료에서 15세 여자 청소년 4명 중 1명이 자신 스스로를 죽게 하거나 다치게 하는 시도를 해 보았다고 언급되어 있다(Priory 2005). 15,000명의 네덜란드 학생을 상대로 한 설문에서는, Diekstra와 동료들(1991)이 약 5명 중 1명(19%)이 지난해에 자살충동을 느꼈고, 이 중에는 자살행위를 하다가 실패한 학생도 있었다고 한다. 자살극을 벌이는 것이 어떠한 정보제공에 따른 자료인지에 따라 통계되었는데, 약 1/4 정도의 사건들이 의학계의 관심을 끌었다(Diekstra et al. 1995). parasuicide와 관련된 문학작품들의 비평 때문에 Diekstra와 동료들(1995)의 통계자료에 의하면, 어느 해

록된다(Eckersley and Dear 2002).

33) parasuicide라는 용어는 비 치명적인 결과의 자살 행동에 대하여 언급하기 위하여 Kreitman(1977)에 의하여 만들어졌다. 우리들은 이 용어를 자살의도를 논하기 어려운 자살 미수자에게 우선하여 사용한다. Diekstra와 동료들(1995)은 결과적으로 자신의 손으로 죽음을 막은 청소년들 대부분이 그 동기를 어렵게 결심하였다고 하였다.

나 2~20%의 청소년들이 자살을 시도한다고 하였다.

12~17세 사이(특히 청소년기의 중간단계)에서, 청소년들은 자살을 더 고려해 보게 되고, 여자 청소년들은 자살을 더 생각해 보게 된다(Diekstra et al. 1995; Smith and Rutter 1995). 하지만 남자 청소년들이 생각을 더 실천하고 적극적인 방법들을 사용하는 경향이 있다(Diekstra et al. 1995; Eckersley and Dear 2002); 미국의 남자 청소년들은 주로 총을 사용해 자살한다. Eckersley와 Dear가 제안한 것처럼, '여자 청소년들은 남자 청소년들보다 더 많은 자살시도를 하지만 사망률이 적은 이유는 그들이 사망과 직접 관련된 도구를 사용하지 않는 데 있다'(2002: 1894)

자살과 parasuicide는 서로 한 종류의 요소들: 가난이나 실직, 뒤떨어진 학업성취나 낮은 사회 계급등도 자살의 중요 요소이고, 과거의 정신적 중요 질환도 특히 중요한 자살의 이유이다(Hawton et al. 1998, 1999; Agerbo et al. 2002; Smith and Blackwood 2004). 연구자들은 마약 남용과 음주, 노숙과 사법적인 분쟁 모두를 중요한 요인으로 여기고 있다(McClure 2001).

또한 청소년들의 스트레스 증가로 인한 질병은 섭식장애와 관련이 있다. 섭식장애로는 거식증이나 병적인 과식증이 청소년기와 초기 성인단계에 가장 대표적인 예라고 볼 수 있다(Mennell et al. 1992; Fombonne 1995; Rutter and Smith 1995; Gard and Wright 2005). 거식증에 대해 정리해 보자면, 두 가지로 구분되는바, 하나는 대게 14~18세 사이(Hsu 1990; Mennell et al. 1992; Fombonn 1995), 다른 하나는 19~20세 사이에 나타나는 증상이다. 거식증과 병적인 과식증 같은 섭식장애는 주로 백인이나 중류층, 10대 여자 청소년들에게서 많이 나타난다. 여자 청소년들이 남자 청소년들보다 이런 종류의 섭식장애를 일으키는 경우가 1/10정도 많다고 한다(Fombonne 1995; Smith and Rutter 1995). 이 장에서는 교육기관에 널리 퍼져 있는 섭식장애와 교우관계가 중요하게 다루어질 것이다. 비록 소수인종의 사람들은 섭식장애로 인한 고통을 덜 겪고 있다고는 하지만, 흑인 여자 청소년들 중에 상향지향의 가족들에게서 발병률이 높게 나타난다(Garfinkel and Garner 1982).

몇몇의 저자들은 섭식장애 비율이 나이에 따라 큰 영향을 준다고 주장하였다. 첫 번째로 거식증을 가진 나이를 분석해 볼 때 성적으로 충분히 발달된 그룹이 큰 비율을 차지했는데, 사춘기 때의 신체적 불만중의 하나인 몸무게가 여자 청소년들 사이에서 거식증을 '유발'하는 것으로 보였다. 남자 청소년들은 반대로 남자다움을 과시하기 위하여 체중의 증가를 원하는 경향을 보였다(Fombonne 1995). 두 번째로 거식증은 청소년기에서 성인기로의 과도기 동안 학업성취에 대한 압박이나 취업에 관한 압박, 집에서가 아닌 사회적으로 받아들여지기 위한 정신적 스트레스로 인해 더 증가한다(Fombonne 1995).

거식증이나 병적인 과식증이 의학적으로 밝혀진 것 이외에 현재 사례가 얼마나 증가하는지에 대한 논의 정도가 있었는 바, Mennell과 동료들(1992)은 이전의 논의와 비교해 볼 때 예전보다는 안정적인 상태라고 주장하였다. 거식증은 20세기에 처음으로 알려진 바 있고 1970년대쯤에 심각하게 거론되었다(Mennell et al. 1992; Fombonne 1995). 현대사회에서, 날씬한 유형의 외모는 유행이기도하고, 매력적으로 보이기도 해서 좋은 인상을 심어 준다. 한편, 반대의 경우에는 좋지 못한 인상을 심어주는데 그중에는 게을러 보이거나, 건강해 보이지 않고, 혐오감까지 주는 정도라고 간주된다(Mennell et al. 1992). 다양한 연구에서 사회적으로 긍정적인 측면과 저체중은 서로 연관이 있다고 말한다(Kaufman

1980; Garfinkel and Garner 1982; Gowers, Shore 2001). Kaufman (1980)의 연구에 따르면, 미국 TV광고에 방송되는 여자들의 외모를 보았을 때, 날씬한 여자들이 더 총명해 보이고, 인기 있고, 매력적이라는 결론을 내렸다. 날씬한 사람들을 주시해 보면, Garfinkel과 Garner (1982)는 여자들의 평균체중은 증가하지만, 성공적인 모델이나 미인대회의 입상자들은 더 날씬해지는 추세라고 언급했다. 흑인 여자들은 풍만한 몸매 형태를 받아들이기 때문에 섭식장애와는 큰 관련이 있지 않았다 (Thompson et al. 1997).

주로 중산계층의 질병인 거식증이나 병적인 과식증과 대조적인 비만이 노동자계층 사이에 널리 퍼진 것은 분명히 장기적으로는 사회적 불평등에 근거한 계층 간의 건강상태를 암시하고 있다(Gard and Wright 2005; Viner and Cole 2006). fast food산업 탓으로 여기는 비만에 대한 경고는, 공중보건에 중요한 영향을 미치는데 그 중의 하나가 현 세대 청소년들의 평균수명 감소이다. 미국에서 비만 청소년은 1980년보다 3배나 증가하였고 2/3 정도의 미국인이 비만으로 나타났다(TFAH; Trust for America's Health[34] 2004). 영국에서는 20~30% 정도의 청소년이 비만이고(Parry-Jones 1988; Guardian 2006) 1958년에서 1970년 사이에 태어난 그룹은 급격한 비만증가율을 보였다(CLS; Centre for Longitudinal Studies 2006).

'junk' food를 광고하는 회사들과 건강과 다이어트를 주제로 한 fast

34) [역자 주] 민간건강연구 그룹인 TFAH(Trust for America's Health)는 CDC(Center(s) for Disease Control and Prevention; 질병관리예방센터)를 돕는 보조기관.

food들은 'Morgan Spurlock'의 영화 'Super size Me[35]'로 표현된 적이 있고, 많은 설문조사는 대부분이 비만에 관한 것 이었다. 최근 영국의 보도에 따르면, 10~15세 사이의 비만율이 1995년에서 2005년 사이에 2배나 증가했다고 한다(Guardian 2006). 비만은 그것 때문에 이점이 적어지며, 빈곤의 연결고리이며, 음식을 선택하는데 있어서 제한적이며, 하위 노동자계층에서는 사회적 낙인이 덜 적용될지도 모르지만(Fombonne 1995; Trust for America's Health 2004; Gard and Wright 2005; Viner and Cole 2006), 틀림없이 대부분 후기 생애의 질병-건강과 사망에 영향을 미칠 것이다.

대부분의 여자 청소년들이 의학적으로 진단된 거식증이나 병적인 과식증 혹은 비만으로 고통 받는 동안에도, 체중을 관리하고자 하는 욕망은 많은 사람들이 가지는 삶의 주된 관심사이다. 여자들이 체중에 신경을 쓰는 건 일반적인 일이기도 하다. Button과 Whitehouse(1981)는 산업화된 세계에 사는 80~90%의 여자들이 자신들의 먹는 양을 조절하

35) [역자 주] 미국에서 두 소녀가 유명 fast food 업체를 자신들의 비만원인으로 지목하며 법원에 고소하는 뉴스를 보면서부터 감독 자신이 직접 '한 달 세끼를 fast food로 때워본다면?'이라고 시작된다.

영화는 잘 알려진 대로 세계 최대 fast food 업체인 맥도날드를 정면으로 고발하는데, 감독은 한 달 간 자신의 신체 변화를 스크린에 담아내며 fast food가 얼마나 몸에 해로운 지를 보여 주는데 실험 시작 전에 키 188cm, 몸무게 84kg의 이 남자는 어디 하나 흠잡을 데 없이 건강한 상태로 시작하여 1주일만에 5kg이 늘었고, 한 달이 지날 즈음엔 12kg이 증가했으며 콜레스테롤과 혈압이 솟구쳤다는 사실도 관객들에게는 큰 관심사가 아닐 수 없으며, 짜증이 늘고 무기력과 우울증 성욕감퇴 등의 증상들이 나타났다. 또한 주인공의 몸이 원상태로 돌아오는 데에는 7개월이 걸렸다.

기도 하고, 어느 때는 식욕을 잃기도 한다. 16~19세 사이에서 보통 3명 중 1명은 체중감소를 위해 다이어트를 시작하고(Rudat et al. 1992), 보통은 가족들 중 남자에게서 그러한 충고를 받는다고 한다(Gowers and Shore 2001). Fombonne이 언급했듯이, 자신의 체중에 대해 불만을 가지는 것은 현대사회의 모든 여자들에게 심리적으로 작용하고 있으며, 일시적으로라도 그런 행동을 보인다(1995: 647). 실제로, Mennell과 그의 동료들(1992)은 많은 의학적 증상 중에서 섭식장애가 여자들 사이에서는 상당히 큰 비중을 차지한다고 밝혔다.

Giddens(1991)의 관점에서, 섭식장애는 자기 자신을 가꾸려는 욕망과 관련된 중요한 현대적 현상이다. 그가 설명했듯이, 식욕감퇴는 자신이 안정을 못 찾거나, 외모를 중시해서 생기는 변화된 현상이라고 간주된다(1991: 104). 섭식장애는 자기 자신을 통제해 보려는 시도와 다른 사람에게 보여 지는 외모 때문에 생기는 경우가 있다.

이렇게 섭식장애로 인해 더 많은 건강위험 요소가 발생하게 되는데, 자살시도나 다른 정신적 문제들이 그 일반적인 원인이다. 이런 것을 해결해 나가기 위해서는 우선 청소년들을 많이 격려해 주어야 하고, 현대사회생활이나 가정에서도 책임을 지고 보호해야 할 의무가 있다. 청소년들에게는 16세 이전의 경험들이 큰 영향을 미친다고 한다. 큰 불안감을 갖기도 하고, 갈등을 겪는 경우가 허다한 시기이다(Furlong 1992). 몇몇 저자들은(Fryer and Payne 1986; Warr 1987; West and Sweeting 1996; Julkunen and Malmberg-Heimonen 1998; Hammarström 2000) 실직과 정신적 건강을 연관 지어 말했는데, 초창기의 사회경험에 대한 불안감이 정신건강에 큰 영향을 끼친다고 하였다. 실제로, Smith와 Rutter(1995)는 자신의 교육이력으로 인한 높은 기대치가 정신적으로 문제를 일으키고, 자신 스스로를 좌절하게 만든다고 하였다.

West와 Sweeting은 청소년 경제의 근본적 개편 충격에 대한 우려를 표현하며, 실직과 저임금의 직업, 그리고 미래지향적이지 않은 이 모든 것들이 사회적으로 침체를 일으키고 특히 청소년들의 건강과도 연관 짓게 만든다는 것이다(1996: 50). 심리학자들은 인생에서 스트레스를 가장 많이 받는 때나, 스트레스가 가장 많이 누적됐을 때, 그리고 희망이 없어졌을 때 자살시도와 연관이 있다고 말한다(Jacobs 1971; D'Attilio et al. 1992; de Wilde et al. 1992).

이 모든 것들은 실업률과 정신적 문제가 하나의 큰 관계라고 하지만(Banks and Jackson 1982; Hammer 1992; West and Sweeting 1996), Smith와 Rutter(1995)는 이것들과 관련이 없다고 반박한다. 낮은 실업률과 심리·사회적인 장애는 1950년대에서 1960년대 사이에 급속도로 증가했다. 이 빠른 증가율은 1930년대와 1970년대, 그리고 1980년대 초의 불경기와는 일치하지 않는 모습을 보였다.

심리적 침체의 일반적 경향은 실업률과 약간의 관계가 있을 뿐이고, 자신의 실직경험이 더 큰 정신적 문제를 일으키는 것으로 나타난다. 이런 장기적인 사례를 통해서 West와 Sweeting(1996)은 실직경험이 있는 남자 청소년과 여자 청소년의 정신적 발병률〔GHQ[36] '사례(caseness)'〕이 그렇지 않는 경우보다 높다고 강조했다. 그들은 또 실직한 청소년들의 자살시도율이 직업을 가지고 있는 사람보다 높다고 발표했다. 하지만,

---

36) [역자 주] GHQ(General Health Questionnaire, 일반건강측정도구)는 진단 가능한 정신적 장애를 찾아내기 위해 영국의 Goldberg(1972)에 의해 고안된 자기보고형 검사도구이다.

Diekstra와 동료들(1995)은 오히려 1970년대에는 직업을 가진 남자 청소년들에게서 자살 시도가 더 많이 나타났다고 반박했다.

청소년들이 직업을 찾지 못하는 때에 더 큰 과도기를 겪게 되고, 심리사회적인 문제가 생기게 된다. Smith와 Rutter(1995)는 지속되는 변화가 부모와의 갈등을 일으킬 수 있다고 말한다. 오랜 변화보다는 매끄럽고 반듯한 변화가 청소년들에게 가장 이상적이고 자신들 하나하나 변화에 따른 만족감을 얻을 수 있다. 게다가 동향 자료를 보면 청소년들에게 나타나는 사회·심리적 장애의 과도기가 연장되어지고 있다고 한다.

더욱이, Smith와 Rutter(1995), 그리고 West와 Sweeting(1996)은 청소년들의 불안감 증가에 대한 요인 중의 하나는 청소년들의 문화가 더욱 중요시되기 때문이라고 한다. 요즘의 청소년들은 또래들과 많은 시간을 보내면서 청소년들의 문화는 점점 성인의 그것으로 부터 고립되어 간다. 놀랍게도, 사회계층은 청소년들 사이에서는 심리·사회적 문제와 연관되지 않는 경향을 보인다(Mann et al. 1983; Glendinning et al. 1992; West 1997). 아동(children)과 성인들의 정서적 건강은 어떤 특별한 계층과 관련이 있다고 하지만, 청소년기에는 그렇지 않다(West 1997). West는 청소년들에게 나타나는 이런 이유가 학교에서 받는 영향들이나, 친구들, 청소년문화 때문에 아동(children)이나 성인들과는 달리 사회적 환경과의 연관이 줄어들어서라고 말한다. 청소년들의 교우관계는 부모님들이 주는 영향과 중요한 관련이 있다(Meeus 1994). 집안 문제로 인해 가족환경이 달라짐으로 청소년들의 심리·사회적인 문제는 더 증가한다. 가정파괴가 정신적 문제를 일으킨다는 것이 확실한 결과는 아니지만(Shafii 1989), 부모들의 부족한 뒷받침과 참여는 중요한 영향을 주는 것임에는 틀림없다(Smith and Rutter 1995). 실제로, 1960년에서 1985년 사이에 유럽의 이혼율은 청소년들의 자살률과 가장 큰 관련이 있었다(Hill 1995: 73).

건강과 관련된 행동들

청소년들 사이에 심리·사회적인 장애가 증가하는 동안, 그들이 성인이 되어가는 시기의 대부분이 육체적으로나 정신적으로 영향을 받는다는 것에 대해 중요하게 다룰 필요가 있다. 보통 대부분의 청소년들이 건강한 상태를 유지하긴 하지만, 장기적으로 볼 때 그들이 하는 행동들은 모두 건강에 영향을 미치는 것들이다. 이 부분에서 우리는 특히 흡연과 음주소비, 마약 남용과 성으로부터 야기되는 위험에 대해서 알아보고, 청소년들에게 어떤 해로운 요인들을 초래하는지에 대해 초점을 맞추도록 한다.

흡연과 음주

담배 피는 인구가 대대적으로 줄어드는 것을 몇 십년 간의 기록을 통해서 알 수 있음에도 불구하고, 청소년들의 흡연율이 성인들의 흡연율보다 확실히 감소하지 않는다는 걸 알 수 있었고 앞으로 더 늘어날 것으로 보인다(Lader and Matheson 1991; Woodroffe et al. 1993; Currie et al. 2004; Naidoo et al. 2004). 청소년들의 흡연은 그들의 사회적 위치와 교육성과에 연관성이 있다. 노동자계층 속에서 살아온 청소년들이, 중산계층 사람들보다 더 흡연을 하며(흡연하는 부모와 자식 간에 연관이 있기 때문), 그들은 가난한 가정, 흑인, 또는 소수의 인종들이며 학교를 일찍

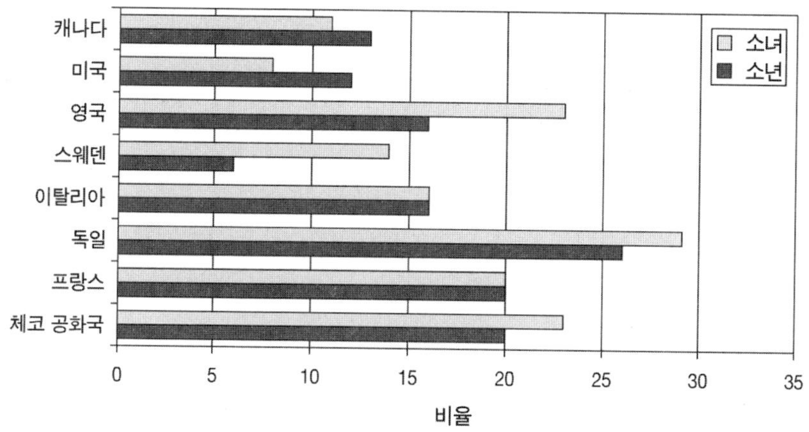

그림 6.1 각 나라에서 매일 흡연을 하는 15세의 비율

출처: Currie et al. 2004

포기한다(Green et al. 1991; Plant and Plant 1992; Naidoo et al. 2004; Department of Health 2005). 1980년까지는 남자들이 여자들보다 흡연율이 높았다. 그러나 현재 많은 나라에서는 남자들의 흡연율은 낮아지지만 대부분의 서구사회에서는 여성들의 흡연율이 더 높아지고 있다. 나이에 따라 흡연율도 눈에 띠도록 증가하고 있으며, 영국에서는, 11세의 흡연율이 1%이지만 15세의 흡연율은 21%이다(Department of Health 2005). 청소년들을 위한 다양한 과세정책과 구매단속에도 불구하고, 이와 같은 상황은 각 나라마다 비슷하다: 서구 사회에서는 일반적으로 4명 중 1명과 5명 중 1명 정도의 15세가 담배를 피운다(그림 6.1).

흡연은 건강위험 요소와 관련된다. 청소년 흡연자들이 줄어든다 해도, 그들의 건강상태는 이미 흡연 때문에 악화되어 있기 마련이다. Plant와 Plant가 말하기를, 청소년들이 그 어떠한 죽음보다 담배에 관련된 병으로 사망하는 경우가 많으므로, 흡연율의 감소는 즉, 청소년의 조기사망을 피할 수 있다고 한다: 영국과 웨일스에서 흡연을 하는 1,000명의 남자 청소년들 가운데 약 1명이 살인을 당하고, 6명은 교통사고를 당하며 250명은 담배에 의해 일찍 생을 마감한다고 한다(1992: 62).

흡연과 마찬가지로, 청소년(under-aged)의 음주율 또한 높다. 서구의 많은 청소년들은 '음주 문화(wet culture)'(Plant and Plant 1992) 속에서 양육되어지고, 어른이 되면서 거쳐야 하는 술 신고식, 문화 안에서 자라왔다. 알코올의 판매와 이용이 제한 조건들에 의해 각 나라마다 다르게 존재하고, 그러한 법이 실행에 쉽게 옮겨지지도 않는다. 호주와 유럽에서는 알코올 소비제한 나이가 14~18세 사이에서 시작된다. 그럼에도 불구하고, 이탈리아와 독일, 영국에서 15세의 청소년들이 드물지 않게 과음을 한다(그림 6.2). 미국에서도 21세까지 술을 마시는 게 허락이 되

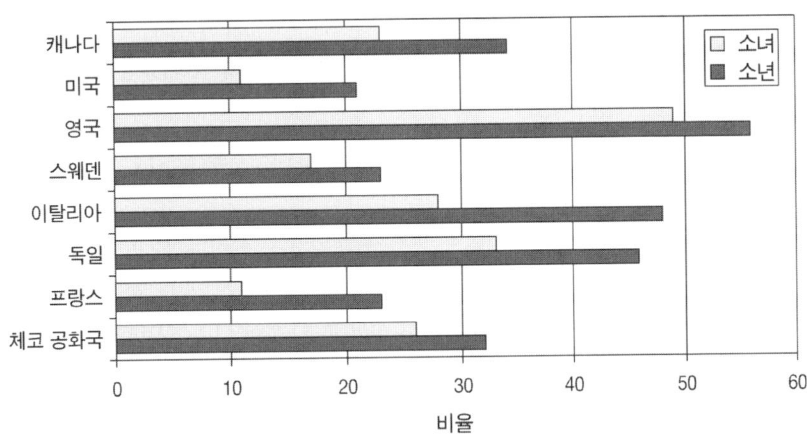

그림 6.2 각 나라에서 매주 음주를 하는 15세의 비율

출처: Currie et al. 2004

지 않지만, 5명 중 1명 이상으로 15세의 청소년들이 일주일에 한번쯤은 음주를 한다.

영국에서 추정하는 바로는, 13세의 2명 중 1명, 14세에서는 4명 중 3명, 15세에서 10명 중 9명 이상이 한 번쯤은 술을 마셔봤다(Priory 2005)고 하는 반면에, Fossey와 동료들은 16세의 남자 청소년들과 여자 청소년들은 3명 중 1명이 정기적으로 술을 마신다고 한다. 부모의 술 마시는 습관도 청소년들에게 큰 영향을 주며, 중산층에 속한 청소년들이 노동자 가정의 청소년들보다 더 마시는 경향이 있다(Green et al. 1991). 문화와 나라 간의 차이에 있어서 다를 수도 있지만, 9~15세 사이에서 본다면 캐러비안계 흑인(African-Caribbean)들이 백인들보다 술을 더 마셔봤을 것이고, 아시아권에서는 몇몇 청소년들만이 음주를 시도 했을 거라고 본다(HEA 1992).

1970~2001년 사이에 영국의 음주 소비가 연간 8.5리터에서 10.4리터로 늘어난 것으로 보인다. 아일랜드와 네덜란드에서도 같은 증가율을 보였지만, 프랑스와 이탈리아의 술 소비량이 크게 줄어들어, 유럽 전체에서는 감소율을 보였다(British Heart Foundation 2005). 음주가 청소년의 건강에 직접적인 해를 끼치지는 않지만, 과도한 음주는 난폭함과 위험한 장난을 증가시킬 수가 있다. 음주운전 캠페인 덕분에 피해를 줄인 사례가 이 사실에 대한 하나의 증거이다. 예를 들자면, 영국에서는 1979~1989년 사이에 16~19세 음주 운전 피해 사례가 50%나 줄었다. 음주운전 사망사고가 줄어들긴 했으나, 알코올은 범죄와 음주사고, 조기 사망에 큰 몫을 한다. 유럽에서는 15~29세 남성 가운데 4명 중 1명 이상이 음주의 악 영향으로 인해 죽는다(Blum and Nelson-Mmari 2004).

청소년들 사이에 음주가 평범한 것이 되었음에도 불구하고, 청소년들의 음주소비가 도덕적 공황(moral panics)을 일으켜 성인 사이에서 큰 우려를 낳고 있다. 영국에서는 특정한 공공장소에서 음주하는 것을 금지시켰다. 따라서 어른을 대상으로 한 주류 회사들은 이제 청소년들을 사로잡아 또 다른 걱정거리를 만들고 있다. 1990년 초까지는, 알코올을 판매하는데 있어서는 나이 구별이 없었다. 맥주, 와인, 증류주(spirit) 등 모든 종류의 술을 모든 나이 계층에서 소비했다. 하지만 최근에는 클럽과 마약에 관심을 가지고 있는 청소년들을 대상으로 틈새상품(niche products)을 만들었다. 첫째 단계로 높은 농도의 맥주와 사이다(Cider)[37]와 알코올의 lemonades의 개발을 초래하였다—'alcopops'(예를 들면 'Hooch'와 'Diamond White'). 두 번째 단계는 높은 농도의 혼합주(spirit mixers; 'Smirnoff Ice'와 'Bacardi Breezer')의 개발을 초래하였다. 세 번째 단계는 값싸게 한 잔 할 수 있는 칵테일주의 도입이었다(Measham 2004). 이 마케팅 전략은 청소년들의 알코올 소비량을 늘리는 데 성공적이었다.

대중매체에서 청소년들의 알코올 소비에 대해서 경악하는 것은 알코올 중독환자나 추세에 대한 추측에서 오는 극단적인 사례들이다. 많은 청소년들이 음주를 하지만, 21세 아래로는 대부분 적은 양을 마시기 때문에 알코올 중독이나 과음하는 경우는 드물다(Fossey et al. 1996). 청소년들 사이에서, 음주는 그들의 사회생활과 관련되기 때문에 경우에 따라 주위의 압박에 의해서 가끔씩은 많이 마시게 된다. 각 나라마다 차이가 있지만, 사실 술을 죽도록 마시는 남·녀 청소년들은 '극소수'(Fossey et al. 1996: 58)이다. 예를 들자면, 영국, 스웨덴에서는 4명 중 1명 이상

37) [역자 주] Cider: 사과즙을 발효시켜 만드는 알코올 2~8%의 술.

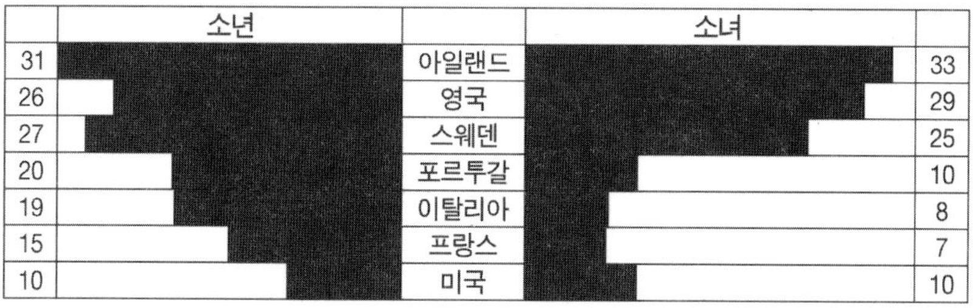

	소년		소녀	
31		아일랜드		33
26		영국		29
27		스웨덴		25
20		포르투갈		10
19		이탈리아		8
15		프랑스		7
10		미국		10

그림 6.3 2003년에 각 나라에서 15~16세가 지난 30일 동안 3회 이상 폭음한 사례의 비율

출처: Institute of Alcohol Studies Fact Sheet 2005

의 15~16세 청소년들이 한 달에 3번 이상 '폭음(binge drinking)'[38]을 한다. 대조적으로, 프랑스, 미국, 이탈리아 특히 여자 청소년들 사이에서는 과도한 음주 정도가 더 낮다(그림 6.3).

음주가 초래하는 위험은 기물파손, 싸움, 범죄이며 자살과 자동차 관련(보행자들과 운전자) 사고율도 높인다. 이러한 것들은 새로운 사실들이 아니다. 동시에, 음주는 성인기로 넘어가는 과정에서 중요한 변화이고, 대부분의 서구사회에서는, 현명하게 음주문화를 배우는 것이 사회생활에서 필요한 하나의 기술이다.

마약과 유기용제(solvents)의 사용

1950년대부터 청소년과 마약문화가 친밀해졌다. 1960년대에는 마리화나[39]와 LSD[40]같은 마약이 히피문화(hippie culture)[41]의 중요한 부분이

38) 여기서는 한 번에 5잔 이상 마시는 것, 일반적으로 건강의 범위를 벗어나는 정도의 많은 양을 마시는 것으로 정의하였다.

었고, 1990년대에는 동성애자에게 엑스터시(ecstasy)[42]의 사용이 일반화 되었으며, 지난 10년간 코카인(cocaine)[43] 가격의 하락이 마약의 수

---

39) [역자 주] Marihuana: 마리화나 또는 대마초(cannabis)라고도 하는데, 대마의 한 부분에서 산출되는 것으로 본디 치료용 꽃이었다. 델타나인 테트라하이드로카나비놀(delta-9 tetrahydrocannabinol)이라고 하는 화학 활동물로서 보통 THC라 약칭한다. 이것을 먹었을 때 사람의 정신에 영향을 주며 사람에게 약효가 있다. 대마초는 거의 섭취나 흡연으로 이루어진다. 정신건강에 영향을 미치는 대마초 생산품의 소지, 사용, 판매는 많은 국가들에서 20세기 초부터 불법으로 규정되었다. 이때부터 몇몇 국가들은 대마초 금지 법률 시행을 강력하게 시행하는 동안, 몇몇 국가에서는 사실상 합법적인 것으로 규정하고 있다. 하지만 아직도 대마초는 많은 국가에서 불법으로 규정하고 있다.

40) [역자 주] LSD(lysergic acid diethylamide): 1943년 알버트 호프만이 맥각균에서 합성한 물질로서 무색·무미·무취의 백색 분말이다. 강하고 기묘한 정신적 이상을 일으키고 시각과 촉각 및 청각 등 감각을 왜곡시키는 강력한 물질이다. 특히 액체 상태로는 7억 분의 1의 양으로도 효과를 나타난다. 정제나 캡슐, 액체 등 다양한 방법으로 유통되며, 주로 각설탕이나 껌, 과자, 압지, 우표의 뒷면 등에 묻혀서 사용되고 주사로도 사용된다.

41) [역자 주] Hippy: 1966년 미국 샌프란시스코에서 청년층을 주체로 하여 시작된, 탈사회적(脫社會的) 행동을 하는 사람들을 일컫는 말.

42) [역자 주] Ecstasy: 엑스터시는 암페타민류 화학물질인 MDMA(3, 4-methylenedioxyn-methylamp heatmine)로 만든 대표적인 환각성 신종 마약이다. 1914년 독일의 제약회사에서 엑스터시 합성에 성공하여 식욕억제제로 사용되었으나, 효능을 인정받지 못해 한동안 거래가 중단되었다. 타인에 대한 호감을 유발하는 효과가 있어 1986년 지중해 섬에서 관광객들이 댄스파티에 사용한 이래 1987년 영국의 레이브 파티를 계기로 전 세계로 확산되었다.

43) [역자 주] Cocaine: 코카인은 코카나무 잎에 함유되어 있는 알칼로이드 중 가장 중요한 성분으로 1860년 알베르트 니만이 최초로 분리해냈다. 코카인은

요를 이끌었다. 알코올처럼 마약 사용이 청소년시절의 평범한 경험이 되었고, 마약을 술과 담배를 과하게 사용하듯 자주 사용하는 청소년들이 그 증거로 나타났다(Plant 1989). 또한 현재의 청소년들이 10년 전의 청소년들보다 더 마약을 시도한다는 강력한 증거도 제기되었다(Measham et al. 1994). 많은 기분전환 마약들이 알코올이나 담배보다는 건강에 미치는 위험이 적지만, (특히 지나치게 유행한 Ecstasy와 Ketamine[44] 같은 마약에 대해) 대중매체가 초래한 남용에 대한 '도덕적 공황(moral panics)'과 이 물질들의 대다수가 불법이라는 사실은 사용자들이 경찰의 주목과 법의 처벌을 무릅써야 한다는 것을 의미한다(제7장 참조).

대다수의 유럽국가에서 1/4에서 1/10의 16세 청소년들은 마리화나(Hibell et al. 2004)(그림 6.4)를 사용해 왔다고 한다.

어린 청소년들 사이에서 유기용제 흡입이 상당히 널리 보급되어 있고 그로 인한 것으로 추정되는 사망자의 수가 늘고 있다(Plant and Plant 1992; Rutter and Smith 1995). 하지만, 마약 사용이 더욱 일반화 되어가는 동안 사용의 변화는 주로 한 종류의 물질에서 다른 유행을 반영하는

흰색 가루 형태로 제조되며 주시기로 투약하거나 코로 흡입해서 사용한다. 코카인은 사람의 점막을 통하여 흡수되어 지각신경 말단에 작용함으로써 통증과 미각 등 감각을 마비시키는 효과가 있어 한때 국부마취제로 사용되기도 하였으나 심각한 부작용이 밝혀져 현재는 의학용으로 사용되지 않는다.

44) [역자 주] Ketamine: 케타민은 주로 사람 및 동물의 마취제로 사용된다. 일반 정맥 마취 주사제와 달리 중추신경계의 특정 부위에 작용하여 탁월한 진통작용을 나타내나 약기운이 사라지면서 환각작용을 일으키기도 한다. 코로 흡입 또는 술에 타서 마시거나 마리화나와 함께 흡연된다. 환각제인 LSD보다 강한 환각효과를 나타내며 약 1시간 정도 지속된다. 10대들이 파티장에서 엑스터시 대용으로 주로 사용하며 남용 인구가 점차 확산되고 있다.

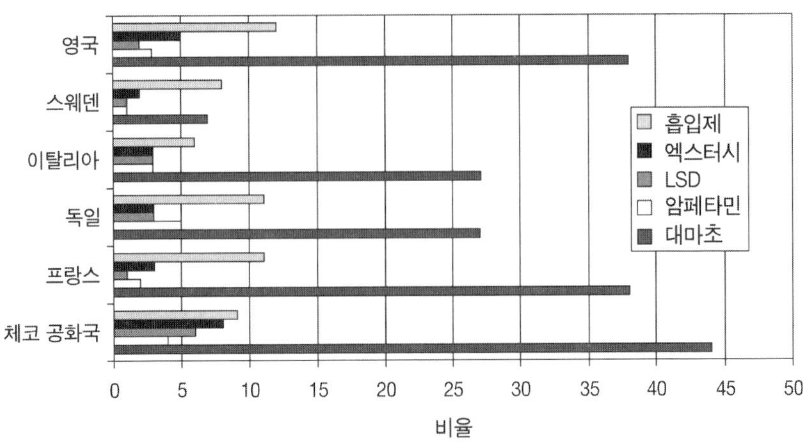

그림 6.4 각 나라에서 16세가 사용하는 마약 종류

출처: Hibell et al. 2004

물질로 옮겨가는 것으로 나타났다. 유럽의 16세 청소년 중에서 마리화나를 제쳐두면(마리화나를 사용하면 정신건강의 손상 위험이 있는데도 불구하고 대부분의 선진국에서 마리화나는 알코올과 비슷하게 생각된다.), 매우 극소수의 마약 물질들만이 1/10의 16세 아이들에게 사용되고, 이중 아주 극소수만이 상용자이다(Hibell et al. 2004).

전반적인 마약 사용이 중산계층 청소년들에게서 가장 높게 나타나지만, 강한 성분의 마약('hard' drugs)의 경우에는 노동자계층 가정에서 헤로인(heroin)[45]을 사용하는 경우가 더욱 높게 나타난다(또한 정맥주

45) [역자 주] Heroin: 헤로인은 1898년 독일의 바이엘 제약회사에서 개발한 모르핀 유도체의 제품명으로 '강력하다'는 의미로 헤로이쉬(heroisch)에서 유래하였다. 헤로인은 본래 아편제의 진통효과는 유지하되 의존성을 제거하려는 목적으로 개발되어 통증완화, 감기치료, 모르핀 및 아편 중독자 치료에 사용되

사로 마약을 사용하는 경우가 많다). 더 부유하고 높은 교육을 받은 계층에서는 코카인을 사용하는 경우가 많다(Leitner et al. 1993; Measham 2002). 그리고 청소년들 사이에서 강한 성분의 마약('hard' drugs)을 사용하는 수가 증가한다는 증거가 있다. '영국 범죄 조사(British Crime Survey)'에 따르면 1996년과 2004~5년 사이에 코카인을 사용한 사람의 숫자가 0.5%에서 2.1%로 늘었고, 그동안 헤로인 사용은 0.1% 정도에서 변하지 않았다(Roe 2005). 청소년들의 지속적 마약 사용에 대한 대중적인 관심에도 불구하고, 유럽에서 그것을 시도하는 청소년들의 비율은 적다: 예를 들면 대부분의 국가에서 15~34세의 인구 중 1%보다 적으며, 마약 사용이 가장 널리 보급된 영국이나 스페인에서도 2%를 조금 넘는다〔Eropean Monitoring Center for Drugs and Drug Addiction(EMCDDA) 2006〕. 게다가 Mott는 '값싼 코카인' 사용 증가에 대한 미디어의 보도에도 불구하고, '유행'의 증거는 주로 위험성이 높은 집단이나 병상 인구에 관련된 통계로부터 나온다. Fazey는 '가혹한 사회적 박탈과 높은 실업의 배경이 마약치료 진료소에서 치료를 받아야 할 만큼의 심각하고 충분한 문제에 포함된다'고 하였다(1991: 23).

마약 사용의 과정은 지역의 공급과 지역적 특성의 영향을 받는다(Young 1971; O'Bryan 1989). 몇몇 대도시 중심부의 저소득 계층들은 헤로인을 즉시 이용할 수 있고 실업자들은 특히 유혹에 넘어가기 쉽다

었다. 그러나 진통효과가 모르핀의 10배 이상인 만큼 부작용 및 유해성도 여타 마약보다 크고, 쉽게 의존성이 생겨 만성중독에 빠지게 되며, 사용을 중지하면 금단증상을 일으킨다는 사실이 밝혀짐에 따라 마약으로 규정되었다. 1940년대 후반부터 국제적으로 그 제조, 수입, 사용을 금지하였으나 이미 남용이 전 세계적으로 확산되어 다수의 중독자가 발생하고 있다.

(Haw 1985; Plant et al. 1985; Peck and Plant 1986; Pearson 1987; pearson et al. 1987; Parker et al. 1988; Leitner et al. 1993). 강한 성분의 마약 사용 증가에 대한 증거가 나타나는 사이에, 사용 방법에 대한 중요한 변화도 있었다. 1960년대의 헤로인과 코카인 사용자들이 '보헤미안(Bohemian)'[46)]이나 '대항문화(counter-cultural)'처럼 묘사되어 고립적인 활동이 되는 경향이 있었다(Stimson 1987). 그리나 요즘의 사용자들은 주사로 맞는 대신에 흡입하는 것을 더 자주하게 되었다. 청소년들은 한 종류의 마약을 고수하는 것이 아니라 분위기 환경여하에 따라 다른 강도를 선택하게 되었다. Deehan과 Saville(2003)가 시사한 대로, 1990년대 한 종류의 마약을 선택하는 것을 좋아하던 것이 이제는 서로 다른 기회에 다양한 정도의 강한 성분의 마약('hard' drugs)이나 환각제('soft' drugs)와 술, 담배까지 다양한 방법으로 혼합하는 '의식 칵테일(cocktail of celebration)' 방법으로 대체되었다.

마약 사용에 있어 또 다른 주요한 변화는 사용자의 지리적 분포와 관계가 있다. 1960년대에는 사용자가 주요 도시에 집중되어 있었던 반면에, 1980년대까지는 대다수의 광역도시권까지도 사용이 일반화되었

46) [역자 주] Bohemian: 어원은 프랑스어 보엠(Bohême)이며 체코의 보헤미아 지방에 유랑민족인 집시가 많이 살고 있었으므로, 15세기 경 프랑스인들이 이들을 보헤미안이라고 불렀다. 19세기 후반에 이르러 사회의 관습에 구애받지 않는 방랑자, 자유분방한 생활을 하는 예술가, 문학가, 배우, 지식인들을 가리키는 말이 되었고, 실리주의와 교양 없는 속물근성의 대명사로 되고 있는 필리스틴(Philistine)에 대조되는 말이다. '보헤미안'이라는 영어를 일반화시킨 작가는 사카레이다. 또한 이 말은 집시처럼 방랑하는 방랑자(vagabond)와 같은 의미로 사용되기도 한다.

다(Giggs 1991). 많은 새로운 사용자들이 정맥주사를 피했음에도 불구하고, HIV/AIDS의 증가 및 지리적 확산과 함께, 헤로인 사용증가는 빈번히 정치인들과 언론을 향해 경고하였다(South 1994). 마약 사용은 또 다른 형태의 위험 부담과 관련된다: 마약 사용자들은 자주 과음을 하고 마약의 영향 하에 '안전하지 않은' 섹스를 하며(Plant and Plant 1992), 어쩌면 범죄와 뒤얽혀 있거나(제7장 참조) 아니면 자살을 시도할 것이다(Hill 1995). 게다가 Measham과 동료들은 '마약 사용이 음주, 흡연과 이른 성적경험과 여러 가지 종류의 비정상적 행동, 범죄적 행동과 깊은 관련이 있다'고 주장한다.

성적 행동과 성으로 전위되는 감염

생리학적 성숙의 과정과 연관된 성적실험은 청소년들의 경험이 중심이 되고, 10대에 성을 경험하게 되는 청소년들의 비율은 꾸준히 증가하고 있다(Humphries 1991; Waites 2005). 대개 유럽과 북미에서는 어느 곳이든 10대의 반 아니면 약 2/3 정도가 성적으로 활동적인 반면, 남유럽에서의 활동성은 다소 덜한 편이다. 예를 들자면, 이탈리아에서는 약 1/3의 10대들이 성적으로 활발하고(Wolff et al. 1992), 영국에서는 대략 15세의 남자 청소년과 여자 청소년의 1/3 가량이 성관계를 하는 것으로 보이는데, 이 수치는 앞으로 19세까지 75% 정도가 증가할 것으로 보인다(Priory 2005).

높은 피임률에도 불구하고, 10대 성관계에 관련된 주된 건강의 가장 큰 위험 중의 하나가 여전히 원치 않는 임신이다(1950년대와 60년대 굉장히 큰 사회적 불명예를 낳았고, 그 책임감이 증가함에 따라, 10대의 임신은 조기결혼을 수반했다). 유럽에서는 10대의 성관계가 서로 상관성이 없어 보이는 알코올과 콘돔사용의 영향으로 종종 발생했음에도 불구하고, 성적으로 적극적인 10대들의 콘돔 사용비율은 상대적으로 높은 편이지만, 성적인 교제보다 알코올소비 섭취가 더 우선인 남자 청소년들이 콘돔을 덜 사용하는 것 같다는 몇 가지 증거들이 있다(Plant and Plant 1992). 그러나 유럽과 미국에서의 다른 연구들은 위험한 성관계와 관련된 결정적 증거를 찾는데 실패했다(Leigh and Miller 1995; Cooper 2000; Morrison et al. 2003; Traene et al. 2003). 미국에서는 10대 사이의 콘돔사용이 상대적으로 적기 때문에(독일의 93%와 비교해 미국은 56%) 임신한 10대들의 비율은 많은 유럽국가보다 두 배 정도 높았다(Wolff et al. 1992).

HIV의 사고와 AIDS로 인한 사망의 급격한 증가와 캠페인을 후원한 정부, 그리고 AIDS와 연관된 유명인사의 죽음으로 인해 야기된 선전 광고들 모두가 콘돔 사용을 권장하는데 도움이 됐다(Selzer et al. 1989; Sonestein et al. 1989). 그러나 다양한 파트너들이 있는 많은 10대들이 안전하지 못한 성관계를 계속해오고, 소수의 청소년들만이 주기적으로 콘돔을 사용하기 때문에 논쟁이 이루어지고 있다(Plant and Plant 1992). 실제로, Plant와 Plant(1992)는 대중매체에 의한 HIV와 AIDS에 관한 보도가 종종 청소년들에게 이성애자들과의 관계가 상대적으로 안전할 수 있다는 인식과 함께 기억으로 남겨진다고 주장했다.

1980년대 후반에서 90년대 초반은, 청소년들이 성적으로 전위되어 감염된 병과 싸워야 했던 시기였다. 잠정적으로 삶에 위협적인 HIV감염은 1980년대 후반부터 특별한 관심이 되었다. 여자 청소년들의 생식기관에 위협적인 chlamydia[47)]는 현재 더 증가되고 있는 추세다(Plant and

Plant 1992; Centers for Disease Control and Prevention 2004; Public Health Agency of Canada 2005; Waites 2005). 1940년대의 임질과 매독에 대한 효과적인 치료법은 청소년들의 성관계와 건강위협과 연관이 있어 보인다. 1980년대 이래로, 15~24세의 약 3억 명 정도가—같은 나이대의 지구 인구의 절반 가량—HIV에 감염되고 있다(Blum and Nelson-Mmari 2004).

이전보다 지금의 청소년들이 성생활을 일찍 시작하려는 경향이 있지만, 상대를 가리면서 해야 하는 것이 중요하다. 미국의 연구에 의하면, 1990년대와 비교해 봤을 때 지금의 청소년들이 성관계를 갖는 상대가 더 적다고 한다(Warren et al. 1998; Centers for Disease Control and Prevention 2004; Public Health Agency of Canada 2005; Waites 2005). 보통의 성관계는 드물지 않게 일어난다. Glasgow가 청소년들에 대해 연구한 것 중에는 실험자중 반 정도가 성관계를 호기심에 해 봤다는 것이다(Wight 1993). 사회계층에 따른 성관계 상대는 그리 다양하지 않았지만(Foreman and Chilvers 1989), 가난한 사람들이 더 어릴 때부터 성관계 경험이 있다는 것으로 알려졌다(O'Reilly and Aral 1985). 그리고 콘돔의 사용률은 더 적다고 한다(Bagnall and Plant 1991). 교육을 더 받은 사람들은 다른 사람들에 비해 첫 경험 연령이 좀 더 높았고, 콘돔 사용률

47) [역자 주] Chlamydia: 클라미디아 트라코마티스(chlamydia trachomatis)라는 병원균에 의한 성병. 요도염이나 자궁경부염 등의 성기부위 질환으로 전 세계적으로 매년 1억 명이 감염될 것으로 추정된다. 비임균성 요도염 남성 환자의 25~60% 임질 환자의 4~35%가 클라미디아 감염에 의한 것으로 알려진다. 주된 전파경로는 성 접촉에 의한 것이며 분만 중 산도를 통하여 신생아도 감염될 수 있다.

이 높았다(Breakwell 1992). 이와 같이 성생활은 하층의 청소년들에게 건강적인 측면에서 더 큰 위험을 주고, 어린 10대에 임신을 하거나, 성병 발생 등으로 인해 상처받기 쉽다.

최근에는 청소년세대에서 동성들의 관계도 사회적으로 받아들여지고, 더 유행이 되고 있다(gay나 lesbian의 동성애자들이 스페인이나, 영국, 캐나다에서는 유명한 TV의 'soap operas'[48]의 배역으로 나오거나, 동성 간의 결혼이 합법화되었기 때문에 증가하기 시작함). 동성애자들이 HIV에 감염되는 일이 가장 큰 위험요소를 보이는 반면, 동성애를 하는 사람들의 성관계는 많지 않은 것으로 알려졌다. 16~21세 사이를 연구한 결과, 2% 정도만이 동성애나 양성애인 것으로 드러났다(Ford 1989). 이와 비슷하게 Foreman and Chilvers(1989)는 2%도 안 되는 남자들이 동성끼리 성관계를 했다고 발표했다. 1970년에 Kinsey학회(Fay et al. 1989)의 연구에 따르면, 4% 정도의 남자들 사이에서 동성끼리 성관계를 했다고 밝혀져 있고, 2% 정도만 그런 성관계를 유지하는 것으로 알려졌다. 이것은 미국에서 조사한 것들을 모은 것인데 4% 정도가 자기 자신을 gay나 lesbian이라고 응답했다(CNN 2004). 이렇게 적은 숫자임에 불구하지만, 양성 간의 성관계는 HIV위험의 원인이 되고, 10명 중 1명 이상의 남자와 여자들이 16~20세에 경험했다고 말했다(Breakwell 1992).

---

48) [역자 주] 연속방송극 또는 연속드라마라고도 하며, 각각 라디오 연속극, 텔레비전 연속극 등으로 구분하고, 방송 형태에 따라 일일 연속극, 월화 연속극, 수목 연속극, 주말 연속극 등으로 부른다. 또 미국에서는 주부 취향의 라디오 연속극, 텔레비전 연속극을 주로 비누 회사가 스폰서였다는 데서 연속극을 'soap operas'라고 한다.

 결 론

이 장에서, 우리는 청소년들에게 직면한 몇몇의 건강 위험 요소에 대해 강조해 왔고, 그들의 건강에 위험할지 모르는 행동형태의 변화들에 대해 서술해 봤다. 신빙성 있는 시대적 자료가 없긴 하지만, 일반적으로 건강이란 말에 있어서, 우리가 전통적 불균형을 감소시키는 방법을 추측하는 것은 어렵다. 청소년 시기가 건강상 불균형이 잠재되어 있는 시기이고, 청소년들의 다양한 경험이 사회계층, 성(gender)에 따른 새로운 불균형의 양상으로 떠오른다. 반면, 우리가 중요한 변화들을 목격하는 것은 가능하다. 건강에 관련된 계층과 성(gender)에 관한 차이는 상대적으로 작지만, 성인기에 있을 평등화의 과정과는 연관될 수 있다. 몇몇의 위험 행동요소들(흡연 같은 것들)이 청소년 노동계층 사이에서 훨씬 일반적임에도 불구하고, 중산층 청소년들의 다른 위험한 행동들〔알코올섭취나 환각제(soft drugs) 등〕이 더 많이 알려져 있다. 비슷하게, 남자 청소년과 여자 청소년들 역시 다른 방법으로 신체에 피해를 주고 있지만, 그 차이는 두드러지지 않은 균형된 상태이다.

상대적으로 소수의 청소년들이 질병이나 청소년기동안 겪은 사고로 인해 고통을 겪고, 높은 수준의 사회적 조건들이 그들을 정신적으로 더 악화시키고, 남자와 여자 사이의 다른 점을 명백히 보여 준다. 우울증, 섭식장애, 자살, 자살시도 등은 모두 일반적인 것들이 되었다. 또한 '결정적 순간(fateful moments)'(Giddens 1991)이라는 의미가 부여되었고 발생률은 점점 증가되고 있다. 높은 수준의 사회적 양상으로 인해 청소년들이 성인의 특징이나 역할을 하고 싶어 하는 과정에서 이런 일이 증가된다고 의심하지 않을 수 없다. 생산활동에서 부분적으로 건강위험 요소들에 노출되어 있고, 더욱이 이것들은 청소년들의 생사에 위험한 영향을 준다. 결국, 그 주된 변화가, 현대사회의 불안감과 연결될 수 있는 심리학적 문제들의 증가와 관련된 것처럼 보이는 한, 청소년들의 건강이 변화한다는 증거는 Beck과 Giddens의 생각이 뒷받침해 준다고 볼 수 있다.

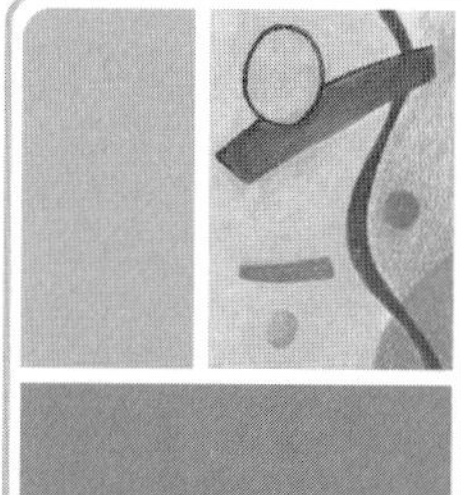

제 7 장

범죄와 위험

청소년들의 태도에 대해서 타이르는 것은 과거에도 그랬고 현재에도 그렇듯이 그들의 귀에 거슬리는 것이다. 이러한 행동들은 청소년들 각자 안에 쉽게 다스릴 수 없이 깊이 내재되어 있는 문제에 대한 태도와 욕구불만을 드러나게 한다. 대부분 청소년들의 공격적인 태도는 취업, 제휴 그리고 한 가정의 부모가 됨에 있어서... 필요한 과정들이다. 이러한 반사회적 태도는 혜택 받지 못한 노동자계층과 낮은 학력이 결합하게 될 때 문제들로 발생하게 된다. 우선은 경찰과의 문제고 다음은 법정에서의 문제라고 할 수 있다.

(Bynner et al. 2004: 79-80)

서 론

앞의 장들에서 우리는 최근의 사회적 변화가 청소년들의 건강에 얼마나 나쁜 영향을 미치는지에 대해서 논의했다. 이번 장에서는 다른 위험 요소의 하나인 범죄에 대해 다뤄보려고 한다. 널리 퍼져 있는 범죄와 사회적 무질서는 신문의 표제가 되기 다반사이다. 신문 보도에서는 청소년들이 연루되어 있는 사건에 대해서 분명한 형사상의 범죄와 '사회 구조'의 붕괴와 동일선상의 사건으로 취급하고 있다. 이번 장에서 우리는 이러한 변화에 대해 다양한 관점으로 접근하려고 하고 사회적인 변화과정에서 청소년 범죄와의 관련성을 찾아보려 한다. 이미 일어난 이러한 변화들은 전통적인 사회 가치의 붕괴가 있었다는 것을 고려하지 않았다고 우리는 주장한다. 그리고 이러한 범죄에 연루되는 것이 인생의 한 부분으로 청소년기가 하나의 연장선상에 있기 때문이다. 근대 말기 다른 형태의 취약성에 대해 논의하는 과정에서 우리는 비합법적인 행동들과 관련된 계층, 성별(gender) 그리고 인종과 같은 전통적인 사회적 구분에 대해 계속적으로 불평등을 주장한다. 그렇다고 대립되는 사회 그룹들 사이의 전체적인 계층이 뚜렷하게 구별되어 있다고 주장하는 것도 아니다. 한편 다른 종류의 손해 요소들은 법 집행부가 그들의 활동과의 연관성에 대한 추측을 반영한다고 볼 수 있는데; 다른 종류의 손해 요소와 각기 다른 계층들의 이러한 행동이 그들의 그룹과 연관되어져 있으며, 그들의 시각차이로 인한 갈등이 어떠한 형태로든 퍼져 있다는 것이다.

Durkheim(1964)은 범죄 발생률의 증가는 사회발전의 부산물로 간주된다고 하였다. 그것은 후기 현대사회의 주요 특징, 예를 들어, 자아의 반영이나 집단적인 동일성의 감소 등이다. 실제로 Merton(1969)은 개인의 성취와 성공을 강조하는 사회적 규범과 비평등한 기회구조의 유지라는 두 측면 사이의 모순을 강조한다. 이러한 측면에서 Beck과 Giddens는 후기 현대사회의 한 특징이라고 언급한 개인주의의 과정과 주관의 탈고정(disembedding)[49]은 범죄가 일어나는 여건을 형성해 주는 것으로 보인다.

실직자들이나 소속감(가정, 사회, 국가에)이 없는 사람들이 범죄 행위에 연루될 가능성이 더 높기 때문에(Rutherford 1992; Flood-Page et al. 2000), 과도기 때가 범죄에 연관될 위험에 영향을 준다는 논의가 가능하다. 직장 생활에서 금전적인 보상을 받지 못하는 것과 가정 내에서 부양할 가족이 더 많아 짐에 따라 소비 생활을 하기 위해 청소년들이 범죄에 가담하게 되거나 아니면 청소년들 생활중심이 되어온 호기심이나 '반항(kicks)'을 위해서 범죄에 가담하게 된다. 결단력의 부족으로 위험을 감수하는 것과 모험은 청소년들의 발전의 일부분으로 간주되고 있다. 사실 위험을 감당하는 것과 모험을 찾는 것은 청소년기에 독립성, 정체성과 성숙함을 찾는데 도움이 된다고 말하고 있다(Jack 989: 337). 제조회사의 고용 감소와 청소년 고용제도의 구조가 바뀜(특히 안정되지 못한 고용)에 따라 남자 청소년들의 범죄 행위는 급속히 증가하고 있다. 이런 범죄행위는 현대사회 속에서 남성적인 성향 때문이라는 이유로 해석하기도 한다(McDowell 2003).

---

49) [역자 주] 탈 고정(disembedding)이란 지방의 맥락을 벗어난 사회관계가 시공간을 가로질러서 다시 결합되는 것을 지칭하는 것으로써 근대사회가 도입한 시공간 원격화를 더욱 가속화시킨다. 탈 고정은 같은 지방에 살고 있지 않는 사람과 관계를 형성하고 상호작용할 수 있게 한다.

성인들은 청소년들을 마약 복용 및 길거리에서 폭력과 같은 것으로 충격을 주거나 자극시키는 활동에 종사하도록 한다. 현대는 공동체의 유대약화가 세대 간의 갈등을 증대시켜 불신과 불안감으로 이어져서 어쩌면 청소년 통행금지(youth curfews)와 같은 극단적인 대처방안들이 나올 수도 있다. 이런 맥락에서 청소년 범죄가 증대된 주목할 만한 증거가 있다면 성인들과 사법부는 범죄 예방(Taylor 1996)에 집중하여야 한다. 하지만 성인들이 청소년들에게 자신들 세대(Pearson 1994; Waiton 2006)보다 더 위법적인 것이라는 것은 미심쩍다. 결론적으로 미 하원의원 중 한 사람이 현대의 청소년에 대해 '지구상에서 가장 위험한 범죄자(Macallair and Males 2000)'라고 언급하기도 했지만 반대로 청소년들은 스스로를 약하다고 느낀다. 거리에서나 클럽, 그리고 술집에서 폭력 범죄의 피해자가 되는 것은 경찰의 부당한 감시 혹은 괴롭힘에 의한 것이다.

 범죄라는 '문제'

청소년 범죄에 대한 걱정은 현대적 현상만이 아니다: Pearson(1994)은 정치인들과 성인 세대들이 청소년들의 범죄행위 수준을 언제나 이례적인 것으로 간주하는 경향이 있다고 했다. 그리고 모든 서구 사회 내에서 전후기간 동안 일어난 청소년 범죄에 대해 '도덕적 공황(moral panics)'라고 언급하기도 한다. 이에 반해 성인들은 자기들 세대는 질서 있고 잘 훈련되어 있다고 여기고 있기 때문에, 행동양식의 기준이 계속적으로 악화되고 있다고 인식한다. Pearson(1994)은 청소년 범죄가 결과로 간주되었다고 평가한다.

> 최근의 사회적 변화에 불만이 있다고 보고, 청소년 범죄를 다음의 '관대한 사회(permissive society)'에서 나타나는 결과라고 주장한다. '관대한 사회'; 가족 및 지역사회의 붕괴; 부모, 스승, 치안판사와 경찰들의 권력 감소; 청소년들 사이에서 모든 형태의 권위에 대한 존중 결여; 그리고 흉내 낼 수 있는 '모방(copy-cat)범죄'를 유발할 수 있는 텔레비전의 폭력성과 비디오의 외설스러움과 같은 대중 매체 등이 문란을 선동하는 것들이다.
>
> (p. 1163)

최근에 새롭게 드러나는 문제점으로 청소년(juvenile) 범죄가 있는데 사법정책이 충격을 주었다. 특히, 많은 서구 사회에 정치정당들이 투표에서 유리한 위치를 차지하기 위한 방법으로 그러한 '문제'를 잘 다룰 수 있다고 했다. 예를 들자면, 청소년 범죄자에게 강력한 형벌을 내리고, 더욱더 밀착 감시를 도입함으로 청소년 범죄를 효율적으로 대처할 것이라고 했다. 한때 범죄 발생의 이유에 대해 강조하던 정치적인 스펙트럼의 좌파 정당마저도 청소년이 저지르는 범죄에 대해, 이해하는 측면을 낮추고 정의를 더 추구해서 '단속(crack down)'이 필요하다고 인정하고 있다. 피해자에 대한 충격을 훨씬 더 강조하고, 이러한 충격이 사람 혹은 재산에 직접적으로 주는 영향보다 크도록 해서 범죄를 막아야 한다는 것이다. 법안은 수감의 방법을 확대하고, '짧지만 강도 있게', 형량이 가벼운 사람도 군대의 '신병훈련소' 수준에 맞추도록 해야 한다. 또한, 법원으로 하여금 청소년 피의자의 부모에게 벌금을 내게 하는 법안과 함께 피의자에게 전자인식표(electronic tagging)를 부착하여 활동을 제한해야 하고, 이러한 것들을 불이행한 사람에게 수감으로 위협해야 한다. 청소년들 중 특정 나이 이하의 청소년들에게 저녁 시간에 거리에 나오지 못하도록 하는 목적으로 청소년들의 통금을 제한하는 것은 미국과 영국을 포함한 다른 여러 나라에서도 소개된 바 있다(이러한 것들은 가난한 사람에게만 주로 제한되고 부유한 사람에게는 그렇지 않다). Ferrell(1997)은

> 통금이 성인들 권위의 상징적인 구조들로 자녀들의 문화와 시간적 공간을 감시함으로 보호할 수 있다고 믿는다. 그들은 자녀들(kids)이 그들의 문화와 같은 coffee house, 고함을 지르고, 음악과 품격(style)이 있는 대체 공간을 이해하도록 훈련시킨다.
>
> (p. 27)

3만 명 이상의 인구를 가진 미국의 347개의 도시를 대상으로 설문조사를 한 결과에서(US Conference of Mayors 1997) 5개 중 4개의 도시에서는 저녁에 통금시간이 설정되었고 4개중 1개 비율로 낮 시간 통금도 존재했다(대개 재학 연령에 학교 시간이 적용된다). 시장들은 통금을 범죄에 대항할 수 있는 가장 효과적인 방법이라고 언급했다. 대다수의 사람들이 통금을 갱단 범죄를 피하고 청소년 피해를 피하는 방법이라고 보고 있으며, 낮 시간 통금은 무단결석을 낮춰주는 효과가 있다고 한다.

영국에서는 반사회적 행위 명령(ASBOs: Anti-Social Behaviour Orders)으로 인해서 구류판결을 받게 되거나 또 남을 놀라게 하거나, 괴롭히거나 근심하게 하는 태도를 가진 청소년들을 법으로 통제하는 데도 사용될 수 있다(Muncie 2004: 237). ASBOs(소극적인 노동자계층 가족들로부터 청소년들을 통제하는 필사적인 대책일 수 있다)는 법원에서 피해를 입히지 않았다는 무죄판결을 받지 않은 피의자에게 이 조항을 적용하고 민사 법원으로부터 나온 그들의 태도와 습관을 제한한다: 이들은

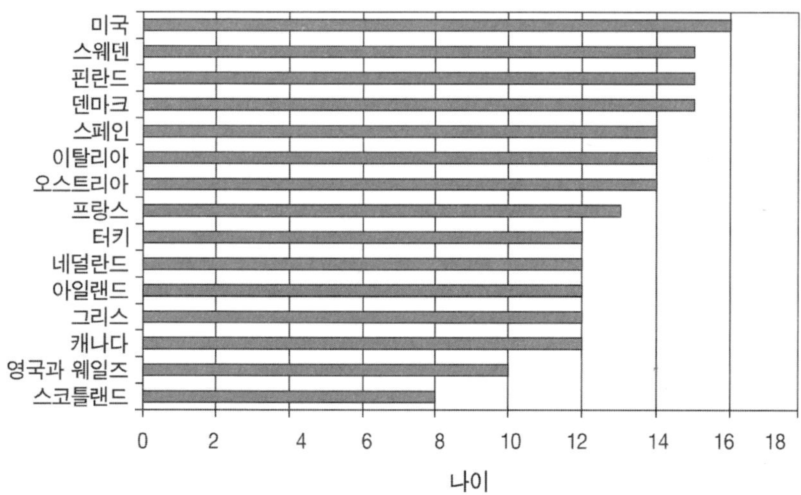

그림 7.1 각국의 범죄적 책임을 지는 최소연령

주: USA is mostly 16, but there is some variation by state.

출처: Scottish Law Commission 2001

특정그룹의 친구들이나 혹은 다른 특정 지역을 방문하면서 교제하는 것이 불가능하다. ASBOs가 모든 나이의 사람에게 동일하게 적용될 수 도 있지만 3/4 가량은 21세 이하의 청소년들에게 부과되어 있다(Campbell 2002).

각 나라마다 범죄에 대한 책임을 물을 수 있는 나이가 각각 다르다(그림 7.1). 가장 적게는 스코틀랜드의 8세에서부터 가장 많게는 미국의 16세까지이다〔노스캐롤라이나주에서는 청소년 범죄의 적용은 6세부터이다(Bishop and Decker 2006)〕. 나이 적용이 어린 나라에서는 형사미성년자(doli incapax) 기소 검사가 가해 청소년이 옳고 그름을 아는지에 대해 증명해야 하는 법 원리를 적용한다. 그러나 청소년에게 어울리지 않을 만큼 심각하고 폭력적인 범죄라면 많은 나라에서는 이러한 청소년들을 어른으로 간주한다(Macallier and Males 2000: 1).

1990년대부터 대부분의 산업국가에서 수감되는 인구가 늘어났다. 1992부터 2001까지 미국의 수감인구는 60%가 증가했고, 영국과 웨일즈, 독일에는 40%가 증가했다(www.prisonstudies.org). 대부분의 국가에서 구류보다는 구류의 대체가 증가하였다(Muncie 2004). 이는 불우한 가정을 위해서 있는 제도이다(Matza 1964). 영국에서는 40%의 남성과 27%의 여성들이 아동기(childhood)에 이러한 경험을 가진 사람들이다(Esmée Fairbairn Foundation 2005).

1998년에서 2003년까지 영국에서는 15~21세까지의 수형자가 66% 증가했다. 그러나 대부분의 경우는 중범죄가 아니었다. 영국과 웨일즈에서는 어느 유럽 국가보다 18세 미만의 범법자들을 더 많이 감금하며 아일랜드에서는 18~21세 인구가 최고치를 보였다(Aebi 2002). 스칸디나비아에서는 청소년들을 감금하는 것이 드물지만 북유럽 국가에서는 일반적이다(그림 7.2). 미국에서는(유엔 협약에서 아동 권리를 승인하지 않은 2개의 나라 중 하나[50], 1989) 17개의 주가 아직도 16세를 처형하는 법이 유효하다.

대중매체가 청소년 범죄와 정치적 경향에 중요한 역할을 하는 것으

---

50) [역자 주] 유엔 아동권리협약(Convention on the Rights of the child, CRC)은 아동을 단순한 보호대상이 아닌 존엄성과 권리를 지닌 주체로 보고 이들의 생존, 발달, 보호에 관한 기본 권리를 명시한 협약으로, 1989년 11월 20일 유엔총회에서 만장일치로 채택돼 2003년 1월 현재까지 소말리아와 미국, 동티모르를 제외한 세계 191개 나라가 비준했다. 대한민국은 1990년 9월 서명하고 1991년 11월 비준했다.

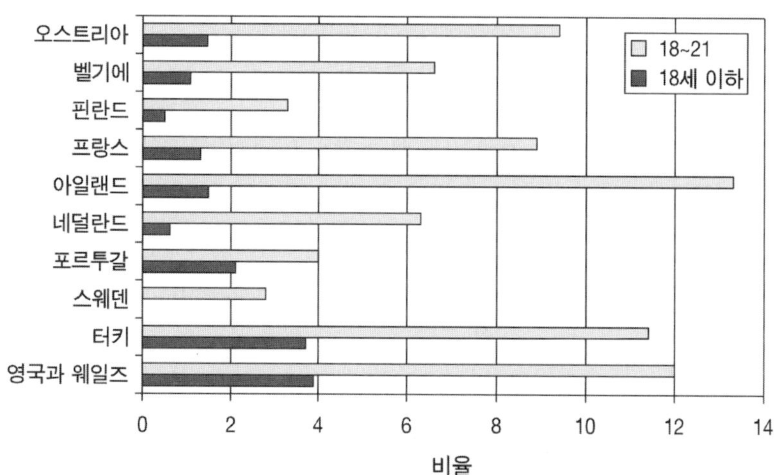

그림 7.2 유럽의 나이별 수감 현황

출처: Aebi 2002

로 알려졌다. 도시 내에서 발생하는 범죄에 대해 대중매체는 청소년들의 범죄율을 증거로 제시하고 있고, 특히 남자 청소년을 향해 집중하고 있다〔특히 망명처를 찾는 사람과 소수민족의 청소년(minorities)〕. 여기서 논하고자 하는 것은, 법과 규제를 이해하지 못하거나, 서구문화에 대해서 이민자들이 적응하지 못한다는 것이다〔파리, 시드니와 버밍햄의 2005년 혼란이 떠오르지만 런던 폭탄 테러에서는 영국국적의 무슬림청소년의 가담이 2세대와 3세대 이민 아동들(children)의 분열로 이어졌다〕. 주말 저녁의 '폭음(binge drinking)'과 거리의 폭력은 반사회적 태도의 증가를 나타내는 기준으로 연결되어 있고 가끔은 신문에서 '건달문화(yob culture)'라고도 일컫는다. 이러한 국면을 지지해 주는 또 다른 특별한 사건은 영국 버밍햄에서 갱단과 연관된 총격전에 의해 죽은 두 소녀의 이야기와, 미국에서 같은 학교 학급 친구를 총으로 사살한 예가 있다.

청소년들이 일으킨 심각한 범죄의 예는 항상 찾을 수 있으며 범죄율이 상승한다는 증거에는 다소 모순이 있고 수집된 통계에 대해 책임 있는 다른 의제가 반영되고 있다고 볼 수 있다. 범죄학자들은 통계를 주의깊게 살피면서 어떤 잠재적인 추세에 대한 현실성에 의문을 갖는다. 특별히, 그들은 범죄율이 요주의 인물들에 대한 감시의 차원이 아닌 전통적 방법인 단속이나 치안유지에 초점이 맞추어진 것과 더 관련이 있다고 보기 때문에 경찰 감시의 중요 대상이었던 그룹의 범죄가 부풀려져 있음을 뜻하고 있다(Coleman and Moynihan 1996; Muncie 2004). 범죄가 자주 경찰들에게 보고되는 것(길에서의 폭행과 같은)은 아니어서 그들은 발견되지 않은 채 남아 있거나〔특히 사기와 같은 지능범죄(white collar crimes)〕, 혹은 경찰에 기록조차 되어 있지 않은(가정폭력 같은)것들이 있다. 감시의 증가(특히 CCTV를 사용한)가 길에서 일어나는 범죄를 더 찾을 수 있게 해 주었고(Christie 2000: Sivarajas et al. 2003), 또 다른 법이 하나씩 제정 될 때마다 범죄 종목들이 하나씩 밝혀졌다: Cohen (2003)은 1997년이래로 창안된 영국의 661개의 새로운 범죄 위반행위들을 지목했다. DNA의 발달로 '지문검사(fingerprinting)'와 같이 중요한 다른 증거물이 한 개쯤 빠져 있을 때에라도 경찰들을 그 범죄에 대해 확신하게끔 해 준다.

보고된 것과 보고되지 않은 범죄들의 관련성을 평가하기 어려움에도 불구하고(Pearson 1983), 영국의 범죄관련 설문조사는 10개중 6개의 사건이 보고되지 않는다고 밝혔다(Nicholas et al. 2005), 그리고 위법행위의 종류 또한 다르게 나타났다. 예를 들면, 2004년, 잉글랜드와 웨일스의 모든 강도들 중 61%가 경찰에게 보고되었지만 47%만 기록에 남겨졌고, 전체의 2%만이 확실하게 유죄판결 통보를 받은 것으로 밝혀졌다(Thorpe and Ruparel 2005). 더욱이 다른 종류의 범죄와 비교해 볼 때, 강도협의는 다수 보고된 편이다(일부는 집과 관련된 보험에 의한 안전요원에 의해 보고된 강도들의 수). 성범죄나 폭력 같은 경우는 보고되고 기록되는 숫자가 훨씬 적다.

범죄보고 양식의 지역적 편차와 함께 그들에 의해 채택되는 관행이나 지역경찰대의 우선순위에 따라 다르게 나타날 수 있다(Smith 1995). 경찰의 분포 형태나 어떤 장소인지에 따라 범죄의 정도가 달라짐에도 불구하고, 노동 근로자층과 얼굴모양을 포함한 소수민족 청소년들이 비슷한 활동을 한 중류층의 청소년들보다 더 많이 구속된다. 특히 유럽이나 북미(Scarman 1981; Waller 1981; Schostak 1983)에서 경찰들은 외모가 백인인지 동양 남자인지, 그리고 경찰과 얼마나 연관이 있는지에 따라 단순한 소동이었는지 아닌지가 결정된다. 예를 들자면, 2005년에 파리, 시드니, 버밍햄에서의 시민혼란이 경찰측과 맞서는 방법에서 적대 행위라고 크게 과장되었을 때, 경제적 불이익에 대해 어떤 그룹들은 고통을 겪어야 했고, 정당하지 않은 감시와 괴롭힘을 당했다고 호소했다.

검찰과 결부된 지역과 변화된 정책들 사이의 모순이 당국의 통계에 영향을 미쳤으며, 희생자조사 또는 자기보고서를 유심히 살펴보면 범죄에 대해 좀 더 정확한 정보를 제공해 준다. 하지만 당국의 통계자료를 쉽게 인정하였을 때 동일한 분쟁에 연루되어 있는 다른 무리의 사람들이 왜곡될 것이며, Lea와 Young(1993)은 조건에 따라, 당국의 통계와 설문자료들이 밀접한 관계가 있다고 주장했다. 영국의 예를 보면 1950년 초까지 거슬러 올라가면 당국의 통계와 희생자 조사 양자에서 범죄의 증가를 보여 주었고, 1990년대 중반을 정점으로 몇몇 나라에서는 주목할 만한 감소가 보고되었다(Flood-Page et al. 2000; Macallair and Males 2000; Palmer et al. 2004; Nicholas et al. 2005).

당국의 통계와 설문조사로부터 증거를 얻어낼 수 있지만, 청소년 범죄의 추세에 대해 결론짓기는 어렵다. 어떤 나라들에서는 범죄의 성장이 계속되고 있지만(오스트리아, 벨기에, 네덜란드와 포르투갈과 같은 나라), 다른 나라들(덴마크, 독일, 스페인, 영국 그리고 미국)에서는 주목할 만한 감소를 나타내고 있다(Macallair and Males 2000; van Kesteren et al. 2001; Barclay and Tavares 2002; Muncie 2004; Nicholas et al. 2005). 많은 나라들에서 폭력에 대한 범죄는 1996년과 2000년 사이에 증가한 것으로 기록되어 있다. 유럽연합에서 전체적으로 폭력범죄가 14% 증가한 반면 스페인은 39%, 프랑스는 36%, 그리고 폴란드는 49%의 높은 결과를 보인다. 유럽연합과 같이 일본도 폭력 범죄율은 상당히 낮지만, 어떤 같은 기간 동안에는 72%나 증가한 적도 있었다. 미국이나 아일랜드는 이 기간 동안 폭력 범죄율이 낮아졌다고 기록되었다(Macallair and Males 2000; Barclay and Tavares 2002). 통계에 초점을 맞춘다면, 잘못된 점이 있을 수 있다. 다른 논평자들은 청소년 범죄가 증가하는 때는 단순히 국가에서 청소년 범죄에 대한 이목이 높아지는 때라고 한다(Estrada 2001). 이런 추세를 중요하게 생각하고 CCTV 감시를 하게 된다면 구석구석의 감시효과를 기록으로 알 수 있을 것이다(Sivarajasingam et al. 2003). 어떤 나라들(영국과 같이)은 청소년 범죄자들을 조심시키고 경고할 때, 범죄율을 줄일 수 있었다.

범죄와의 연관성

범죄적 활동에 휘말리게 되는 것은 청소년기에 일반적인 것이며, 범죄가 전부 기록되어지는 것은 아니다. 2001년 영국에서는 10~17세의 2%가 유죄로 입증되거나 경고를 받았고(Bynner et al. 2004), 그 중 80%는 남자 청소년이었다(Muncie 2004). 이 결과는 북유럽 나라들의 전형적인 모습이다. 범죄가 유죄가 되기 전에, 어떤 사람은 경고에 그치고 모면된다. 유죄임을 선고받은 여자나 남자 청소년, 또는 전에 경고를 받았던 사람들 중에 다수는 도둑질이나 강도, 절도 등에 가담되었다(Bynner et al. 2004). 소수의 여자 청소년들은 절도죄로 유죄나 경고를 받았고, 비슷한 수의 남녀 청소년들은 폭력으로 인해 유죄를 선고 받았다.

영국과 웨일스에서 청소년들에 대한 연구를 보면, Beinart와 동료들(2002)이 청소년 범죄에 대해 어떻게 묘사했는지 알 수 있다. 거의 2명 중 1명의 11~17세가 법을 어기는 것에 대해 수용하고 있었으며, 3명 중 1명의 14~15세에 가게에서 물건을 훔친 경험이 있다고 하였다. 5명 중 1명의 15~16세는 상대가 심각한 상태에 이를 정도로 공격한 적이 있다고 하였다. 14~25세 사이를 보면, Graham과 Bowling(1995)은 5명 중 1명의 남자 청소년들은 물건을 훔치거나, 싸우고 있는 무리에 참여하였거나, 공공장소에서 소란을 일으켜 본적이 있다고 하였다. 가중한 범죄에 연루되는 것이나 끊임없이 폭력을 저지르는 경우는 드물지만, 도둑질이나 마약남용의 경우는 예외이다(Summerfield and Gill 2005).

청소년들의 마약남용은 일반적일 수도 있다. 1990년대 중반부터 코카인의 남용은 증가한 반면, 다른 종류의 마약(LSD나 암페타민[51]; Roe 2005)은 감소했다. 1990년대와 2000년대 유럽국가에서는 마약 남용으로 인한 체포가 급속도로 늘어났고 인구[52] 10만 명 중 1명이 마약을 남용하고 있는 것으로 밝혀졌다. 이것은 오스트리아, 벨기에, 핀란드, 스페인 그리고 영국보다 3배나 높다(United Nations Economic Commission for Europe 2003). 마약(그 중에서도 중독성이 없는 환각제; 'soft' drug)을 과도하게 남용하는 것은 다른 종류의 나쁜 행동들과 관련될 수 있다. 많은 청소년들은 현재로서는 경찰을 경계하지만(첫 번째 위반까지) 그 후에는 전보다 더 막다른 길로 치닫는다. 몇몇 나라들에서 중독성이 없는 환각제('soft' drugs)는 공식적으로 해금되었거나 이것들의 소지는 가벼운 죄가 되었지만, 강한 성분의 마약('hard' drugs)의 복용과 반응(다량의 알코올 사용뿐만 아니라)은 계속적으로 위법이거나 위험하게 하는 유력한 예고지표가 된다(Flood-Page et al. 2000). 예를 들어 소유권과 관련된 범죄의 증가는 헤로인사용의 증가량과 연관이 있다. Parker와 동료들(1988)은 예를 들어 강도 사고가 증가한 불우한 조건의 실직 청소년들이 사는 지역에서 헤로인 사용의 증가는 서로 관련이 있다고 주장하고 있다.

---

51) [역자 주] 암페타민(Amphetamines): 중추신경과 교감신경을 흥분시키는 작용을 하는 각성제. 식욕을 억제하는 효과가 있어서 미국에서는 비만증 치료에 쓰인다. 또한 암페타민 성분을 기초로 하는 마약을 통칭하여 암페타민류라고 하는데, 주요 암페타민류에는 암페타민, 덱스트로 암페타민, 메스암페타민 등이 있으며, 이중 시중에서 불법 유통되는 암페타민류는 대부분 메스암페타민이다. 암페타민류는 1887년부터 각성제 또는 식욕 억제제로 사용되었으며, 아드레날린 및 노르아드레날린과 같은 호르몬을 평소보다 많이 분비시킴으로써 흥분효과를 일으킨다. 약효는 최고 24시간까지 지속되며 약효가 사라지면서 우울증을 수반한다.

52) 모든 연령의 숫자임.

약물에 의해 영향을 받는 동안, 사용자들은 그들의 행동이나 마약 습관에 대해서 깨닫지 못하는 경우가 많다(Lyon 1996). 잦은 약물 남용이 범죄를 유발하는 이유는 중독으로 인해 재정적으로 여유가 있어야 하기 때문이다. 그러나 이들은 '강한 성분의 마약('hard' drugs)'의 해금을 주장하며 그들의 논리가 옳다는 것을 증명하기 위해 범죄의 수준을 효과적으로 표현하려고까지 한다. 아직까지 Hammersly와 동료들은 opioids[53]의 사용증가가 범죄행동들과 간접적인 연관이 있다고 언급했다(1990: 19). 그들은 헤로인의 가격과 중독성이 또 다른 범죄와 연결된다고 결론지었다.

많은 나라에서 14~25세 사이의 청소년들 중 특히 나이가 어리거나, 흑인 남자 청소년들(Farrington 1990; Muncie 2004)의 경우 거의 절반이상이 법률이나 규칙을 위반하는 경향이 있다고 한다. 노동자계층의 가족들에게서, 그들이 살고 있는 지역에서의 복합적인 박탈감과, 그들 부모들의 이혼과 학교로부터 무단결석의 내력에 따라 청소년들의 유죄가 더 많았다(Farringon 1990; Bynner et al. 2004). 다른 요소들은 부족한 교육적 수행(그리고 특별히 부족한 읽고 쓰는 능력과 셈하기), 가족의 빈곤과 이웃들의 빈곤, 지역적인 높은 실업률, 무질서한 가정생활 혹은 어버이의 무관심 등이 유죄판결과 연관 지어 생각할 수 있다(Bynner et al. 2004).

범죄와 관련된 공적인 통계들이 사회계층과 형사상의 유죄판결을 강조하는 동안, 이러한 범죄들이 조사 자료에 의하여 항상 지지되지는 않는다(Graham and Bowling 1995; Hagan et al. 1996). 그리고 남녀 청

53) [역자 주] 모르핀, 헤로인 따위와 동일한 효과가 있는 합성 진통제.

소년들의 가장 다른 점은 설문 조사에서 나타났는데, 자기보고 자료를 활용하여 Graham과 Bowling(1995)은 영국의 14~17세 중 남녀 청소년들은 비슷한 종류의 범죄 이유가 물욕과 폭력 때문이었다고 한다. 이런 모순은 다른 종류의 법적 대응과 조치, 그리고 성별에 따른 행동 때문에 나타난다(비록 나이든 청소년 그룹에 속해 있어도, 남자 청소년들은 범죄 활동이 더 큰 수준이었다고 보고되었다). 행동에 따른 성(gender) 차이보다 우선하는 것이 오히려 법 집행의 불일치 양상들이다.

청소년들의 도덕적 문제로 인해 유죄 판결이나, 기소, 구금 등이 증가함에 따라, 경찰들의 행동 조치 또한 달라진다. 소수민족들은 보통 도심에 살고 경찰의 보호에 의존하는 경향이 있다(Fitzgerald 1993). 2004년 미국에서는 20~24세의 남자들 중 6.2%의 미국 흑인 계열이 감금 된 반면, 라틴 아메리카 계열은 2.4%, 백인계열은 0.9% 밖에 되지 않았다(미국 사법부; US Department Justice 2005). 루이지애나에서는 놀랍게도 투옥되었던 청소년들 중 미국의 1/3이 흑인계열임에도 불구하고 78%가 흑인이었다(루이지아나의 청소년사법부; Juvenile Justice Project of Louisiana 2005). 호주에서도 지역 원주민들이 19배나 더 감금되는 경우가 많았다(Blagg 1997).

영향력 있는 영국의 왕립 범죄 사법 심의회(Royal Commission on Criminal Justice; Fitzgerald 1993)에서는 대부분 흑인들에게서 심각한 범죄가 일어나고 투옥된다고 보고한 바 있다. 이러한 자료들은 청소년 연령층의 흑인과 백인을 비교했을 때를 포함한 것이고, 그중 대부분은 노동자계층의 가족이거나, 교육을 제대로 받지 못함에 따른 학식부족, 높은 실직율과 그들이 사는 지역적 특성과 관련된 흑인 청소년들에게 집중되었다고 한다. 백인들의 범죄행위까지 관련지어 포함시켰다. 아무리

합법적인 일이라고 해도 유죄 선고와 엄격한 판결이 예상되는데, 이것은 죄를 시인하지 않은 것까지 포함한 것이다(만일 유죄가 입증되면 그들에게 계고와 긴 형량의 판결을 유발하여 부자격자로 만든다). 이것은 중대한 범법행위로, 형사재판소(Crown Court)에서 흑인 청소년이 연루된 사건들은 전과의 수와 보다 더 특정한 의도를 가지고 치안 판사에게 회부된다. 미국에서는 흑인 남자 청소년들이 소년재판소(juvenile court)에 조회된 그들의 백인 동료들보다 훨신 더 많다(Bishop and Decker 2006).

청소년층 사이에서 범죄 행위의 증가를 부풀린 경향이 있다는 일부 증거가 있다. 그것은 생애주기에서 청소년기가 연장되어 범죄에 휘말린 기간이 늘어났기 때문이다(Rutherford 1992; Graham and Bowling 1995). Graham과 Bowling은 '청소년들이 범죄로부터 벗어나게 되는 것이 성장과 관련이 있다면, 많은 사람들이 적어도 그들의 20대 중반까지는 그렇게 되는 것에 실패할 것이다. 왜냐하면 그들이 성장하면서 범죄를 벗어나서는 살 수 없기 때문이다'(1995; 56). 하지만 우리는 아직 오랜 기간 동안 범죄에 노출되는 것이 더 심한 범죄를 유발하는지 아니면 단순히 사소한 불쾌감이나 미래에 대한 불안의 결과로서 나타나는지 결정할 수 없다. 범죄학자들은 청소년들의 불법 행위에 대한 연루가 그들이 일과 가정환경에서 더 큰 책임을 얻게 되면서 점차 줄어드는 경향을 보인다고 말해 왔다. 하지만 또 다른 증거로는 나이가 들면서 눈에 보이는 거리에서 일으키는 범죄(폭력과 자동차 범죄)에서 눈에 보이지 않는 범죄(강도나 사기)로 변하는 것에 관련이 있다고 한다(Graham and Bowling 1995). 즉, 나이 많은 청소년들의 낮은 범죄율은 그들이 범죄와의 연루가 끝났기 때문이 아니라 체포나 청소년 범죄에 대한 유죄판결과 관계있다.

똑같이 가정이나 직장의 책임이 있더라도 나이 많은 청소년들이 더 어린 청소년들보다 범죄 활동과 관련될 가능성이 적다(Rutherford 1992; Sampson and Laub 1993). 게다가 직장이나 다른 사람에 대한 헌신이 종종 공격적 성향의 감소와 관련이 있다(Parker 1974; Shover 1985; Sampson and Laub 1993). 결과적으로 핵심적인 변화를 만드는 것이 지연될수록 범죄적 성향의 증가가 보여 진다. 청소년들은 그들이 그들의 인생에서 다른 충족감을 얻을 수 있는 영역을 찾거나, 일이나 가족 내에서 자신들의 책임을 갖게 되면서 점점 범죄 활동에 관련되는 것이 줄어든다. 특히 여자 친구와의 관계는 남자 청소년들의 위험성을 현격하게 줄여줄 수 있다(Coles 1995; Graham and Bowling 1995). 하지만 지금 현재 남자 청소년들은 안정적인 일자리를 구하기 힘들어졌고, 여자 청소년들은 남자 청소년들이 안정된 직업이나 확실한 장래성을 갖고 있지 않으면 지속적인 관계를 유지하고 싶어 하지 않는다(Wallace 1987; Hill 1995). 전체적으로 학업의 연장과, 가정과 주거환경의 변화가 남자 청소년들에게만 해당될 것 같은 법을 어기는 일들이 18세 이상 연령군에서 성별에 관계없이 공통적으로 나타났다(Graham and Bowling 1995). 이 관점에서 변화의 실패가 사회적 소외와 지속적 범죄에서 벗어날 수 없게 한다.

이 글에서, 변화의 경험이 범죄에 있어서 성(gender)의 차이와 어떠한 연관이 있는지를 보여 준다. 다양한 분석을 통해 Graham과 Bowling (1995)은 영국에서의 성공적인 학업 완료와 가정과 주거환경의 변화가 여자 청소년들이 비약적이며 의식적으로 범죄에서 벗어나게 한다. 반면에 남자 청소년들의 경우는 여자 청소년들에 비해 천천히 범죄로부터 벗어나가고 중요한 변화를 한 후에도 동료들로 부터의 압력 속에 남아 있기 쉬운 경향을 보인다. 청소년들의 실업 또한 범죄 행동과 연관되며, 실업자는 더욱 심각하고 지속적인 범죄자가 될 확률이 높다(Farrington et al. 1986; Flood-Page et al 2000). 올네수부와(Aulnay-sous-Bois)[54]는 2000년대 중반에 폭동[55]의 현장이었던 파리 교외지역 중 하나로, 청소년 실업이 40%인 것으로 보고되었다(Henley 2005b). 유사한 경험을 통해 황폐해진 시드니의 레드펀(Redfern)[56] 구역은 비록 도시일지라도 비율이 낮아 원거주자 4명 중 1명이 실직하였으며, 경찰에 의하여 쫓기던 십대의 죽음 후에 거리폭력과 문화파괴 행위를 경험하였다.

---

54) [역자 주] 파리시에서 북동쪽으로 12km 떨어진 도시.

55) [역자 주] 2005년 10월 27일 저소득층 거주지인 파리 북동쪽 외곽마을 클리시수 부아(Clichy-sous-Bois)에서 검문을 피해 달아나던 15세와 17세의 소년 두 명이 송전소 변압기에 감전되어 사망하면서 촉발된 사건으로, 주로 아프리카와 아랍계 저소득층 이민자들에 의해 주도된 폭동으로 파리지역 20개 도시까지 확산되었으며, 올네수부와는 상황이 가장 심각한 도시였다.

56) [역자 주] 2004년 2월 15일 저녁 호주 시드니의 레드펀(Redfern) 기차역 주변에서 일어난 시위로 Thomas Hickey(일명 TJ, 17세) 군의 죽음에 대한 진상규명을 요구하는 인근 지역 원주민들에 의해 일어났다. 목격자들에 따르면 14일 TJ는 경찰들에게 쫓기고 있었다고 했으며, 경찰은 그날 오후 발생한 좀도둑 용의자를 쫓고 있었을 뿐 TJ를 쫓지는 않았다고 했다. 그러나 TJ의 어머니와 친구들은 "TJ가 자전거에서 넘어진 것은 경찰의 추격 때문이었다."며 경찰관들이 그를 밀어서 넘어지게 한 것에 대해 경찰 측의 과오를 주장하고 있으나, 경찰은 관련 사실을 부인하고 있는 상황에서 15일 TJ가 숨지자, TJ와 같은 원주민 청소년 100여 명이 같은 날 저녁 레드펀 역 앞에서 시위를 벌이게 되었고, 깨진 보도블럭과 화염병이 밤하늘을 가르고 물대포의 응사가 이어지고... 시위는 16일 새벽까지 계속되었다.

또한 직업 속에서 경험을 갖기에 앞서 범죄에 연루되었던 사람들은 직장을 찾는데 대부분 고용자의 차별 때문에 어려움을 겪는다. 이러한 환경에서 범죄적 경력이 강화되고 지속되는 것과 실업이 관계있다고 제기하고 있다(Hagan et al. 1996). 실업이 범죄활동을 증가시킨다는 이론을 뒷받침하는 증거가 있는데, 이러한 연관성은 수많은 다른 방법들로 설명 된다(Tarling 1982; Hagan et al. 1996). 한편, 범죄의 증가가 정당한 기회 구조의 붕괴를 반영한다는 주장이 있다; 또 '좌파 현실주의자(left realists)'들은 범죄를 가치박탈과 연관시킨다. 예를 들면 Lea와 Young(1993)은 경제적 생활 속에서 피할 수 없는 불만과 좌절의 결과로부터 범죄가 발생한다고 주장했다. 범죄에 연관되게 된 이유에 대한 질문에서 80% 이상의 유럽연합국의 청소년들이, 실업과 가난이라고 말했다(European Commission 2003b).

많은 수의 저자들이 남자 청소년들의 범죄적 변화는 경제적 맥락에서 남자다운 자아를 형성하기 어렵기 때문이라고 연관 짓고 있다. 교육적 참여가 높아지면서, 남자 청소년들의 학문적 성과의 실패가 주로 그들의 남자다운 자아를 좌절시킨다고 보여 진다(Messerschmidt 1994; McDowell 2003). 게다가 노동적 고용 기회의 감소가 요즘 남자 청소년들이 그들의 남자다움을 범죄적 공격과 같은 다른 방법으로 정의하도록 강압한다고 볼 수 있다(MecDowell 2003). 낮은 교육을 받은 사람에게는 범죄에 연루되는 것이 동료들 사이에서의 주목을 받으려는 자존심 증진의 결과로 보여 진다(Bynner et al. 1981).

범죄의 진행

Graham과 Bowling(1995)에 의하면 영국에서 남자 청소년 혹은 여자 청소년들이 첫 범죄를 저지르는 나이가 13세이며, 남자는 18세에, 여자는 15세에 더 심해진다(Muncie 2004). 예를 들어, 자동차와 관련된 범죄 행위를 저지르는 아이들은 보통 나이가 더 많은 청소년들과 함께 움직이며 주로 13~14세에 첫 범죄를 행하게 된다(Nee 1993). 범죄학자들은 이처럼 작은 집단으로 형성된 범죄활동에 대한 뚜렷한 양상이 있다고 생각하며 그들이 서로 어울리기 위한 표준이나 기준에 적응하기 위함이라고 주장한다(Sutherland 1949). Bynner와 동료들(2004)은 실업률이 높고 아버지가 없는 환경에서 자란 아이들이 범죄와 연관된 청소년들을 본보기로 삼는다고 생각하지만, Sutherland는 개개인의 범죄행위가 친구들 사이에서 받아들여지기 때문이라고 한다. 비록 Sutherland의 주장이 비판을 받곤 하지만, 동료가 범죄에 확연하게 영향을 미치고 있음이 입증되었다(Graham and Bowling, 1995).

다른 관점에서 본다면, Gottfredson과 Hirschi(1990)는 안정적이지 못한 가정 분위기에 의해 친구들과 많은 시간을 보내기를 결정하는 청소년 집단 안에서 이러한 범죄 현상이 영향을 준다고 생각하는데, 통제 이론가(control theorist)인 McQuoid는 북아일랜드의 자기보고 자료를 이용하여 청소년들은 가장 좋은 시간을 친구들과 보내고 있으며, 가족들과의 관계는 '혼란(chaotic)'스러워진다고 했으며,

> 비행 청소년은 어른들의 관리가 부족하며 열심히 일하는 것을 중요하게 생각하지 않는다. 주로 하류층 가정에 속한 학생들과 연관되며 그

들은 학교를 일찍 포기하고 비슷한 처지에 놓인 다른 학생들과 집단을 형성하게 된다.

(1996: 98)

Gottfredson과 Hirschi(1990)는 부모의 관리가 철저하지 않은 청소년들이 쾌락과 돈 버는 재미로 법을 위반하는 일에 빠지기 쉽다고 주장하였다. 하지만 동네의 환경에 의해 범죄의 기회가 주어질 가능성도 있다. Parker(1974)가 예를 들기를, 리버풀 도심부에서 살고 있는 청소년들은, 고객들과 노동자들이 자리를 뜨면 그들의 자동차 부품을 훔치는 경우가 있었다. 또한 그들은 서로 간에 연결 고리가 있어서 훔친 것을 팔기가 너무 쉬웠다. 또한 범죄가 높은 지역에서는 절도와 같은 행위가 달갑지 않게 여겨지기보다 오히려 그 지역 사회에서 적합함으로 취급 된다(Mays 1954; Downes 1966). 그러나 이 모든 내용들이 다소 설명이 부족한 이론들이다. 예를 들어 Brownfield(1996)는, 이 이론들이 문화적, 구조적 요소들을 한 줄기로 개념화 시키는 데에 성공하지 못했다고 했다.

범죄학자들은 범죄활동과 합법적인 기회 접근의 제한에 대해서 말한다. 이 제한 때문에 나쁜 일을 하기 쉬우며 비행 청소년이 될 수 있는 결과를 낳는다. 청소년들이 일자리를 잡지 못하기 때문에 불확실한 직업을 선택하게 된다. 능력이 부족한 그들은 자유로운 생활과 원하는 물건을 사기 위해 범죄의 길을 선택하는 것이다. 자동차 범죄에 연관된 그들은, 결혼하여 가정을 이룸에도 불구하고, 교도소에 가기 전까지는 그 생활을 그만두지 않는다(1994: 1180). Hobbs(1989)는 청소년들이 가족과 이웃을 연관시킨 기업 형식의 범죄를 한다고 말했다. Pryce(1979)는 캐러비안계 흑인(African-Caribbean) 남자 청소년들이 '난폭한(hustling)'

이유는 합법적인 사회 속에서 기회를 가질 수 없는 좌절감을 극복하기 위한 것이라고 한다(pearson 1994).

Brixton 폭동[57]에 대한 Lord Scarman(1981)의 보고서에서 흑인 청소년들의 진일보한 자본주의에 대한 분배가 관심을 끌었다. 그렇지만 그 결과는 인종차별정책과 높은 실업률에 의해 좌절되었다. 이 내용은 상대적 박탈에 대하여 '좌파 현실주의자(left realists)'의 전망보다 사회적 규범과 열망, 그리고 차별화에 따른 격차로 Morton(1969)의 논의가 강조되었다.

비록 상대적인 박탈과 범죄 사이에 중요성은 있지만, 청소년 범죄자들은 기회주의자들이며 주로 이익을 위해 범죄를 하는 경우는 드물다. 대부분의 청소년들은 지루함을 없애기 위해 범죄를 한다: 그들에게 돈은 중요하지 않다(Nee, 1993). Coles에 의하면 이른 청소년 범죄는 주로 자발적이며, 기술이 필요 없고 친구들 간에 재미를 위해 저지른다고 한다(1995: 185).

범죄의 피해자인 청소년

청소년들에 의해서 이루어진 범죄가 상당한 비율을 차지하지만, 그들 대부분도 피해자들이란 걸 인식할 필요가 있다. 많은 연구들은 아동이나 청소년들이 범죄자들이라고 하여 초점을 두지만, 소수의 저자들은 청소

---

57) [역자 주] 영국 런던 남부 Brixton에서 1981년 4월 10~12일에 걸쳐 일어난 대규모 폭동으로 경찰 약 300명과 시민 65명이 중상당한 사건으로 백인 경찰이 흑인을 과잉 진압하는 과정에서 인종차별 문제가 불거지게 되었다.

년들은 성인들이 범한 죄의 피해자, 경찰들의 괴롭힘 피해자라는 걸 인식한다. 많은 범죄 행위가 청소년에게 있다는 것은 심각한 편견이라는 것이다.

청소년 피해를 관점으로 한 함축된 연구결과가 몇몇 있다(Anderson et al. 1994; Maung 1995; Lemos 2004; Muncie 2004). 영국 학생 1/3은 밤에 혼자 다니는 게 불안하게 느껴진다고 말하며, 1/4은 절도, 5%는 무기와 관련된 범죄에 대해 우려한다(Lemos 2004). 여자 청소년들은 특히 누군가에 의해 공격당할 것을 걱정한다. Maung(1995)이 본 영국 범죄 조사서(British Crime Survey)에 의하면, 12～15세의 여자 청소년 중 48%는 낯선 사람에 의한 성폭행을 걱정하고 있으며, 56%는 성적 괴롭힘에 대해 걱정한다. 몇몇들은 도둑질 혹은 강도에 대한 염려가 있었다(차례대로 35%, 22%). 같은 나이의 여자 청소년들이 남자 청소년들보다 더 걱정하는 것으로 밝혀졌다: 31%가 성적 괴롭힘, 28%가 낯선 사람에 의한 강간, 24%가 강도 그리고 15%가 도둑에 관한 것이었다. 범죄율이 높은 도시에서는, 캐러비안계 흑인(African-Caribbean)과 아시아계 청소년들이 범죄의 피해자가 될까 봐 우려하는 경향이 높다. 청소년들의 걱정은 그들이 어디에 가서 시간을 보낼지에 대해 영향을 준다. 특히 여자 청소년들이 남자 청소년들보다 걱정을 더 많이 하기 때문에, 그들은 친구들과 같이 다니고 특별한 이동 수단을 선택하기도 한다(Hough 1995).

피해자가 될까봐 걱정하는 것이 피해자 되는 것과는 연관이 없을 수도 있다. 하지만 그들이 하고 있는 정신적 걱정은 건강에 영향을 미친다. 그들은 종종 무서워하는 곳은 피하며, 가능한 한 공격에 대비를 한다. 영국의 16세인 14,000명 학생의 1/4이 식칼을 들고 다녔다고 하며, 1/5이 사용했다고 한다(Lemos 2004). 산업화된 17개 국가의 범죄 통계를 보고 van Kesteren(2001)과 동료들은 사용된 무기 중에 1/4은 협박 위주로 썼다고 했다.

범죄의 경험 때문에 청소년들은 겁에 질리기도 한다. Anderson과 동료들이 인터뷰한 11~15세 청소년들 중의 절반은 길거리에서 강도한테 당한 적이 있었다(BSC, 2000). 대개는 16세보다 어린 가해자들이었고: 피해자 중 남자 청소년의 10%, 여자 청소년의 17%의 경우에만 가해자들이 21세 이상이었다(Anderson et al. 1994). 조사에 응한 여자 청소년들 중 2/3는 성인들에게 괴롭힘을 받은 적이 있다고 했으며, 가끔 누가 차로 혹은 도보로 따라왔다고 말했다. 2002년에 학교 청소년(school children) 5,000명을 대상으로 조사한 결과, 1/3이 학교 폭력을 당했으며, 1/3은 학교에서 자기의 소지품을 빼앗겼다고 한다(MORI, 2002a).

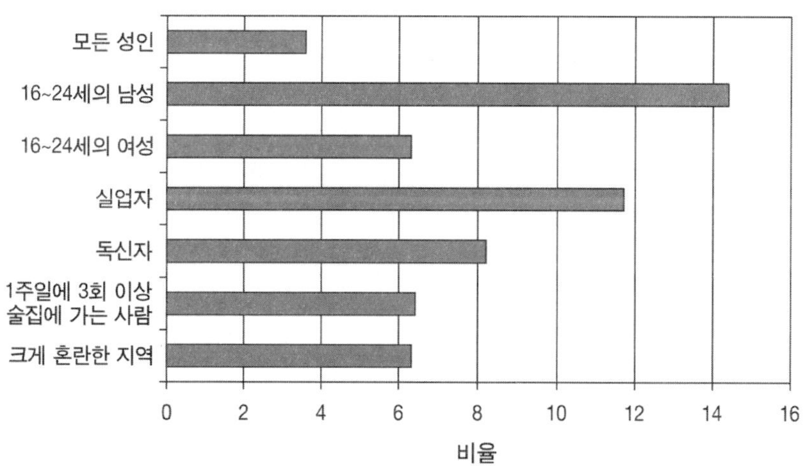

그림 7.3 영국(2004/05)에서 자신의 유죄를 인정한 사례

출처: Nicholas et al. 2005

영국에 16~24세의 남자 청소년들은 예전보다 4배, 여자 청소년들은 2배로 피해자가 늘었다(Nicholas et al. 2005)(그림 7.3 참조). 그 이유로는 술집을 일주일에 한번 이상 가거나, 실직, 또는 혼자 다녔기 때문이라고 한다(Nicholas et al. 2005).

각국마다 폭력에 의한 위험성은 다르다. 미국 국가 범죄 피해조사(USA, National Crime Victimization Srvey)에 의하면 피해자의 1/5은 12~17세이며 어른에 의해 공격당할 확률이 2배로 크다(Bishop and Decker 2006). 반면에 흑인은 백인에 비해 2배로 심각한 폭력에 의한 피해자가 된다(미국 사법부; US Department of Justice 2005). 연구에 따르면 피해자율이 높은 나라는 산업화된 17개국(van Kesteren et al. 2001) 중 호주, 영국 그리고 웨일스, 캐나다이며 낮은 나라는 일본, 포르투갈 그리고 미국이다(그림 7.4 참조). 청소년을 상대로 한 범죄가 흔하지만, 경찰에게 알려지는 것은 소수에 불과하다고 한다. 성인들의 1/3 이상은 폭

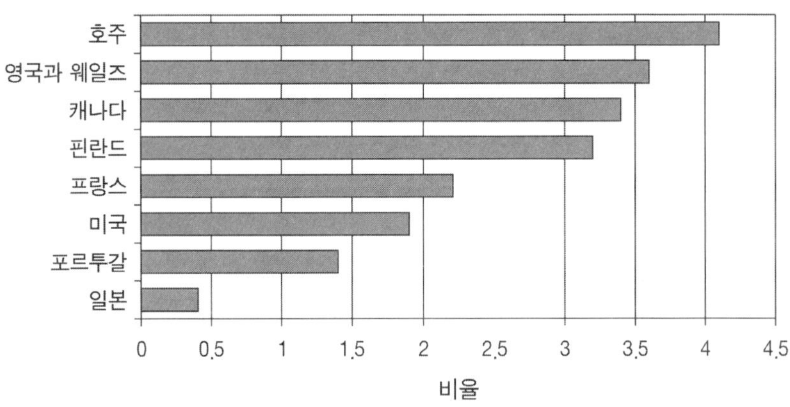

그림 7.4 절도나 성추행, 폭행을 당한 피해자: 선택된 나라들, 1999

출처: van Kesteren et al. 2001

력, 절도를 보고하지만, 16~19세의 청소년 중에는 14% 정도가 보고했다고 한다(Maung 1995). 상식적으로 Anderson과 그의 동료들(1994)은 11~15세 중 14%가 폭력을 보고 한다고 했다. 아시아계와 흑인 청소년들이 백인 청소년보다 폭력 당한 것에 대한 보고를 회피하는 것으로 드러났고, 그 이유는 인종의 차이 때문이라기보다 주위 환경을 고려해야 하기 때문이라고 Maung이 말했다. 그들은 경찰에 보고하기보다는 종종 친구들에게 말하며 부모에게 알린다(Anderson et al. 1994; Maung 1995). 하지만 여자 청소년들이 성폭행을 당한 경우에 부모에게 알리기를 꺼려하고 아동학대는 '보이지 않는 범죄(invisible crime)'라고 인식한다.

청소년을 범죄의 원인이라고 생각하는 인식이 높기 때문에, 그들 스스로가 피해자라는 사실은 늘 뒷전이다. 그들도 빈번히 범죄의 대상이고 두려움 때문에 하루하루의 행동에 영향을 미치기도 하는데 말이다. 특히 여자 청소년들은 자신들에게 폭력이 가해지더라도 알리기를 피한다. 혼자 집밖에 나가는 것이 시간에 의해 제한되기도 하고 자유를 만끽하지 못하는 경우도 많다. 성인들은 '무법(lawless)' 청소년이라고 걱정하지만, 많은 범죄들이 청소년을 대상으로 어른들에 의해 행하여지고 있다.

결 론

많은 청소년들이 범죄 행위들과 관련 되어 있고, 벌써 몇몇은 범죄로 인해 피해자가 되어 있다. 이 장에서 말한바와 같이, 범죄 행위의 반복이 사회적인 체제 때문이라고 보는 것은 옳지 않다. 청소년들은 항상 불법적인 행동이나 활동들에 빠지기 쉬운 존재이다. 이전의 청소년 세대 또한 이런 비슷한 활동을 한 적이 있고, 그들 스스로도 경찰에게 무시당하거나 어른들을 화나게 하는 요소가 되기도 했다(Pearson 1983). 범죄적인 일들이 점점 늘어감에도 불구하고, 청소년들의 심각한 범죄 사건들이 늘어난다는 사례는 적었다.

여러 관심들 중에서 현재 범죄의 문제는 실제 사례보다 대중매체에서 어떻게 다루어지느냐 따라 다르다. 게다가 Hough는 1980년대에 범죄로 인한 공포가 또 다른 범죄를 낳는다고 말했다(1995: 4). 대중매체는 청소년 범죄를 법적으로 얼마나 다룰 수 있는지에 대해 중점을 두고 있다. 하지만 늘어가는 범죄에 대한 공포감은 모든 사람과 관련되어 있다고 Box와 동료들이(1988) 언급한 바 있고, 그들의 상호 관계가 어떻게 변할 수 있는지에 따라서 범죄에 대한 공포감이 생긴다고 한다. 또한 범죄적인 근거가 전혀 없는 청소년들의 권리 박탈에 대해서도 언급할 수 있다. 이 장에서는, Giddens(1991)의 수준 높은 현대의 중요성을 말하는 것: 사회적으로, 범죄에 대한 공포를 느낀다거나, 범죄로 인해 피해자가 되는 것, 그리고 범죄에 말려들게 되는 일은 없어야 한다. Giddens가 말했듯이 대중매체를 통해 보여 지는 것들; 범죄로 인한 결말과, 불안정함, 불신과 같이 위험 요소들에 대한 견해는 각각 다르다. TV에서 나오는 폭력이 그들이 사는 주변에서 나타나는 일인지 아닌지에 따라, 상황이 다르게 받아들여진다(Gunter 1987). 그리고 또한, 가난하고 낙후된 지역에서는 도시지역보다 혼자 외출을 하는 것에 대해 더 큰 공포를 느끼게 된다(Hough 1995).

현대 생활에서 청소년 범죄는 궁핍, 그리고 범죄 요소들과 관련이 있다. 보통 이런 범죄로 인해 이 그룹(노동자계층과 흑인, 아시안 남자들)의 남자 청소년들은 다른 사회 계층의 사람들보다 체포되는 경우가 많았다. 범죄에 대응하기 위한 경찰들은 이것들과 깊은 연관을 갖는다. 경찰들이 감시하는 대상 중 하나가 보통 불이익한 사회그룹의 사람들이기 때문인데 예를 들면 경기 불황이 발생할 경우도 있고, 이렇게 되면 범죄율은 더 높아만 가게 될 것이다.

청소년들이 어른들보다 더 특정한 분야에서 범죄를 저지르기도 하는데, 대부분이 사소한 일이나 서로의 관계 사이에 있는 것들일 뿐이다. 가장 큰 변화는 이런 과도기가 지속된다는 것이고, 이런 과도기의 연장으로 인해 사회에서는 청소년들의 책임감이 적어지게 만들고, 많은 시간을 동료들하고만 허비하는 것이 될 수 있다.

또 다른 변화는 범죄의 영향이 청소년들의 문화와 소비자 중심주의를 같이 성장하게 만드는 것이다. 1950년대와 1960년대의 청소년 시기는 부유하기만 했다. 특히 노동자계층의 청소년들이라도 학교를 마친 후에는 높은 임금을 받을 수 있었기 때문이다. 지금은 몇몇의 청소년들만이 옛날과 같은 직업을 얻을 수 있고 대부분은 소비문화에서 장기적으로 소외되는 위협을 받기도 한다. 대부분의 청소년 범죄가 어떤 수단을 위한 것이 아닌 표현주의적인 것이지만, 범죄학자들은 청소년들이 범죄를 타당하다 생각하고, 그들의 소비문화에 반영된다고 느끼기 때문에, 상대적 결핍이 그들의 범죄행위를 발달시키고 지속된다고 언급하는 것이다.

제 8 장

정치와 참여

선거에서의 승리를 위하여 끝없이 팔씨름을 하고 있는 듯한 두 개의 주류 정당들은 나와 같은 청소년들에게 과일 시리얼과 코코팝스 중에서 선택할 수 있는 권리 이상의 것을 제공하지 않는다—두 가지 모두 사카린이며 속은 비어 있고 영양학적인 가치에서 의심을 받고 있다.

(호주에서의 2004년 선거 캠페인 이후 청소년 저널리스트: WWW.onlineopinion.com.au/view.asp?article=3012)

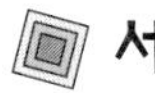 서 론

청소년들의 삶이 상당히 많이 변화되었음에도 불구하고, 사회 계층이라는 전통적인 형식들이 고도의 현대사회에서 삶의 기회들을 이해하는 핵심으로 여전히 자리하고 있다. 동시에, 삶의 경험들과 양식들이 점점 더 개별화되어감에 따라 사회 구조들이 미치는 영향에 대한 주관적인 인식이 감소하였다. 오늘날 청소년들은 집단 경험의 중요성에 대한 인식이 매우 부족하며, 이러한 변화는 정치적 행위의 변화와 관계된 것으로 볼 수 있을 것이다.

청소년들의 정치적 지향(political orientations) 속에서의 변화를 기술하는 과제는 표면적으로는 간단하게 보인다. 하지만 성인들의 정치적 행위의 변화에 관한 정보는 풍부한 반면, 청소년들에 관한 연구는 정치학자들에 의해 대부분 무시되고 있으며, 이에 대한 연구결과는 매우 빈약하다.[58] 그 이유는 정치학자들이 고령인 투표자 그룹들과 비교해 보았을 때(연금 수령자들과 같은), 청소년들의 정치적 행위와 정치 참여가 선거 결과를 뒤흔들 만한 경향은 거의 보이지 않았기 때문이었다(Bynner and Ashford 1994; Park 1996, 2004). 실제로, 다른 많은 국가들에서도 청소년들의 정치적인 지향들에 관한 세대 간의 포괄적인 비교 연구 및 유용한 자료는 그리 많지 않다.

정치 논평자들은 청소년들의 정치적 인식 부족, 정치적 냉담, 정치 무관심 그리고 정치적 과정에 있어서의 참여 부족에 자주 관심을 두어왔다(Stradling 1977; Cochrane and billing 1983; Furnham and Stacey 1991; Bynner and Ashford 1994; Park 2004; Print et al. 2004). 청소년들은 정치적인 과정에 대한 기초 지식이 거의 없고, 자신들과 관계가 있는 혹은 자신들의 환경을 더 나은 방향으로 이끌어 줄 사안들을 다루는 정치인들에 대한 확신이 부족하다. 때문에 청소년들의 정치에 대한 무관

---

58) 유럽과 북미에서는 청소년에 관한 연구가 빈약하였지만, 호주에서는 청소년·청년들의 정치에 많은 관심을 가져왔다고 할 수 있다.

심은 민주주의 전통에 위협이 되는 것으로 종종 비춰졌다(Bynner and Ashford 1994; Print et al. 2004; Electoral Commission 2005; Saha et al. 2005). 호주의 장관은 2005년 그의 기념연설에서 수많은 국가들이 표현해 왔던 관심사들과 함께 민주주의의 위기 대처 방안과 청소년들이 정치에 관심을 갖도록 만드는 새로운 방법들을 구안하는 것이 매우 필요하다고 주장하였다.

청소년의 정치적 참여가 낮은 현상은 산업화된 세계 국가들의 주요한 관심사항이 되었다. 청소년의 참여를 격려하기 위하여 대중음악에 대한 청소년들의 관심을 자본화하려고 시도한 독창적인 방식이 있었으며, 이를 포함한 다양한 접근들이 시도되었다. 초기 영국에서는 청소년들이 노동당에 투표하도록 격려하기 위해 각 분야의 예술인들이 Red Wedge 콘서트를 열었다. 정치적으로 중립을 표방하는 Rock the Vote 캠페인 또한 청소년들이 자신들의 투표권을 행사하도록 설득하기 위하여 개최되었다. 미국에서는 젊은 (그리고 그다지 젊지 않은) 투표권자들 간에 Bush를 반대하는 투표 행위를 활성화시키기 위하여 노골적으로 설정된 Vote for Change 콘서트 투어를 개최하였다. 이후에도 이와 유사한 캠페인 및 행사들이 진행되었다.

공식적인 정치 과정에서 청소년들의 참여 부족은 새로운 현상은 아니지만, 청소년과 청년들이 경험하는 최근의 변화들은 정치적 약속의 형태에 영향을 미칠 수도 있을 것이다. 특히, 교육 참여와 정치적인 관여 간의 중대한 연계성을 확증할 수 있다면(Bynner and Ashford 1994; Haerpfer et al. 2002), 우리가 원하는 학교 교육 체계에 대한 변화들이 정치적인 인식에 영향을 미쳐서 정치적 참여의 증가로 반영되는 결과도 가져올 수 있을 것이다. 실제로, Emler(1996)은 16세의 청소년 연령대는 정치적 태도가 형성되는 시기이며, 이 시기의 경험은 이후 정치적인 지향성에 중대한 영향을 미친다고 보았다. 하지만, 현대사회에서 청소년들이 직면하는 환경 속에서의 변화는 부정적인 정치적 결과를 가져 올 수도 있을 것이다. 청소년기 교육과정과 직장에서의 경험의 개별화는 정치적 사회화의 기제를 약화시키고, 실직이나 직장에 대한 불안감은 정치체제에 대한 신념을 부족하게 하는 원인이 된다. 이는 극단적인 좌우익 정당들을 지지하거나, 폭력적인 정치적 행동을 유발하는 방향으로 이끌 수도 있을 것이다(Breakwell 1986; Banks and Ullah 1987). 사회 정의를 위한 정치적 의제들로부터 신-자유주의와 재정 문제 등에 대한 선점으로의 이동이 청소년들을 국내 정치로부터 소외시키는 결과도 가져왔다(Adsett 2003).

청소년들의 정치적 관심 부족은 세대 간 차이가 뚜렷해지는 경향을 보이고 있다(Park 2000, 2004; Blias et al. 2001; Adsett 2003). '청소년들의 정치 참여가 줄어드는 추세는……세대 간의 변화를 나타내고 있다'(Jowell and Park; 1998: 14). Adsett(2003)는 현 세대의 청소년들 간의 정치 참여 감소현상은 청소년 반문화 활동에 특히 적극적이었던 '베이비부머' 세대 사이와는 상대적으로 높은 참여도에 반하도록 설정되어야 했던 부분도 조심스럽게 제시되고 있다.

세대 간 변화라는 맥락 속에서, 탈-근대성의 전통적 사회학자들은 현재 발생하고 있는 사회적 변화들이 단순히 '전통적인' 틀 내에서의 정치적인 지향들의 양적 이동을 포함하는 것이 아니라, 정치적 참여에 영향을 미칠 정치적인 가치들에 있어서의 근본적인 질적 변화를 암시한다고 주장한다. Giddens(1991)는 고도의 현대사회에서는 전통적인 사회질서들과 연계되는 '해방 정치학'보다는 '일상의 정치학'이 점점 더 강조되고 있음을 시사하였다. 해방의 정치학은 해방을 위한 투쟁과 집산주의적인 삶의 기회들을 향상시키는 기회를 포함하고 있는 반면, 일상의 정치학은 '질서 잡힌 환경 내에서의 자아실현의 정치학'이다(Giddens 1991: 214). 즉, 자기 정체성과 삶의 양식들이 반영되는 문제점들은 개인을 사회라는 세상에 다른 방식으로 연결시키는—사회단체들의 집산주의적인 중재를 통해서라기보다는 개인을 정치 세계에 직접적으로 연결시키는—정치적 본성을 지닌 새로운 사안들과 우선권들을 포함한다. Giddens가 후기 근대성에서 해방 정치학을 위한 자리가 없다고 시사하는 것이 아니라는 점을 강조하는 일은 중요하다. 그가 말한 요점은 근본적인 도덕적 사안들을 불러일으키는 자아실현의 과정들과 더불어, 개인적인 영역이 정치적인 사안들과 점차적으로 더욱 연결되고 있다는 점이다. 일상의 정치학을 위한 사안들 중 우선적 사안들은 다수의 청소년들을 염려시키는 것들(Inglehart 1990; Bennie and Rudig 1993; Scarbrough 1995; Bynner et al. 2003; Haste 2005b), 즉 환경주의와 동물 권리들에 관련된 것들이다.

청소년과 정치라는 주제에 관한 토론에서는, 정치적인 참여에도 측정 가능한 서로 다른 순위들이 존재한다는 점을 인지하는 것이 중요하다. 청소년들은 정당 정치의 공식적인 제도화된 영역 내에서 활동하지 않으면서도 정치에 대한 관심을 표현할 수 있으며, 투표를 하거나 정당과의 강력한 제휴를 표현하지 않으면서도, 혹은 정치적인 사안들에 영향을 미칠 수 있는 자신들의 능력에 대해 냉소적인 채로도 정치적인 사안들에 관해 잘 알고 있음으로써 정치적인 행동에 참여할 수 있다(Gouthier 2003). 더구나, 그들은 해방의 정치에는 관심을 보이거나 참여하지 않으면서도 더 넓은 의미에서의 정치적인 행동들에 참여할 수도 있을 것이다. 한 청년 활동가에 따르면, '우리가 매일 실천하고 있는 매우 정치적인 일들이 존재한다. 예를 들면, 자가용 대신에 지하철을 이용하는 것, 공정 거래된 커피를 구입하는 것, 혹은 모로코에서 수입된 귤을 먹는 것 —그것들 모두가 정치적인 행동들이다'(Queniart and Jacques 2000, Gauthier 2003에서 인용).

이 장에서는 이러한 서로 다른 순위를 가진 청소년들의 정치 참여 활동들에 관해 살펴본다. 청소년들의 공식적인 정치에 대한 참여는 부족할 수 있지만, 우리는 그들이 보다 더 폭 넓은 정치적 사안들에 관심을 가지고 있으며, 특히 자신들의 삶에 연관성을 가진 사안들과 관련된 단일 사안 정치 캠페인에 종종 참여하는 것을 본다. 이러한 주장들에도 불구하고, 우리는 청소년들의 정치적 우선 사안들이 '탈-물질주의적' 가치들의 우세를 나타내는 것으로, 혹은 해방 정치의 소멸을 표시하는 것으로 간주되는 경향에 대해서는 회의적이다(Inglehart 1977, 1990). 실제로, 청소년 세대의 정치적인 가치들이 이전 세대의 정치적 가치들과 그리 다르지 않다는 논의도 가능할 수 있다.

정치적 관심과 지식

대부분의 선진국에서 청소년과 이후의 세대 간 정치 참여를 비교했을 때, 청소년들이 현재의 정당 정치에 관심이 적거나 참여도가 매우 낮다는 연구결과를 볼 수 있다(Roberts and Parsell 1990; Bhavanani 1991; Furnham and Stacey 1991; MacDonald and Coffield 1991; Bynner and Ashford 1994; Adsett 2003; Print et al. 2004; Saha et al. 2005). 청소년

들에게 정당 정치는 지루하고 자신들의 삶과 거의 연관성이 없는 것으로 인식되고 있다(Banks and Ullah 1987; Robertsand Parsell 1990; Bhavanani 1991; Print et al. 2004; Saha et al. 2005). '대부분의 청소년들에게 정치란 회색의, 정장을 입은, 중년의, 중산층의 남성 수상들의, 강제적인 정당 정치 방송들과 자신들이 거의 알지 못하는 것에 관한 이상하고 가열된 논쟁들로 이루어진 칙칙한 세계를 의미한다'(MacDonald and Coffield 1991: 217).

유럽에서는 대다수의 청소년들이 정치에 관심을 보이지 않는다: 유럽공동체(EU)의 조사에 의하면(EUYOUPART 2005), 15세에서 25세의 청소년들 중 단지 37%만이 정치에 관심을 가지고 있다고 대답하였다. 독일에서는 51%가 정치에 관심이 있다고 응답하여 가장 높은 수치를 나타낸 반면, 프랑스와 핀란드에서는 각각 36%와 35%로 청소년들의 정치적 관심이 가장 낮은 것으로 나타났다.

영국은 정기적인 사회 태도 조사를 통하여 정당 정치에 대한 청소년의 관심이 변화하고 있음을 추적하고 있다. 1986년 이후 투표권을 가진 성인 세대 중 정치에 얼마간의 관심이 있다고 응답한 수치는 60% 이상이었다(그림 8.1). 그러나 18세에서 24세의 청소년 투표권자들은 정치에 대한 관심을 표현하지 않는 것으로 나타났으며, 청소년과 성인 세대를 비교했을 때 1994년 이후 점점 그 차이는 넓어지고 있다. 2003년에는 단지 41%의 청소년들만이 정치에 관심이 있다고 응답하였으며, 18세에서 24세의 청소년들 중 36%는 자신들이 정치에 전혀 관심이 없다고 응답하였다(전체 표본집단의 13%와 비교). 그리고 25세 이하의 청소년 집단 중 단지 1/20만이 영국 정치 정당의 회원으로 활동하고 있다(Fahmy 1999). 정치에 대한 관심도는 여성들보다 남성들 사이에서 더 높은 경향을 보인

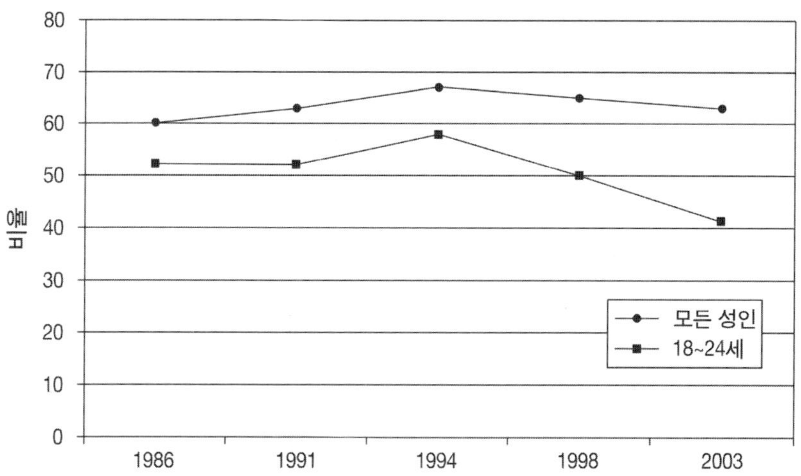

그림 8.1 정치에 얼마간의 관심을 표명한 이들: 영국

출처: Park 2004

다(Roberts and Parsell 1990; Park 2004); 청소년은 수공업에 종사하는 계급을 가진 가정의 청소년이 그렇지 않은 청소년 보다 더 높은 관심을 보인다(Roberts and Parsell 1990; Bynner and Parsons 2003); 그리고 교육 기간이 길수록, 연령이 높을수록 정치에 대한 관심도는 증가하는 경향을 보이고 있다(Emler 1996; Bynner and Parsons 2003; Park 2004).

청소년·청년 세대의 정치적 관심 부족에 직면한 정치인들은 다양한 방식으로 '자신들을 판매하기 위해' 노력하였으며, 청소년들의 각종 행사에 얼굴을 나타남으로써 청소년들과의 연계성을 시도하였다. 이러한 노력들은 정치인들이 단지 투표에서 이기기 위한 냉소적인 시도로 보인다. Tony Blair[59]는 Harold Wilson[60](비틀즈와 함께 텔레비전에 출연함으로써 청소년·청년 유권자들에게 커리 향을 가미하려 노력했던)의 전통을 이어 'Britpop'[61]과 연관되는 일에 열심이었다. 그의 집권 초기의 보고서들은 Gallagher 형제들과 Jarvis Cocker 등과의 Downing가 10번지에서의 술 파티에 관한 일들로 채워졌다. 그러한 시도들이 영국 정치인들에게만 한정된 것은 아니었다. Bill Clinton[62]과 George W. Bush[63]도 젊은

---

59) [역자 주] Tony Blair(1953~), 영국 정치가. 1983년 하원의원에 당선, 젊은 노동당 세대로서 전통적인 국가사회주의에서 벗어나 노동당의 현대화를 추구. 1994년 노동당의 새 지도자로 선출, 1997년에 노동당이 집권하면서 금세기 들어 가장 젊은 총리로 취임. 취임 후 양극의 극단을 융합하는 〈제3의 길〉을 찾는 중도주의적 정치철학을 실천에 옮겨 스코틀랜드와 웨일스의 자치의회 구성을 통한 지방분권제 정립, 북아일랜드평화협상 성공, 금리결정권의 중앙은행 위임, 노동당과 노조의 현대화 등 많은 영국의 해묵은 과제를 해결.

60) [역자 주] Harold Wilson(1916~1995) 영국 정치가. 1945년 총선에서 하원의원에 당선된 뒤 30대에 애틀리내각의 상무장관·해외무역장관을 지냈으며, 1964년 총선에서 노동당을 승리로 이끌어 영국 근대정치사에서 가장 젊은 총리로 취임. 〈과학혁명시대의 사회주의〉를 제창하여 영국 경제·사회의 활성화를 시도했지만 실패, 1974년 다시 총리로 취임하여 임금억제를 위한 사회계약의 실시, 유럽공동체(EC)에 대한 잔류를 둘러싼 국민투표 등을 실시함.

61) [역자 주] British popular music(브리트팝): 1990년대에 영국에서 유행한 댄스 반주 음악으로 보통 4인조 그룹이 연주.

62) [역자 주] Bill Clinton(1946~), 미국 정치가. 제42대 대통령(1993년~2000년). 유복자로 태어나 계부 밑에서 불우한 청소년기를 보냈으나 이를 극복, 조지타운대학, 영국 옥스퍼드대학, 예일대학에서 법학박사 학위를 받음. 1992년 베이비붐세대(전후세대)에 속한 첫 대통령이자 냉전종식 후 새로운 세계질서 아래서 등장한 첫 미국대통령으로 당선, 1996년 재선됨.

63) [역자 주] George W. Bush(1946~)미국 정치가. 제43대 대통령(2001년~현재). 제41대 대통령(G.H.W. 부시)의 아들로 1994년 텍사스 주지사로 당선,

세대의 정치 참여를 위하여 선거 캠페인을 시도하고 유명 인사들을 앞세웠다. Rock the Vote 캠페인은 2004년 대통령 선거를 위해 120만의 새로운 유권자들이 등록했다고 주장하였다. 이들은 '투표로 정치인을 쫓아내자'란 슬로건을 사용하였고, Joss Stone과 Snoop Dogg 등의 예술가들을 참여시켜 청소년들의 투표참여 증가에 일조를 한 것으로 인정받았다.

정당 정치에 대한 청소년들의 관심 부족은 정치 과정, 정책들 그리고 결정들이 함의하는 바에 대한 지식 부족과 부분적으로 관련이 있다. 영국의 The Times가 수행한 조사에 따르면 자신들의 수상 이름을 아는 청소년은 23%에 불과했다(MORI 2002b). 11세에서 21세의 청소년을 대상으로 한 또 다른 연구에서는 그들 중 1/5(17%)이 자신들은 Tony Blair가 수상인 줄 몰랐으며, 10분이 1(8%)은 여전히 Margaret Thatcher가 자신들의 수상이라고 생각하고 있었다(Haste 2005b). 12세에서 19세 청소년을 대상으로 한 연구에서는 그 결과가 영국의 사회 태도 조사와 연결되어 있다. 남성들이 여성들보다, 비수공업 계급 출신자들은 수공업 계급 출신 가정의 청소년들보다 정당 정치에 대해 더 많은 관심과 정보를 가지고 있었다. 노동당과 보수당의 지지자들이 가진 정치적 지식에는 중대한 차이점은 보이지 않았지만, 자유 민주당의 지지자들은 정치 체계에 대해 가장 많은 지식을 가지고 있었다(Park 1996).

최근 호주의 중등학생들을 대상으로 한 연구에 의하면(Print et al. 2004), 청소년들은 자신들이 투표를 할 준비가 충분히 되어 있다고 느끼지 않으며, 정치 체제에 대한 이해가 부족하다고 인식하고 있었다. 조사 대상 청소년의 50% 이상이 효과적으로 투표할 수 있기 위한 지식, 투표

교육환경 개선과 청소년범죄 예방에 많은 관심을 기울임.

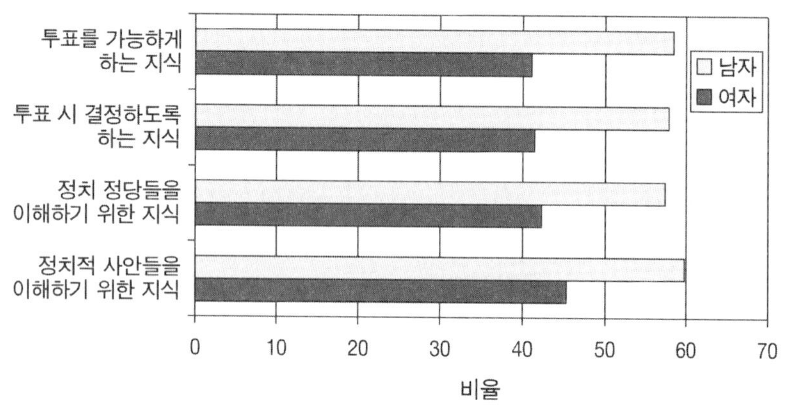

그림 8.2 호주 청소년들의 정치 지식

출처: Print et al. 2004

시 결정할 지식, 그리고 정치 정당들이나 정치 사안들을 이해하기 위한 지식이 부족하였고 스스로 느끼고 있었다(그림 8.2). 남자 청소년은 여자 청소년들보다 더 충분한 정치적 지식을 갖추고 있다고 인지하고 있었다.

청소년들에게 이와 같은 유용한 정치적 지식이 부족한 것을 염려하면서, Stradling은 다음과 같이 주장한다:

> 80~90%의 미래 사회의 시민들(그리고 현재 일반 시민)이 될 청소년 세대들은 현재 무슨 일이 일어나고 있는지, 그리고 그것들이 투표에 의해 어떻게 영향을 받으며, 자신들이 그것들과 관련하여 무엇을 할 수 있는지를 알 수 있게 해 줄, 지역과 국내 및 국제 정치에 관한 훌륭한 정보를 충분히 얻지 못하고 있으며, 이는 민주주의 사회에서 본질적으로 모순된 어떤 것이 존재한다는 것을 의미한다. 청소년들이 가진 정치적 지식들의 대부분은 활력이 없는 관음증적인 종류이며, 정치

적 소비자로서 혹은 정치적 행위자로서의 쓸모가 거의 없는 것이다.

(Stradling 1977: 57, Furnham and Gunter 1989: 19에서 인용)

청소년들의 정치적인 지식이 감소되었다는 또 하나의 증거는 전 후 시대 미국에서, 핵심적인 정치 인물들을 인식할 수 있는 숫자뿐만 아니라 세계 지도에서 유럽의 위치를 찾을 수 있는 미국인들의 숫자가 1947년 45%에서 1988년 25%까지 급격하게 감소하였다(Buckingham 2000). Putnam(2000)은 여기서 더 젊은 세대 사이에서 정치적인 불참여, 현 사안들에 대한 관심의 감소 그리고 시민 참여 수위의 감소 간의 연결 고리를 찾아낸다.

청소년들의 정치적 지식이 빈약할 수도 있지만 (아마도 악화되고 있는), 냉담과 냉소주의 또한 유행이다(Bhavnani 1991; MacDonald and Coffield 1991; Bynner and Ashford 1994; Print et al. 2004). 청소년들은 정치가 자신들의 일상에 영향을 미치지 않을 뿐더러, 정치인들이 자신들의 말에 귀 기울이거나 혹은 자신들이 염려하는 사안에 관심을 가질 것이라는 확신이 거의 없다고 느낀다. 16세의 한 청소년은 '당신은 이것, 저것 무엇이든 하겠다고 말하고는 아무 일도 일어나지 않는, 실제로 아무 변화도 만들지 못하는 서로 다른 종류의 정치인들을 항상 만나게 될 것이다'라고 말한다(White et al. 2000에서 인용).

청소년들은 이라크와의 전쟁 결정과 반전 시위에 대거 참여하였지만 그러한 결정을 바꾸지 못했던 실패의 경험을 가지고 있다. 이로 인해 영국의 청소년들은 학생 청소년을 위한 기금 마련 행사를 진행했지만 청소년들의 참여는 저조했다. 이는 청소년들의 정치적인 목소리에 정치인들이 귀 기울이지 않고 있음을 정당화하고 있다(Print et al. 2004). 일례로 스코틀랜드에서의 G8 정상 회의가 Make Poverty History(가난을 끝내자) 저항 운동이 보여 준 정치적 영향력과 프랑스에서 청소년·청년 노동자들의 고용 안전을 축소시키자는 제안서들이 실패한 것을 들 수 있다. 일반적으로, 서구 정치인들은 자신들의 이익을 위해서나 청소년들의 행동에 새로운 제제를 가하는 경우를 제외하면 청소년들이 직접적으로 염려하는 문제에 집중하는 일이 거의 없다(Wallace 2003). 영국 청소년 문화원에서는 다음과 같이 결론지었다.

> 청소년들이 정치와 정당참여에 냉담하다기보다는 정치인들과 정당들이 청소년과 청소년 문제에 무관심하고, 흥미가 없으며, 개의치 않는 것은 청소년들이 직면하고 있는 극단적으로 어려운 입장들을 배려하지 않거나, 정치인들 자신들이 만들어내는 법률 제정 시의 제안서들로 인해 청소년들이 어떤 영향을 받을 것인지를 숙고하지 않기 때문이다.
>
> (1995: 1)

청소년에게 정치란 '더러운 일'로 보일 수도 있으며, 수많은 성인들처럼 청소년들 역시 정치인들은 알 수가 없는, 자신들의 목적만을 위해, 혹은 단순히 다음 선거철이 되기 전에는 유권자들이 무슨 생각을 하는지 신경쓰지 않는 자들로 느낄 수도 있다. 호주선거위원회의 연구에 따르면(Print et al. 2004), 청소년들은 정치인들을 신뢰하지 않는다는 결론에 이른다. 약 1/5의 여성들만이 대부분의 정부 관료들이 정직하다고 생각했으며, 정부가 국가를 위해 옳은 일을 하므로 신뢰할 수 있다는 생각은 절반 이하에 불과했다. 청소년들은 1/3 정도가 정치인들은 부정직하고 신뢰할 수 없으며, 자신들의 대표는 스스로가 무슨 일을 하고 있는지 알 수 있을 만큼은 똑똑하다고 생각하고 있다. 그러나 영국의 정치인들은 11세에서 21세의 청소년 48%가 '누구나 평등하게 살아갈 수 있도록 권리를 보장하는 법률을 만든다'고 신뢰하는 것으로 인식하고 있다(Haste 2005b: 8).

정치적 냉담과 정당 정치에의 청소년 참여 부족은 주요 정당들이 실제 정책의제가 별다른 차이점을 보여 주지 않으며, 따라서 선거에서 이로 인한 실패 가능성이 거의 없을 것이라는 인식과 연관이 있다. 예를 들면, 영국의 18세에서 24세의 청소년들은 자신들이 개인적으로 누가 다음 선거에서 이기는것이 중요한지에 대한 생각이 균등하게 나누어져 있었다(MORI, 2002b). 이러한 현상은 서로 다른 정당의 정책들에 관해 자세히 알지 못하고 있는 점과 이 정책들이 자신들의 삶에 어떻게 영향을 미치는가와 연결될 수 있다. 실제로, 청소년들의 정치적인 관심과 참여가 줄어드는 것은 계급에 기반한 정책들이 약화되는 것을 반영하는 것일 수도 있다. 주요 산업 국가들 내에서 계급과 정치가 단단한 연결고리를 가졌던 시기는 그다지 오래 전이 아니다. Clark과 그의 동료들은 '유권자들이 자신들의 투표용지를 던질 때, 그들은 자신들의 "종족에 대한 충성심"을 표현한다고 한 것처럼, 이러한 충성심들은 깊게 뿌리 내린, 계급에 기초한 열렬한 지지자들의 충성이라는 안정적인 산물들이었다(2004: 175).' 결과적으로, 정당 정치에 관한 지식은 정당이 당신이 속한 혹은 동경하는 계급과 단단한 연결고리를 가지고 있다는 점을 알고 있는 한 불필요한 것이었다.

청소년들은 종종 정책에 관해 자세히 알지 못한 채로, 그리고 정치 캠페인에서 논의된 다수의 사안들에 대한 정보를 통한 관점이 부족한 상태로 투표하는 것은 옳지 않다고 느낀다. MORI(2002b: 5)와 여성 청소년과의 인터뷰 내용에서 이를 확인할 수 있다.

> 나는 투표한 적이 없는데, 그 이유는 정치인들이 내세운 정책에 관해 아는 것이 전혀 없으면서 투표권을 행사하는 일은 공정하지 않다고 생각하기 때문이다. 만약 내가 투표했다면, 아마도 몇 개월 후에, '그들이 그런 일을 한 줄 난 몰랐어, 그들에게 투표하지 않았으면 좋았을 걸'이라고 느꼈을 것이다.

특정 정치 정당이 개발한 정책의 복잡한 적용 범위에 관해 충분히 알지 못한다고 두려워하는 청소년들에게 인기 있는 전략은 지역 내에서 자신들이 강력하게 주장하는 사안과 관점이 일치하는 압력 단체들을 지원하는 것일 수도 있을 것이다.

Marsh 등은 정치적인 냉소주의란 청소년들을 위한 기회 부족의 결과로서 야기된 불만, 과도기적인 경험들을 변화시키는 일, 그리고 의존성의 연장과 연결된 것이라고 본다(Marsh 1990; Kimberlee 2002; Thomson et al. 2004). 그러나 Bynner와 Ashford는 정치적인 냉담이 16세 이후의 경험들에 의해서는 거의 크게 영향을 받지 않는다고 주장하고 있다(1994). Bynner 등은 정치적인 불만이란 16세 이하의 청소년들 사이의 부정적인 학교 경험들에 대한 반응으로서 전개되는 것으로 본다. 즉, 16세가 지나도 학교에 남아 있는 청소년들은 정당 정치에 대한 관심이 증가하는 경향이 있으며(Haerpfer et al. 2002), 교육과정 또한 정치적 자유주의와(Colby and Kohlberg 1987) 정치에 관한 냉소주의가 부족한 것에 연결되어 있었다(Emler 1996).

청소년들의 정당 정치에 대한 관심의 형태들이 정치 체제에 대한 그들의 지식을 반영하는 것이라면, 민주주의를 위해 청소년들이 효과적으로 기능하도록 하기 위해서는, 시민권과 정치 교육을 제공하는 것을 더욱 더 강조하는 것이 필요하다고 결론지을 수 있다. 청소년들이 학교 정책들에 관해 투표하도록, 혹은 학교 교장 선거에 참여하도록 함으로써 참여의 결과가 자신들에게 영향을 미치는 결정이며, 따라서 청소년들의 적극적인 참여를 유도할 필요가 있다. 학교 내의 민주적인 조직들에 참여하는 것은 국가와 공동체의 정치에 자발적으로 참여하는 일과 연관이 있기 때문이다(Print et al. 2004).

정치 참여

청소년들의 정당 정치에 대한 낮은 관심을 살펴볼 때, 청소년들은 성인들보다 투표 등록률이 더 낮으며, 어떤 정치 정당에도 강력하게 헌신하지 않는 경향을 보인다(Heath et al. 1991; Fahmy 1999; Print et al. 2004). 호주에서의 투표 등록과 투표 제도는 비참여자에게 자동적으로 벌금이 부과되는 의무사항이지만, 청소년들은 성인들보다 등록하거나 투표하는 비율이 여전히 낮은 현상을 보이고 있다. 2004년 전체 성인 인구의 95%와 비교해 볼 때, 17~25세 사이의 청소년 세대는 82%가 투표 등록을 하였다. Print 등(2004)은 청소년들이 18세가 된다면 연방 선거에서 투표할 의사가 있는지의 조사에서 87%가 아마도 투표할 것이라고 응답하였으며, 여자 청소년이 남자 청소년 보다 투표 의사가 높게 나타났다. 투표가 의무 사항이 아닐 경우 투표할 것인가에 대해 50%가 다음의 총선에서 '절대적으로 확실하게' 투표할 것이라고 응답하였다(Haste 2005b).

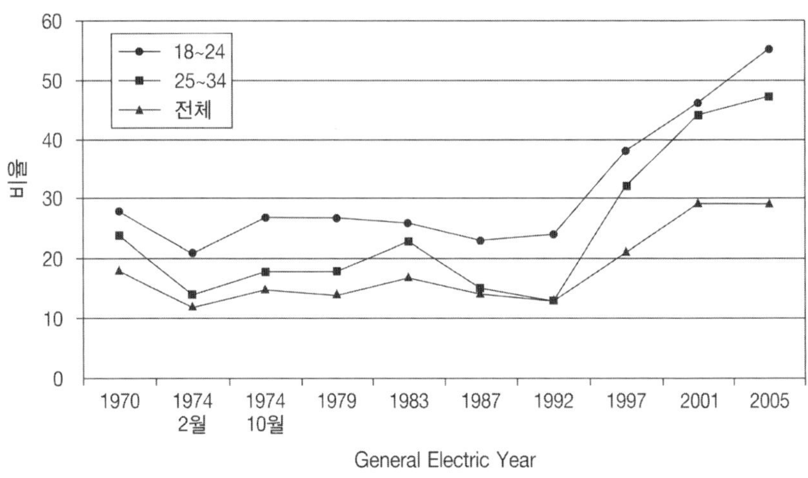

그림 8.3 연령별 총선에서 투표하지 않았다고 응답한 영국 선거권자

출처: 영국선거위원회, 2005

영국선거위원회가 의뢰한 최근의 여론 조사에서(MORI 2005) 1992년 이후 총선에서 투표한 적이 없다고 응답한 이들이 증가하였다. 유권자 9%와 비교하였을 때 18~24세 사이의 31%는 자신들은 총선에서 결코 혹은 거의 투표하지 않을 것으로 응답하였으며, 그림 8.3과 같다. 남녀 청소년 간에 투표를 하지 않겠다고 하는 비율이 유사한 수치로 나타났지만 참여 비율은 수공업 노동자들과 비교하여, 비-수공업 노동자들이 더 높게 나타났으며, 직업을 가져 본 적이 없는 연령대가 가장 낮았다(Bynner and Parsons 2003). 영국에서는 소수자(minority groups) 관련 정책들을 제시한 정치인들에 의해 분열된 인종적 소수 집단 중심의 회원으로 구성된 18~24세의 캐러비안계 흑인들(African-Caribbeans)의 투표 참여비율이 특히 낮다(Sagger 2000).

영국에서 1997년 선거 이래로 청소년들의 급격한 투표율 감소는 시기는 많이 다르지만, 다른 많은 국가들(캐나다와 미국)에서도 공통적으로 일어나고 있는 현상이다(Buckingham 2000; O'Neill 2001). 캐나다에서는 1980년부터 84년 사이에 급격한 청소년 투표율 감소가 발생하였다. 1970년대에는 대개 18~24세의 청소년들 중 약 7/10이 투표에 참여하였으나, 1980년대 중반에 이르자 10명 중 4명만이 투표에 참여하였다(Gauthier 2003). Gauthier는 이러한 투표율 참여 하락은 그동안의 상대적으로 약한 정부와 활기차고 대응적인 정당 정치 시대의 종말을 반영하는 결과로 해석하였다. 진보 보수당의 1984년 선거는 사회 정의에서 신-자유주의의 출현, 경제 선점으로의 이동을 가져왔다. 이러한 변화들은 평등의 사안에 매력을 느끼고, 경제 사안들에 의해 소외당한 청소년들이 투표하지 않도록 만든 직접적인 요인이었다. Gauthier의 주장은 나름대로의 매력을 지니고 있으며, 또한 청소년들의 투표 행위에 나타난 변화들로 정치 시대의 종말이 드러나는 다른 나라들에게도 적용될 수 있다. 또한, 그것은 정치 사안에 있어서의 변화들이 청소년들을 재-결집시킬 수도 있을 것이라는 점을 시사한다.

따라서 선거권자인 청소년·청년 세대들의 선거 참여가 낮은 것은 부분적으로는 청소년 자신들의 우선적 관심사항과 성인세대의 관심사가 다르다는 점을 의미한다. 그것은 또한 현재 정치 사안들에 관한 지식이 부족하다는 점을 반영하거나, 단순히 많은 이들이 투표의 관점을 어느 정도로 파악하지 못하는가를 기술하는 것일 수도 있다. 호주에서는 투표 참여가 단순히 벌금을 피하기 위한 부정적인 동기일 수도 있지만, 투표에 참여하였을 경우 보상은 없다. Print 등(2004)은 청소년들 중 2/3는 투표가 지루하다고 생각했으며, 더 나아가 10명 중 6명은 그것을 성가신

일이라고 여겼다고 한다. 10명 중 4명 이상은 투표가 정상적인 토요일 활동들을 방해하였다는 사실에 분개하였다. 여러 측면을 고려할 때 투표를 하려는 가장 큰 동기는 정치적 사안에 영향을 미치는 자신의 능력에 대한 믿음에서 기인한다. 시민들에게 투표는 자신들의 목소리를 전달하고 정책에 영향을 미치는 주된 기회이다. 하지만, 청소년들은 종종 국가적인 정책에 자신들이 영향을 미칠 수 있는 기회들에 관해 냉소적이었다. 청소년들 중 50%가 '정치인들은 자신들이 원하는 일을 할 것이다. 그들의 약속은 의미가 없다. 따라서 투표 참여의 요점은 무엇인가?'라고 반문한다.

청소년들 사이 널리 퍼져 있는 냉소주의가 이라크 전쟁에 대한 반대 의견이 무시된 사례에서 더 강화된 듯하다. 그러나 Bhavanani는 더 폭넓은 정치 쟁점 속에서 볼 때, 냉소주의가 필연적으로 냉담이나 관심 부족을 암시하는 것은 아니다. 실제로, 그는 미국 내에서 흑인 법학도들 간에 가장 냉소적인 학생들이 가장 정치적으로 활동적이라는 점을 보여 주는 연구를 예로 듦으로써 냉소주의가 '정치 활동을 위한 자극으로서 행동할 수도 있다'고 주장한다(1991: 13).

그럼에도 불구하고, 공식적인 정치 과정에의 참여라는 견지에서 보면, 청소년들의 정치에 관한 공공연한 관심 부족은 정당 회원 수와 그들의 투표 행위의 수치들 내에 반영되어 있다. 영국의 주요 정치 정당에 속한 회원 수에 대한 통계를 보면, 청소년들에게 정당 정치는 주로 중년층을 보호하는 것이라는 느낌을 보여 준다. 1951년 이래로, 중년층의 사회적 안정이 유지되고 있음에도 2004년 영국 국회 회원들 중 8% 미만이 40대 이하였다(중의원 2004). 호주와 일부 동유럽 나라에서 선출된 정치 대표자들 중 연령층은 더욱 균형이 잡혀 있는데, 이는 선출된 대표들의 연령층과 청소년들의 정치적 관심 간의 직접적 연결 고리가 없음에도 불구하고 그러하다.

정치학자들은 한 때 선거권자들 중 성인들 보다 청소년 세대가 좌익 정당에 투표할 가능성이 더 높다고 주장하였다. 그러나 2001년 호주 총선의 투표 통계를 보면, 25~34세의 투표권자들이 새로 투표권을 가진 청소년들보다 노동당에 투표한 수치가 높았다(1997년 노동당에 가장 큰 영향력을 보여 준 것도 25~34세의 그룹이다)(Harrison and Deicke 2001). 18~24세는 노동당에 14%의 표를, 25~34세는 27%를, 그리고 35~44세는 17%를 투표하였다(House of Commons 2004). 1997년 이래로, 영국 노동당이 권력을 잡았다. 대다수가 급진적인 면모가 부족하다고 여기는 정치 사안들이 있었지만, 노동당을 급진적인 변화의 정당으로서보다는 현상 유지 정당과 연관시키는 투표권자들은 청소년 세대들일 수도 있다. 또한, 교육 재정이라는 측면에서 이행된 정책들 중 일부는 청소년 투표권자들에게 부정적으로 받아 들여 졌다. 2005년 18세에서 21세의 투표권자들 중 자유 민주당을 지지하는 이들은 노동당이나 보수당을 지지하는 이들의 거의 두 배에 이르며(Haste 2005b), 이는 아마도 이라크 전쟁 반대, 친환경주의, 학생 장학금 보조 등 해당 정당의 정책들과 청소년·청년 정책의 우선 사안들 간의 강력한 연관을 반영하는 결과이다.

Inglehart와 그의 동료들(2004)은 연령별 정치적 지향점에 대하여 80개 이상의 나라에서 1999~2002년까지 인간적 믿음과 가치에 관한 조사결과를 바탕으로 연구를 수행하였다. 그 결과 50세 이상의 연령에서는 이보다 더 젊은 세대보다 좌익 가치들을 지원할 가능성이 더 낮게 나타났다. 그러나 16~29세 혹은 30~49세 그룹 중 누가 더 좌파지향적인지

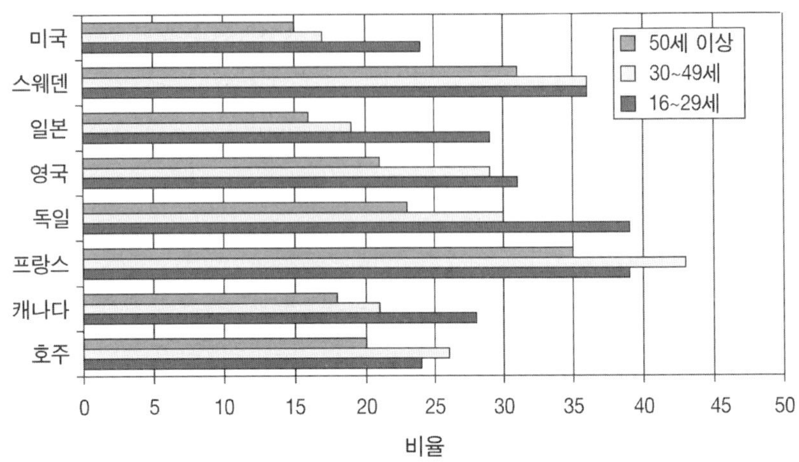

그림 8.4 연령 그룹 병, 중앙 정치적 관점의 좌파 지향성: 선별 국가들

출처: Inglehart 등, 2004.

에 대해 국가들 간 결과는 매우 다르다. 캐나다, 독일, 프랑스, 일본 그리고 미국은 젊은 세대일수록, 호주와 프랑스에서는 30~49세의 세대가 좌익가치를 더욱 지향하는 것으로(그림 8.4 참조) 나타났다. 따라서 세대와 정치 지향과의 관계를 명확하게 구별하는 것은 어려운 일이다.

정치학자들은 연령이 높을수록 더욱 보수적인지에 대해 '인생 주기' 효과가 영향을 미치는지 투표 행위 내에서 연령과 관련된 차이점들을 찾고자 한다(Sanders 1992). 부모와 자녀 간의 정당 지지를 비교해 보면, 10대는 자신의 부모보다 보수당을 덜 지지하고 노동당을 더 지지하는 듯하지만, 그 차이가 매우 낮다(Park 1996). 최근의 경향들 속에서 강한 유사성들이 강조되는 부분은 분명히 존재한다. Park(1996)에 의하면, 보수당과 자신을 동일시하는 부모를 가진 청소년들 중 약 2/3는 동일한 정치적 지지를 하였으며, 3/4에 이르는 10대 노동당 지지자들 뒤에는 노동당을 지지하는 부모가 있었다. 청소년들이 자신들의 부모와는 다른 신념을 유지한다고는 하지만, Himmelweit와 그의 동료들(1985)은 부모들이 자신들 계급의 회원과 노선을 같이 하는 정치적 관점을 가지는 경우 청소년들은 자신의 부모의 정치적 관점들을 동일시 할 가능성이 높다고 보았다. 또한, 몇몇 국가들의 선거권자들 중 계급, 교육, 고용 상태와 성별, 권력 등에 대한 정치적 태도는 세대가 낮을수록 현대적 형태의 정치와 전통적인 사회경제적 차이점들이 명백히 드러나고 있다(Haerpfer et al. 2002).

성인 세대의 당파성을 예언하는 요소들(사회 계급, 교육 수준, 성별 그리고 '인종' 등)을 살펴보면, 성인이 청소년 투표권자들에게 정당의 이해 및 지지에 도움을 준다는 증거가 여전히 존재한다. 정치 체제 내 연속성의 출처들이 변화의 출처들보다 더욱 강력하기 때문이다. 하지만, 이러한 연결 고리들을 약화시킬 수 있는 정치 사회화의 형태들 속에 중요한 변화들이 존재해 왔다. Franklin(1985)은 부모의 사회 계급과 부모의 정당 지지가 투표 행위에 미치는 영향을 연구한 결과, 영국에서는 1960년대와 1970년대 말 사이에 그 효과는 더욱 약해졌다. Heath와 그의 동료들(1991)은 1964년과 1987년 사이의 투표 형태들에 대해 유사한 분석을 수행한 결과, 청소년은 자신의 부모의 정치적 관점들을 덜 채택하고 있는 것으로 나타났다. 이러한 경향이 지속되고 있는지의 여부를 보여주는 연구는 아직 없지만, 교육 참여의 변화 수위들은 정치 사회화의 과정들에 지속적인 영향을 미칠 수도 있을 것이다(Scarborough 1995; Emler 1996).

교육 참여 내에서의 증가가 정당 지지에 영향을 미칠 수도 있겠지만, 정치 사회화 과정들 내의 변화들 또한 청소년 노동시장의 재-구조화에 의해 영향을 받았다. 전통적으로, 노동 계급 청소년은 나이 든 직장 동료들과의 대화를 통해 그리고 조합 회원이 되면서 공장 조직 내에서 정치 세계 속으로 빠르게 입문하도록 초청장을 받았다. 하지만, MacDonald와 Coffield가 지적한 대로

> 집산주의의 문화적 유산, 노동조합 회원권과 노동당 지원, 전통적으로 수공업 노동 속으로 행하는 도제살이에 묶인 처지는, 청소년 훈련생 제도를 통하여 지난 10년 간 구성된 새로운 문화적 정체성들에 의해 빠른 속도록 손상되고 있다.
>
> (1991: 220)

초기 직장 생활을 특징짓는 노동시장에서의 더 커진 불안과 불확실성은 취직한 상태로 남아있을 수 있다는 희망 속에서 다른 이들과 경쟁하도록 노동자들을 강요하기 때문에 청년들의 직장 경험이 더욱 개별화된다는 것을 의미한다. 청소년·청년 노동자들이 부정적인 작업 환경에 대한 집산주의적인 해결책들을 차츰 더 식별할 수 없게 되므로, 고용인들은 자신들을 가장 염려하게 만드는 사안들을 주장하는 정부의 의욕이나 능력에 대해 회의적이게 되며 전통적이고, 계급에 기초한 경험들과 정치적 충성은 약화될 수도 있을 것이다.

이러한 맥락에서, 교육 참여와 정치 참여 간의 연결 고리는 정치 과정 내에서 더 크고 더 잘 알려진 참여로 이끄는 요인으로 해석되어 왔음에도 불구하고(Heath and Topf 1987; Bynner and Ashford 1994), 청소년이 노동시장 내에서의 기회로 인한 이익이 부분적으로 의존한다고 볼 수도 있을 것이다. 실제로, 교육 제도 내에서 청소년들의 노력이 높은 봉

급과 높은 지위의 직업들로 입문하는 것을 통해 보상받지 않는다면, 적합한 기회들로의 접근이 부정당하다고 생각하는 청소년에게 정치적 불안과 저항으로 이끄는 불만의 요인이 될 것이다(Runciman 1966; Emler 1996). 하지만, Runciman은 개인들의 상대적인 박탈과 사회적 저항 간의 손쉬운 연결 고리 이론에 단점이 존재한다고 주장하는 Abrams(1990)에 의해 도전을 받아 왔다. Abrams은 개인적인 차원에서 좌절된 야망(불공평하거나 부정의하다고 인지된 경우라 하더라도)은 정치적인 불안보다는 스트레스에 도달한다는 점을 시사한다. Tajfel와 Turner의 연구(1979)를 구분 지으며, Abrams(1990)는 사회 변화에 이르는 것은 개인이라기보다는 그룹의 상대적인 박탈이라고 제안한다. 즉, 정치적 행위가 발생되기 위해서는, 시민들이 자신들이 속한 그룹이 부당하게 사회적 피해를 입고 있다는 인식을 발전시킬 수 있어야 한다(취직 법률화 과정에서 제안된 변화들이 오직 젊은 노동자들에게만 적용된 프랑스의 경우에서처럼). 이를 청소년들 사이의 정치적 행동을 위한 잠재력과 연결시키면서 Abrams는 현재 교육과 노동시장에서의 경향들이 개인주의 정서를 실제로 강화시킴으로써 집산주의를 위한 잠재력을 약화시켰을 수도 있을 것이라고 시사한다.

고도의 실업과 도시 쇠퇴로 특징지어지는 공동체들 내에서, 일부 청년들은 자신들이 속한 그룹이 부당하게 피해를 입고 있다고 인식할 수 있을 것이다. 프랑스 정부는 민족성과 실업을 대상으로 한 공식적인 조사는 하지 않았지만 최근의 문제점들로 인해 가장 영향을 받은 지역들 내에서 최대 40%의 소수 민족 그룹들이 실업 상태일 수도 있다고 보았다(Sunday Times 2005). 실제로, 정치 사회화의 전통적 원천이 희석되고 주류 정치 정당에 냉소적인 태도들을 유지하고 있는 노동시장에서의 불안과 대면하고 있는 청소년들은 자신을 극단적인 좌우익 정당들과 동일시할 수도 있을 것이다. 특히, 영국, 프랑스 그리고 호주에서 극단적인 우익 정당들이 노동 계급 남성들 사이에서 누리는 인기는 가장 교육을 받지 못한 인구 집단들로부터 유래되고 구성원들의 실업 상태 증가와 연관이 있었다. 극단적인 우익 정당의 지지자들은 주류 정당의 지지자들보다 정치적으로 더욱 소외되는 경향이 있으며, 정치인들이 일반인들의 관심사에 주의를 기울이지 않는다는 인식하는 경향이 있다(Cochrane and Billig 1983).

증가하는 실업으로 인해 정치적 극단주의에 이를 것이라는 염려에도 불구하고, 다수의 작가들은 부정적인 노동시장 경험들이 새로운 급진주의에 이르고 있다는 생각에 비판적이었다(Banks and Ullah 1987; Roverts and Parsell 1990). Roverts와 Parsell(1990)은 실업으로 인해 많은 이들이 '수동적인 소외'에 이르게 될 것이며, 이는 정치적인 불안보다는 공공시설물 파괴 행위와 경찰들과의 충돌(제7장 참조) 등의 행위로 드러날 수 있다고 주장한다. 프랑스에서 일어난 2005년의 공공 기물 파괴, 차량 불태우기와 경찰과의 전투 행위를 '수동적인 소외'와 연관시키는 것은 이를 과소평가하는 것이다. 실업과 불안 사이의 연결 고리에 대한 많은 예들이 존재하지만, Roberts와 Parsell은 학교 이후 시기 동안의 경험들은 정치적인 지향들에 거의 영향을 미치지 않는다고 제안한다. 실제로, 실업에 대한 반응들은 집산적이기보다는 더욱 개인주의적이며(스트레스나 자기 비난 등), 청소년들은 자신들의 문제들에 적용 가능한 집산주의적인 해결책을 식별하지 못할 수도 있다. 1980년대 영국에서의 실업률 증가로 인해, 다수의 실업 상태의 청소년들이 극단적인 좌우익 정당들이 아니라 노동당을 위해 투표를 하였으며, 장기간 실업상태인 다수의 청소년들은 보수당을 멀리하였다(McRae 1987).

 탈— 물질주의적 정치학

정치학자들이 관심을 가지는 또 다른 주제는 Giddens의 해방 정치학과 일상 정치학 간의 구별과 상당히 밀접한 연관을 보인다. Inglehart(1977, 1990)는 선진 공업 사회들 내에서의 가치 지향들이 '물질주의'에서 '탈-물질주의'로 이동하는 것을 포착할 수 있으며, 이러한 변화들은 '계급 정치학의 대체'로 보일 수도 있는 정치적인 사안들과 정치적 연합에 영향을 미쳤다고 주장하였다(Scarborough 1995: 123). 이러한 주장은 기초적인 필요들과 안전(물질주의)에 대한 염려들이 충족된 개인들이 자아실현(탈-물질주의적 가치들)에 더욱 신경을 쓰게 된다는 이론에 기초하고 있다. 따라서 물질주의적 가치들은 물리적인 내용물과 안전에 대한 필요 주위에 모여 들지만, 탈-유물론적 가치들은 소속감, 자기-표현 그리고 삶의 질에 대한 필요를 강조한다. 이는 청소년 세대와 성인 세대 간의 서로 다른 가치들이 우선하는 사항들 내에서 유래한 '조용한 혁명'을 식별할 수 있다고 본다. 사회의 문화적 성격 속에서 더 젊은 세대들이 나이 든 세대들을 교체함으로써, 느리지만 꾸준한 이동에 이른다는 내용이다(Scarborough 1995: 125).

Inglehart(1990)와 Scarborough(1995)는 물질주의로부터 탈-물질주의로의 가치 이동이 서로 다른 출생 집단의 회원들이 지닌 가치 지향성들을 검토함으로써 경험적 추적을 시도하였다. 두 사람 모두 부분적으로 교육의 증가 현상과 연결된 탈-물질주의적 가치들의 성장을 추적하였다. 이러한 측면에서 젊은 세대와 성인 세대들 간의 차이점들은 단순히 '젊은 이상주의'를 나타내는 것이 아니라(Abramson and Inglehart 1991: 200), 현재의 젊은 세대는 자신들이 발달 시기들을 보낸 '전례가 없는' 역사적 시기(Scarborough 1995: 148)의 물질적 환경들을 반영한다. Inglehart의 주장이 논쟁적이긴 하지만, 그것들은 정치적인 우선 사항들이 전지구적인 불안의 빛 속에서 변화되었다고 Giddens가 제안한 것처럼 후기 근대성 속의 청소년들과 정치라는 우리 논의의 핵심쟁점이다.[64]

우리가 Giddens의 고도의 근대사회의 경향들에 대한 관점을 받아들인다면, 주류 정치정당들에 의해 대표되는 입장에서, '해방의' 정치로의 청소년들의 상대적인 참여 부족을 강조하게 될 것이며, '일상의 정치'에 대한 그들의 늘어난 관심과 참여를 강조하게 될 것이다. 청소년들은 환경 관련 사안들, 동물의 권리 그리고 반전과 반세계화 운동들과 같은 단일 사안 캠페인들에 대한 관심을 표현할 수도 있지만(Bennie and Rudig 1993; Mulgan and Wilkinson 1997; Print et al. 2004; Haste 2005b), 우리는 이를 세대 간 이동으로 간주하지 않는다. 1950년대와 1960년대에, 청소년들은 CND[65]와 미국의 베트남 관여에 반대하는 저항에 앞장섰다. 오늘날의 청소년들은 이라크에 대한 전쟁에 반대하고, GM 곡물들의 도입에 반대하고 그리고 세계화와 제3세계[66] 부채에 대한 1세

---

64) [역자 주] Inglehart의 주요 비판들 중 하나는 경제적 번영에 있어서의 변동사항과 무관하게 지속되는 물질주의로부터 탈-물질주의 가치들로의 전환과 연관되는 경향이 있다.

65) [역자 주] CND(Campaign for Nuclear Disarmament): 핵 비무장 운동.

계 정책 반대에 앞장서 왔다.

이 부분에서 청소년들은 정치적인 사안들에 대한 참여가 부족하다는 주장은 무너지기 시작한다. 정당 정치와 투표에서 일부의 주장이 퇴조하는 듯 보이지만, 청소년들은 다른 형태의 시민 참여를 선보이며, 종종 자신들이 무엇을 구매하고 있는지를 알고 있는, 그리고 구체적인 목표들을 향한 진행 정도를 판단할 수 있는 단일 사안 정치의 간단성과 명료성을 선호한다. 그들이 지지하는 사안들은 종종 주류 정치 정당들이 완전히(혹은 확신을 가지고) 채택한 것은 아니다—예를 들면, 생체 해부 반대, 피를 보는 스포츠와 학생 재정 지원 등의 사안들에 대해 유럽의 청소년들은 정치 정당보다는 비정부기구에 자신들의 지지를 보낸다(Generation Europe 2004). 한편으로는 사람들이 동의하지 않는 것들까지 포함하는 사안들의 전체를 명시적으로 지지하지 않고, 자신들이 필요로 하고 동의하는 사안들을 지지하도록 자유롭게 내버려두는 정치 참여의 개별화된 형태라고 간주할 수 있다. 한 청소년은 '정치 정당에 속하는 것은 함정에 빠지는 것이라고 생각한다. 나는 어느 때라도 사안들에 따라 자유롭게 참여하기를 원한다'고 말한다(Generation Europe 2004: 4).

청소년들 사이에서 인기 있는 개별화된 정치 참여의 형태는 시위 참가, 제품 불매 운동 그리고 기부를 위한 서명 등이 있다(Carle 2001; Haerpfer et al. 2002; Vromen 2003; Haste 2005b; Saha et al. 2005). 여러 연구들을 종합해 볼 때 기부를 위한 서명 활동이 청소년들 사이에서 가장 인기 있는 정치 활동인 듯하다: 참여하는 회원 수들은 해당 국가와

66) [역자 주] 선진 자본주의 국가를 제1세계, 독립국가연합, 동구권(東歐圈)의 사회주의 국가를 제2세계, 개발도상국가를 제3세계라 한다.

조사된 연령 그룹에 따라 다르지만, 30%에서 70% 사이의 사람들이 기부를 위한 서명을 하게 될 것이며, 자신들의 관점이 확산되기를 원한다면, 약 2/3가 그렇게 할 것이다(Carle 2001; Haste 2005b; Saha et al. 2005). 5%에서 10%의 사람들이 건물을 점거하였고, 파업이나 재산 파괴 등 저항의 형태로 참가하였지만, 약 5명 중 1명의 사람들이 시위에 참가할 것이다(Carle 2001; Saha et al. 2005). 하지만, 이러한 형태들의 활동에 참여하는 것은 연령과 교육과 같은 요인들이 더욱 강력한 참여 예언자 역할을 하는 정치적인 참여 중 더욱 전통적인 방식들과 동일한 방식으로 구조화되는 것이다(Haerpfer et al. 2002). 또한 청소년들은 자신들의 목적을 성취하기 위하여 더 많은 것들을 세금이나 가격으로 기꺼이 지불하고 있다: 예를 들면, 유럽에서는 약 70%의 청소년들이 환경 훼손을 예방하기 위하여 더 높은 세금을 기꺼이 지불하고 있다(Haerpfer et al. 2002).

이러한 경향들은 정치 참여가 더욱 개별화되었음을 지지하는 반면, 해방의 정치에서 일상의 정치로 이동하고 있다는 견해를 뒷받침하기에는 부족하다. 환경 운동과 반세계화 운동은 자본주의의 팽창이 제한되고 탈-물질주의 철학 주변에서 진화하는 새로운 사회에 대한 비전을 가지고 있다. 환경 정치학에 대한 청소년들의 관심은 Inglehart(1977, 1990)가 식별한 '물질주의' 가치들에서 '탈-물질주의' 가치들로의 세대적 이동의 일부로서 몇몇 연구자에 의해 해석되어 왔다. Inglehart(1977)는 더 나이든 세대는 재-산업화와 재-군비화를 중요한 것으로 간주하는 반면, 가치들 내에서의 이동은 삶의 질을 둘러 싼 사안들에 기초한 새로운 형태의 정치 저항의 출현과 계급 충돌의 감소라는 결과로 나아갈 것이라는 점을 시사한다. 이러한 관심들을 정당 정치로서 분석해 보면, 유럽의 녹색 정당은 청소년들을 참여시키는 데 얼마간의 성공을 거두었다(Bennie and Rudig 1993). 그러나 1980년대 말과 1990년대 초 녹색 정당의 청소년·청년 회원들이 크게 증가하였지만, 이후 그들은 성인세대가 된 후 조직을 떠나갔다(Banks 1993). 실제로, Bennie와 Rudig(1993)는 정당의 회원 수란 진지한 참여를 반영하기보다는 종종 유행 보고서를 나타내주는 것이라고 시사하였다. 이런 면에서, 탈-물질주의 정치로의 청소년의 참여는 다소 제한되어 있다고 볼 수도 있다. Bennie와 Rudig (1993) 역시 지역, 국가 그리고 전 지구적인 환경들과 관련된 넓은 범위의 사안들에 대한 청소년과 성인의 관점에 관하여 검토하였다: 인식적 수위에서는 성인들과 청소년들 사이의 차이점은 사소한 것처럼 보였다. 하지만, 실천적 수위에서는, 두드러진 흥미로운 차이점들이 존재하였다: 청소년들은 '녹색' 제품들을 구입하는 일에 더욱 열심이었고, 성인들은 자원들을 보존하는 것에 더욱 관심을 기울였다.

청소년들이 '새로운 사회운동들'에 참여한다는 점은 '일상의 정치'가 해방의 정치보다 더욱 중요해지고 있다는 명제를 시험하는데 사용될 수도 있다. 1980년대 이후로, 이와 유사하면서 이를 강조하는 가치들을 공유하는 것으로 보이는 다양한 운동들이 발전하였다. '새로운 사회운동들'이란 용어는 다양한 범위의 그룹들이(CND, Friends of the Earth, Animal Liberation Front, Gay Rights; New Age Travelers 그리고 반세계화 운동) 선진 자본주의 사회들에서 성립된 정치, 사회 그리고 경제 질서에 도전을 던지면서 출현한 방식들로 다수의 사회학자들에 의해 사용되었다(예를 들면 Cohen 1983; Tour Aine 1985; Lash and Urry 1987; Scott 1990). '새로운 사회운동들'의 일부인 이들은 연령층이 어리며, 대부분의 부모들이 공공 영역이나 경제 서비스 분야에서 근무하고 있으며,

다수의 참여자들이 노동시장에서 중요하지 않은 위치를 차지하고 있다(학생들, 그리고 실업자 등)(Hallsworth 1994).[67]

Hallsworth(1994)는 새로운 사회운동은 두 가지 차별적인 영역으로 구분한다. 즉, 인지된 위협들에 반하여 자연과 사회 환경들을 방어하기 위해 찾는 것들(환경 운동과 반핵 운동들)과 그러한 사안들을 정치화하기 위하여 추구된 것들, 그리고 주 활동에 의해 진압되었던 그룹들에 대한 사회적 권리들의 확장을 구하는 것들(동성애 권리와 여권신장 운동)이다. Lash와 Urry(1987)에 있어서 새로운 사회운동은 주(state)에 대해서 그리고 의미 있는 사회적 변화를 증진시키는 주(state)의 능력에 대해 비판적인 가치들의 집합과 정치적 견해들의 출현을 반영한다. 따라서 새로운 세대의 정치는 집산주의 정체성의 오래된 형태들을 강조하고, '개인적'인 것의 정치화와 정치 그 자체에 흥미를 잃은 것이 아니라, 그 보다 더 오래된 낡은 사회 질서에 뿌리 내리고 있는 정치 형태들을 거부하는 것으로 보인다.

11세에서 21세 청소년을 대상으로 한 최근의 영국 조사에서, 단지 3%의 청소년만이 녹색 정당에 투표하겠다고 하였다: 자신들이 어떤 방식으로 투표할지를 알고 있는 그룹은 대다수가 '주류' 정치 정당들 중 하나에게 투표하겠다고 하였다(Haste 2005b). 즉, 청소년들은 정치적 운동에 참여할 수도 있겠지만, 특히 제안된 행동이 자신들의 사적인 안전(예: 핵무기), 자유(예: 범죄 공정 법안) 혹은 재정(학생 지원)에 영향을 미치는 것으로 보일 경우, 우리는 집산주의적, 해방의 정치가 상당히 약화될

67) 새로운 많은 사회운동들이 폭넓은 연령층에 지지를 호소하고 있으며, 중년의 성인들이 가장 많은 참여를 하고 있다.

것이라고 예언하지 않을 것이다. 실제로, 자아실현의 정치는 불확정성에 의해 특성화된 경제 맥락 속에서는 번영하지 않는 듯하다.

결 론

만약 청소년들이 사회 변화의 주체로 간주되어야 한다면(Feuer 1969), 우리가 이 장에서 논의한 결과대로 미래는 본질적으로 보수적일 것이라는 점이 시사된다. 가족은 정치 사회화 과정의 중심으로 남아 있을 것이며, 청소년들은 자신의 부모의 정치적 관심사들을 공유하고 동일시하게 된다(Allatt and Benson 1991; Park 1996; Haerpfer et al. 2002). 동시에, 계급과 투표의 연결 고리가 약해지면서('중심'의 투표들을 확보해야 할 필요가 있다고 이해하는 주류 정치 정당들에 의해 고무되었던 바), 청소년들은 종종 자신들이 어떤 사안들을 지지하는지를 알고자 할 것이며, 한 묶음의 정책(단일 정책 사안이 아닌)들을 구매하는 일은 꺼려할 수도 있을 것이다.

청소년 세대일수록 전통적인 정당 정책들을 덜 신뢰한다는 몇몇 사례가 있지만, 기존 자료들을 통해 청소년들 사이의 정치적 지향이 개별화되었다는 결론이 지지되지는 않는다. 청소년들은 대부분 자신들의 사회경제적 위상들의 결과로서의 문제점들에 대한 개인적인 해결법들을 빈번하게 구하며, 정치인들이 자신들이 가진 관심들과 가치들에 따라 행동하기를 기대하기는 하지만 여전히 집산주의적 관심사들을 표현하고 있다. 이러한 맥락에서 보면, 개별적으로 해석된 불이익이 정치적인 불안보다는 스트레스에 이른다고 Abrams(1990)가 제안한 바는 옳다. 다른 한편, 몇몇 청소년 그룹들이 직면한 불이익들은 너무 강력해서 그것들은 필연적으로 더 넓은 경제 구조와 연결시켜야만 한다: 이러한 상황들 속에서는, 극단적인 좌우익 정당들만이 실질적인 해결법을 제공하는 것처럼 보일 수도 있다.

후기 근대사회 속에서, '일상 정치'가 중심적인 위상을 띠게 될 것이라는 주장을 우리가 거부하기는 하였지만, 최근에 출현한 정치적 우선사항들 중 일부가 Giddens(1991)가 강조했던 새로운 위협들과 전 지구적인 불안들을 반영한다고 본다. 하지만, 이것들은 자아실현이라는 과정들 속에 연결되기보다는 근대사회 속에서 인지된 위협들로부터 삶의 질로 나아가는 해방을 요청하는 관심사들이다. 그럼에도 불구하고, 일상 정치와 해방의 정치는 서로 밀접하게 연계되어 있으며, Beck(1992)이 제안하듯이, 정치 운동들은 전 지구적 위협들을 감소시키면서 또한 대안적인 생활방식을 개발하기 위한 권리를 촉진시키는 투쟁으로서의 운동으로 거듭나야 할 것이다.

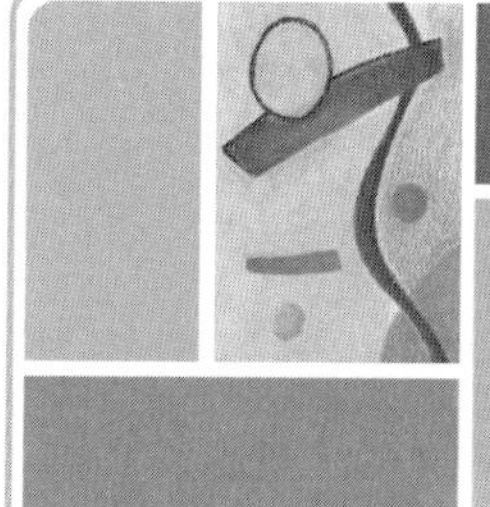

제 9 장

후기 근대성의 인식론적 오류

계급 상의 위치는 개인들이 직면한 객관적인 가능성들이라는 행렬의 기본 행렬식이며, 결정을 하는 과정에서 사람들이 직면하는 것이 실질적인 대안들이다.

(Wright 1985: 144)

사회라는 세상은 점차 파편화되고 있으며, 제도 혹은 계급의 견지에서 덜 구조화되고 있으며, 점차적으로 탈 중앙화되고 있다.

(McDonald 1999: 210)

 서 론

현대사회에서 성장하는 청소년들의 경험은 이전의 세대가 경험한 세계와는 많은 차이점이 있지만 최근의 사회 변화들을 통해 이러한 경험의 차이에 대한 해석이 완벽하게 개념화되어 왔는지는 확신할 수 없다. 후기 근대사회 속에의 삶은 주관적인 불편과 불확실성을 포함한다. 청소년들은 성인으로의 정체성을 확립하기 위해 노력할 수 있으며, 일관적인 일대기를 유지할 수도 있으며, 다양한 장애들을 극복하기 위한 전략들을 개발할 수도 있을 것이다. 하지만, 그들이 가진 삶의 기회들은 사회 계급과 삶이라는 맥락들 속에서 경험들을 이해하는 데 성별로 인해 여전히 구조화되어 있고, 혹은 그렇지 않다면 인습적인 사회학적 도구들과 개념의 사용으로 이해할 수 없는 '미세문화들의 만화경'(McDonald 1999: 1)의 출현을 목격하고 있는 것이다.

후기 근대사회는 과거와의 본질적인 연속성을 포함하고 있다: 경제 그리고 문화 자원들은 차별적인 삶의 기회들과 경험들을 이해하는데 여전히 중심이 된다. 이러한 맥락에서, 우리는 후기 근대성 속의 삶이 인식론적인 오류 주변에서 진화한다고 제안하였다. 후기 근대성의 모순은 사회적 삶의 집산주의적(collectivism)[68] 기초들이 더욱 불분명해졌다 하더라도, 그것들이 청소년의 경험과 삶의 기회들을 억제하는 강력한 구조들을 계속하여 제공한다는 점이다. 일부 사회학자들이 우리의 관점들을 해석(잘 못 해석)한 방식들과는 반대로(예: Evans 2002), 우리는 주관성의 중요함을 부정하려고 애쓰지 않는다: 사회 계급의 어떤 재-개념화이든 그것은 후기 근대 맥락들 속에서 중요한 자원인 매개(작인)를 설명해

68) [역자 주] 국가 전체의 복지 구현을 위해 중앙집권적 통제가 필요함을 의미하며, 공산주의와는 구별되나 F. A. 하이에크는 사회주의를 집산주의의 한 형태로 보고 있다.

내어야 한다. 반영성이란 계급이 가진 역학 관계의 핵심 구성 요소이지, 계급에 기초한 관점들에 도전하는 것은 아니다.

이 책에서 사회적 삶의 구조 속에서 본질적인 연속성들을 불명확하게 하는 것을 돕는, 그리고 사회 재생산의 과정들을 가리는 일을 도우면서 발생한 여러 변화들을 기술하였다. 이러한 변화들은 개별적인 책임감들을 장려했으며, 집산주의적 전통들을 약화시켰으며, 계급언어가 낡아 보이도록 만들었다. 이 장에서 청소년들의 삶 속의 변화와 연속성의 주요 출처들을 재고하고, 세계에 대한 그들의 주관적인 이해가 이러한 근원적인 구조들을 잘 못 해석한 것으로 보일 수 있는 방식들 중 일부에 대해 논의한다.

 사회적 재생산의 기로

우리가 현대사회의 역사적인 변환을 직시하고 있다는 주장을 지지할 경험적 증거가 존재한다면, 사회적 재생산의 과정이라는 기로에서 청소년들의 경험들 속에서 가장 선진적으로 표현되고 있는 변화들을 발견할 것이다. 구조적인 분석이 설명력을 잃었다면, 계급이나 성별이라는 개념들을 사용하여 청소년들의 삶을 이해하기 위한 시도들은 정당성을 확보하기 어려울 것이다.

청소년기 삶의 맥락들은 1980년대 이래로 상당히 심각하게 변화되어 왔다. 즉, 제조업에서 서비스 산업으로의 이동과 더욱 더 파편화된 노동시장 경험, 청소년 노동시장의 변환과 밀접하게 연결된, 서구 경제의 변화보다 더 넓은 변화들이 포함된다. 유럽에서는 1970년대 말과 1980

년대 초의 경기 후퇴가 전환점이었으며, 이는 포드주의(Fordism)로부터 탈-포드주의(post-Fordism) 산업 구조로의 이동을 의미하는 것으로 청소년 노동에 대한 수요 속에서의 급진적인 변화에 의해 알려졌다. 포드주의 시대 동안, 거대 산업 단위들 속에서는 상대적으로 자격을 갖추지 않은 졸업생들에 대한 수요가 있었다: 청년 노동자들을 위한 기회들이 점차로 작은 작업 단위들 속에 위치한 이래로 1980년대 중반의 노동 수요 형태들은 상당히 변화되었다. '유동적인 전문 직업화'에 대한 수요, 파트타임의 증가, 임시 고용 계약서들 그리고 Beck(2000)이 '유목민적인 다중-활동'이라고 언급한 고착성은 모두 개별화의 과정, 불안감 그리고 위기와 연관이 있다.

1980년대 청소년 노동시장의 재구조화는 더욱 선진화된 교육 자격증들과, 청소년들이 노동시장에 입문하는 평균 나이의 증가, 서로 다른 종류의 기술에 대한 수요를 이끌어내었다. 이러한 변화들은 학교로부터 직장으로의 전환이 유예되고 다각화 되는 방향으로 나아갔으며, 1980년대 말의 청소년들은 노동시장으로의 유입경로가 변화되었다. 실업, 불완전 고용 그리고 재직 기간의 불안은 더 많은 비율의 청소년들이 겪는 전환기 경험들 중 일부가 되었다. 전환 노선들이 고도로 계층화되어 있지만, 이러한 변화들은 삶의 주기 중 이 시기에 맞닥뜨린 경험의 범위가 더욱 더 개별적인 것이 되는 것처럼 다시 주관적인 지향들에 영향을 미쳤다. 더구나, 교육 참여의 증가로 인하여, 그리고 기술력이 낮은 서비스 환경들 내에서 교육받은 노동력의 확보로 청년 노동자들은 자신들을 중산층으로 간주하도록 고무되고 있었다. 즉, 이것이 인식론적인 오류를 장려하는 과정이다.

학교에서 직장으로의 전환이 주변화의 위험을 증가시켰음에도 불구하고, 그러한 위험들은 '전통적인' 질서의 사회적 구분들이 가진 특성을 반영하는 방식으로 지속적으로 널리 확산되었다. 다른 말로 하면, 경험들의 파편화와 비선형 노선들의 성장에도 불구하고, 노동시장 결과들이 사회 계급(교육 수행을 통한)과 성별의 기초 위에서 상당히 정확하다고 예언하는 것은 여전히 가능하다. 실제로, 집산주의적 전환들의 붕괴가 개별성이라는 확산을 탄생시켰지만 우리는 이러한 변화들이 사회 재생산의 과정들과 무관함을 주장하였다.

포드주의와 탈-포드주의 경제 속에서 사회 재생산의 형태들은 교육적 달성을 통하여 매개되며, 부분적으로 청소년 노동시장 내의 변화 결과로서 교육 경험들이 변환되었다. 청소년들은 상당히 오랜 기간 동안 정식(풀타임) 교육 제도 속에서 점차적으로 증가하는, 소비자 '선택'이 작용하는 것처럼 보이는 교육 노선들이 지닌 다양한 집합을 따른다. 교육 제도들 내의 자격, '선택'에 대한 강조는 학교에 대한 집산주의(collectivism)적 반응들이 약화된 것으로 보일 수도 있으며, 또한 개별화의 과정과 연관이 있을 수도 있다. 교육 경험들의 변화에도 불구하고 사회 계급과 학적 수행 간의 관계는 약화되지는 않았다. 대부분의 국가들 내에서 고등교육이라는 대중 시스템의 발전에도 불구하고 계급에 기초한 불평등은 유지되었으며, 더 심화되었다. 이는 고등교육 내에서 계급 간 상호작용들을 최소한으로 유지하며 포괄적이고 효과적인 장벽을 제공하는 교육 시장들의 확립으로 인하여 계층화의 형태들은 발전되어 왔다.

사회 계급과 교육 결과들 간의 연관성은 강하게 남아 있지만, 여성의 교육적 기회는 많은 국가에서 발전을 가져왔다. 이러한 발전은 부모들과 교사들의 변화하는 기대들에 의해 영향을 받아 온 결과이며, 서비스 분야에서 여성 고용 기회가 성장했다는 점을 반영한다.

탈-강제주의적 교육 참여의 급속한 팽창과 학교에서 직장으로의 전환들이 연기되면서, 오늘날, 청소년들은 준-의존 상태에서 더 긴 시간을 보낸다. 최근 몇 년 동안, 많은 나라들이 준-의존성의 연장을 강화시키기 위해 사용한, 청소년들이 초기에 거주나 가사 변환을 하는 것을 더욱 어렵게 만드는 법률적인 변화들이 도입되었다.

이러한 의존성의 변화 형태들은 더 많은 경험적 다양성을 장려하는 것을 지원하였다. 사회 모든 계층의 청년들의(남성과 여성 모두) 결혼 시기가 늦어지고 있으며, 점차로 중간 단계의 가사노동을 혼자 그리고 공동생활을 하면서 해결을 하고 있다. 새로운 질서는 관계들이 재협상되는 공간을 열기 시작하여, 성인기의 연장되는 생활과 일 사이에서 새로운 균형을 만들어내고 자신의 부모들이 경험한 정형화되고 예측 가능한 삶들을 선택하지 않으려는 청소년들이 새로운 시도를 감행하고 있다.

이러한 변화들에도 불구하고, 결혼 적령기와 가사와 주거 전환기의 시기와 완성의 형태들은 여전히 '전통적인' 계급과 성별의 구분을 반영하고 있다. 기회 구조들에 의해 독립은 제한되어 있는 것이다. 반면에, 가사와 주거 전환기 등의 연장은 청소년들이 개인으로서 발전할 수 있는 잠재성과 더불어 서로 다른 생활들을 조정함으로써 실험적인 형태들을 만들어낸 반면, 주(state)의 지원이 없어지고, 가족 자원으로의 접근 신뢰성이 점점 더 감소하면서 새로운 형태의 취약성이 드러나고 있다. 이러한 맥락 내에서, 성인들 역시 정체성 확립에 더욱 문제점이 많아졌다는 점을 시사하고 있다.

세 가지 청소년 전환기의 주된 경험들이 계속적으로 계급과 성별 구분들을 반영하는 반면, 청소년들의 삶의 다른 영역들에서는 차이점들이 그다지 분명하지 않다. 다수의 연구자들은 레저와 생활방식 등에 있어서 심각한 차이점들이 부족하다는 점을 지적한 바 있다. 그러나 사회적 계급과 청소년 문화의 관계는 감소되고 있으며, 성별 차이점 또한 약화되고 있으나, 자원으로의 접근이 참여의 수위와 형태 모두에 영향을 미친다는 점은 분명해진다.

레저 형태와 생활방식들의 변화는 어떤 선호가 대중 마케팅 기술들을 통해 제조되었는지의 정도를 강조한다. 청소년의 생활방식은 점차로 시장에 의해 형성되며, 소비자 시장에 참여할 자원이 부족한 이들은 문화적인 그리고 재정적인 배척에 직면한다. 레저 소비, 사회화의 형태들, 하위-문화와의 연계성 그리고 밤 시간대의 경제활동 참여는 모두 구조화된 활동들이며, 사회경제적으로 소외된 계층은 사회 전반의 활동에 배척되고 사회생활의 양극화를 가져 온다.

청소년기가 휴면 기간인 것처럼 보일 수도 있지만 우리는 청소년들의 건강과 건강에 관련된 행동에 있어서의 변화와 더불어 계급에 관련된 중대한 차이점들이 상대적으로 부재함을 알고 있다. 우리는 청소년들 내에서 계급과 관련된 차이점들의 상대적인 부재가 성인기의 평균 건강에 영향을 미칠 것이라는 점은 확신하지 못했다. 그러나 전환기적 경험들을 변화시키는 것으로부터 유래한 불확실성들이 청소년들의 정신 건강에 부정적인 영향을 미치고 있다는 것은 주지의 사실이다. 섭식 문제가 청소년기의 정체성 발달과 자아 및 육체의 이미지를 통제하고자 시도하는 것으로 보일 수 있으며, 여자 청소년과 젊은 여성들 사이에서 자살에 대한 생각과 자살극들이 증가하였다.

청소년기의 연장은 범죄적 활동 참여가 연장된 것과 연결될 수 있다. 설문 조사에 의하면, 불법적인 활동들에 참여하는 형태들 내에서 드러난 계급과 성별에 따른 차이가 매우 낮지만 노동 계급 남성들과 소수

인종들, 노동시장과 생활방식에서 배척된 집단에서 범죄 경력이 증가한 것은 전통적인 사회 구조들 내에서 혜택을 받지 못한 지위들을 가진 이들의 취약성이 증가된 것으로 볼 수 있다.

교육과 노동시장에서의 변화들은 정치적인 지향의 변화와 연결될 수 있다. 특히, 집산주의적 전통이 약화된 것은 정치 사회화의 과정에 영향을 미칠 것이다. 이러한 변화는 전통적인 정당 정치에의 참여를 감소시키고, 정치 과정에서의 참여가 줄어듦으로써 이미 표명되었다. 우리는 청소년들의 정치적 행위에 있어서의 경향에 관한 논거들이 부족하고 그들이 좌익 혹은 우익과 연계한 경향이 있다고 예상하는 것은 성급할 수 있다. 하지만, 대부분은 계급의 종족적 충성심들과 연결된 과거의 정치적 연계관계가 계급과 투표 행위 간의 전통적인 연계에 영향을 미칠 수도 있을 것이라는 점에 주목하였다.

청소년들의 정치에 대한 관심 부족과 공식적인 정치 과정에 대한 이해 부족이 그들의 정치적 지식, 관심과 제휴는 전통적인 사회 구조들 내에서 여전히 그들의 위치를 반영하고 있다. Anthony Giddens를 포함한 작가들은 새로운 사회운동의 성장은 계급 분리와 자아실현의 과정에 우선 사항이 주어지는 일상 정치의 출현에 기초한 해방 정치로부터의 이동을 나타낸다고 시사하고 있다. 하지만, 청소년들이 단일 사안 정치 캠페인들에 참여한다 하더라도, 청소년들의 정치적 우선 사항들이 탈-물질주의적 가치들에 대한 더 큰 강조의 표시로서 보여졌다는 방식에 대해서는 회의적이다. 실제로, 우리의 관점에서 청소년들의 정치 참여와 참여 방식은 과거와의 중요한 연속성들을 드러낸다.

 후기 근대성의 개념화

현 세대의 경험이 이전 세대들의 경험과 강력한 연속성이 존재한다는 점은 1980년대 이후의 사회변화에 너무 많은 중요성을 부여하는 것에 대해 조심스럽게 접근해야 한다는 것을 의미한다. 우리는 현대사회 속의 삶의 기회들을 형태화하는 것으로 보여진 사회적 분리들이 여전히 후기 근대사회 속의 구조화된 불평을 이해하는 데에 중심이 된다는 점을 주장하였다. 급속한 사회 변화의 시기에 있는 청소년들의 삶에 초점을 맞춘다고 하더라도, 청소년들은 성별에 의해 삶의 경험들이 제한당하며 사회계급이 삶의 기회에 미치는 영향은 증가하고 있다. 동시에, 이러한 경험들이 더욱 더 개별화됨으로써 사회 구분들은 점점 불명확하게 되었다고 확신하였다. 포드주의 사회 속에서 실질적으로 모든 활동들을 가로 지르는 명백한 사회적 만족은 더욱 더 은밀한 만족의 형태들에 의해 대체되었다. Goldthorpe와 Marshall(1992)의 결론들은 사회적인 상호 의존성들의 중요성에 대한 인지가 부족해지면, 이는 사회적 계급들은 집산주의적인 행동이나 의식을 위한 기초로서 더 이상 이해되지 않아야 한다는, 혹은 사회 변화의 동력으로서 간주되지 않아야 한다는 주장을 공유하도록 우리를 설득할 것이다. 하지만, 일부 집단들이 희소 자원들을 항상 독점하는 것이 가능하며, 이러한 혜택들이 세대를 거쳐 재생산될 것이라고 확신하기 때문에 우리에게 계급들이 존재하지 않는 자본주의란 상상이 불가능하다.

우리는 '전통적인' 사회계급의 구분은 삶의 기회에 결정적 요인들이 되지 않는다는 제안을 거부하였지만, 후기 근대사회의 중심적인 특성들 중 하나가 집산주의적 사회 정체성들의 약화라는 Beck의 결론은 받아들인다. 실제로, 개별화의 과정은 삶의 경험들이 지닌 다양성이 성장함으로써 사회적 구속들이 주관적으로 약화되는 것을 나타낸다. 이러한 변화들은 생활방식들의 개별화와 계급 문화에서 반영되고 있다. 하지만, 우리는 개인들이 세계를 해석하고 사회적 실체들을 주관적으로 구성하는 방식들 속의 변화들에 집착하는 것에 대한 Beck과 Giddens의 생각에 대해서는 비판적이다. Beck은 개별적인 반영성이 가진 중요성을 지나치게 강조하였기 때문에 후기 근대성의 본질을 포착하지 못했다. 우리는 Beck과 Giddens 사이에 합의한 수많은 공통적인 관심사들과 요점들을 식별할 수 있으며, 한편 Giddens가 '개인들이 자신들의 정체성을 구성할 수 있다는 주장에 대해 과도하게 평가한 결과로서 주체들이 자신들의 "실질적인" 사회적 그리고 정치적인 맥락들로부터 연결되지 않게 된 듯이 보인다'고 하는 부분은 공유한다(May and Cooper 1995: 75).

이러한 어려움들은 청소년들을 연구하는 사회학자들에 의해 여러 방식으로 매우 효과적으로 연구되면서 해결점을 찾아냈다. 개인의 행동에 대한 해석을 통하여 사회적 구조가 어떻게 재창조되는지를 보여 주는 동안 삶의 경험에 대한 해석을 토대로 구분 짓는 생애사적 관점들은 현대 생활의 맥락을 이해하는데 사용될 수 있는 적합한 도구를 제공한다. 포드주의 맥락들 내에서, 객관적인 경험들과 주관적인 해석들 사이의 조정은 상대적으로 직설적이었다. 후기 근대사회 속에서의 경험의 파편화는 생애사적 관점들을 사용하여 작업하는 것이 삶에 대한 구조적인 관점들을 포기하라고 요청하지는 않는다.

후기 근대성의 인식론적 오류에 대한 Giddens의 감수성은 특히나 지역의 중요성이 감소되는 것과 관련된 그의 주장에서 명확히 드러난다. Giddens는 청소년들이 거주하는 세계는 더 이상 공간에 의해 구속되지 않는다고 제안하며, 그들의 경험들은 대중적인 의사소통 시스템들로의 지속적인 접근에 의해 넓혀져 간다고 주장한다. 결과적으로, 경험들이 시간과 공간 속에서 더욱 더 넓은 사회적 과정들에 의해 형태화되는 것처럼 우리가 거주하는 세계도 형태화 된다. Giddens가 말하듯이, '우리가 거주하는 세계는 변화무쌍할 것이다……[그것은]……지역 활동이 영원히 넓어지는 범위인 시공간 관계들 속으로 재결합하는 귀속 탈피된 역학들에 의해 완전히 관통된다'(1991: 146). 후기 근대성의 이해에 중재된 경험들이 중심이라는 점을 우리가 수용한다고는 하지만, 그것의 주된 중요성은 현실을 왜곡하는 자체적인 권력으로부터 유도된다고 본다. 예를 들면, 텔레비전은 우리가 살아 온 경험들로부터 멀리 떨어진 세상에 관한 열린 창문이 될 수 있다; 프로그램들은 우리가 의견들을 형성하는데 도움을 줄 수 있으며, 우리가 자신을 더 넓은 공동체의 일부로서 느끼도록 만들 수도 있다. 동시에, 우리의 기회들과 우리 삶의 우연들은 우리 자신의 중재된 경험들이라기보다는 우리가 살아온 경험들에 의해 지속적으로 구조화된 것들이다. 우리가 살고 있는 나라, 그리고 우리가 거주하는 근린은 삶의 경험들을 강력하게 형성한다.

Giddens의 연구와는 반대로, Beck은 개별화의 과정들이 단단히 억제된 방식들에 대해 지속적으로 관심을 가진다.

> 따라서 그는 이러한 관심이 '개인적인 해결법' 속에서 결합된, 하지만 표준화된 방식에 따르고 행동하는 상당한 압력이 존재한다고 주장한다; 개인주의를 고무하는 수단은 동일성 또한 유도한다… 발생하는 상황들은 양면적이므로 모순적이다: 개별적인 결정들은 외부 영향들에 매우 의존적이다.

(Beck과 Beck-Gernsheim 1995: 40).

따라서 개별화의 과정은 장기간의 개인의 개발노력과 연결될 수 있다. 교육에서 그리고 노동시장에서, 청소년과 청년들은 더 큰 개별적인 책임을 지도록, 그리고 행동의 적합한 과정들을 평가하도록 강요받는다. 위기와 불확실성은 상호 의존성에 의해 특성화된 사회 속에서 개별주의적인 관점들을 채택하는 압박들에 따른 결과들이다.

Beck이 여기서 강조하는 모순은 Norbert Elias[69](1978, 1982)에 의해 자세하게 검토되었다. 자아와 외부 세계 사이의 이원론을 거부하면서, Elias는 개인들이 변화 가능한 사회적 형상화를 구성하기 위하여 상호 의존이라는 사슬에 함께 묶여 있다고 주장하였다. 따라서 개인들은 자신들의 사회적 맥락들과 분리 불가능하고, 사회적 형상화가 변화하면, 유사한 변화들이 구성 요소들에 나타난다. Elias에 따르면 분리 가능한, 독립적인 사회적 실재를 개인이 대표한다는 생각은 자기-통제의 증가와 외부적으로 강제되는 훈육에 있어서의 감소를 포함한 장기간의 역사적 산물이다. 이런 점에서, 개별화는 첫째로 Elias가 homo clausus 혹은 완전히 폐쇄된 개인주의의 역사적 출연과 무관하지 않다. 이러한 생각에 덧붙여 후기 근대성은 집산된 사회 정체성들로부터 개별화된 것들로 이끄는 연속체와 더불어 한 걸음 더 나아가는 것을 나타내는 것으로 보일 수 있다. 이러한 용어들에서 보였듯이, 사회적 변화는 사회 구조들을 약

69) [역자 주] Norbert Elias(1897~1990)는 독일 출신의 사회 역사학자. 그는 개인은 완성되고 독립된 존재라기보다 그 자체로서 발전하고 진화하는 존재로 이러한 개인이 상호작용하며 구성하는 것을 '사회'로 설명하고 있다(문명화 과정 1, 2. 1990. 박미애 역 참조).

화시키는 것은 포함하지 않는다; 상호 의존성의 사슬들은 손상되지 않은 채로 남아 있지만, '변화의 서로 맞물리는 과정들의 복잡성은 통제와 그 안에 참여하는 개인들의 이해를 회피하려 한다'(Goudsblom 1977: 148).

즉, 후기 근대사회 속의 삶이란 집단성으로부터 분리된 느낌이 위기와 불확실성이라는 주관적인 지각들과 밀접하게 연관된 장기간의 역사적 과정 중 일부를 표현하는 인식론적인 오류 주위에서 진화한다. 개인들은 자신들의 일상의 모든 측면들에 영향을 미치는 위기들의 집합과 협상을 할 수밖에 없지만, 개인주의의 강화란 위기가 개인의 통제와는 관계가 없는 과정들의 결과라기보다는 개별적인 단점들로 지각된다는 것을 의미한다. 이러한 맥락에서, 우리는 현대사회에서 청소년들이 직면한 문제점들 중 일부가 개인적인 수위에서의 어려움들을 협상하기 위한 시도로부터 유래한다는 점을 보았다. 상호의존성이라는 강력한 사슬들의 존재를 모를 때, 청소년들은 종종 집산주의적 문제점들을 개별적인 행동을 통해 해결하려고 시도하며, 불가피한 실패에 대해 자신들이 책임이 있다고 주장한다.

참고 문헌

Aamodt, P.O. and Kyvik, S. (2005) 'Access to higher education in the Nordic countries', in T. Tapper and D. Palfreyman (eds) *Understanding Mass Higher Education: Comparative Perspectives on Access*. Abingdon: Routledge.

Aassve, A., Billari, F. C., Mazzuco, S. and Ongaro, F. (2002) 'Leaving home: a comparative analysis of ECHP data', *Journal of European Social Policy*, 12, 259–75.

Abma, R. (1992) 'Working class heroes. A review of the youth subculture theory of the Centre for Contemporary Cultural Studies', in W. Meeus, M. de Goede, W. Kox and K. Hurrelman (eds) *Adolescent Careers and Cultures*. Berlin and New York: de Gruyter.

Abrams, D. (1990) *Political Identity. Relative Deprivation, Social Identity and the Case of Scottish Nationalism*, ESRC 16–19 Initiative Occasional Papers, no. 24. London: City University.

Abrams, M. (1961) *The Teenage Consumer*. London: London Press Exchange.

Abramson, P.A. and Inglehart, R. (1992) 'Generational replacement and value change in eight West European societies', *British Journal of Political Science*, 22, 183–228.

Adams, J. (1995) *Risk*. London: UCL.

Adsett, M. (2003) 'Change in political era and demographic weight in explanations of youth "disenfranchisement" in federal elections in Canada, 1965–2000', *Journal of Youth Studies*, 6, 247–64.

Aebi, M. F. (2002) *Space 1 Council of Europe Annual Penal Statistics*. Strasbourg: Council of Europe, Strasbourg.

Agerbo, E., Nordentoft, M. and Mortwensen, O.P.B. (2002) 'Familial psychiatric and socioeconomic risk factors for suicide in young people: nested case control study', *British Medical Journal*, 317, 74–7.

Ainley, P. (1991) *Young People Leaving Home*. London: Cassell.

Allatt, P. and Benson, L. (1991) *Family Discourse. Political Socialization Amongst*

Teenagers and their Families. ESRC 16–19 Initiative Occasional Papers, no. 37. London: City University.

Anderson, I., Kemp, P. and Quilgars, D. (1993) *Single Homeless People*. London: HMSO.

Anderson, S., Kinsey, R., Loader, I. and Smith, C. (1994) *Cautionary Tales. Young People, Crime and Policing in Edinburgh*. Aldershot: Avebury.

Anisef, P., Axelrod, P., Baichman-Anisef, E., James, C. and Turrittin, A. (2000) *Opportunity and Uncertainty: Life Course Experiences of the Class of '73*. Toronto: University of Toronto Press.

Aries, P. (1962) *Centuries of Childhood. A Social History of Family Life*. London: Cape.

Arnett, J.J. (2004) *Emerging Adulthood: The Winding Road Through the Late Teens to the Twenties*. New York: Oxford University Press.

Arnett, J.J. (2006) 'Emerging adulthood in Europe: A response to Bynner', *Journal of Youth Studies*, 9, 111–23.

Arrowsmith, J. (2006) *Temporary Agency Work in an Enlarged European Union*. Dublin: European Foundation for the Improvement of Living and Working Conditions.

Arum, R. and Shavit, Y. (1995) 'Secondary vocational education and the transition from school to work', *Sociology of Education*, 68, 187–204.

Ashton, D.N. and Field, D. (1976) *Young Workers*. London: Hutchinson.

Ashton, D.N. and Maguire, M.J. (1983) *The Vanishing Youth Labour Market*. London: Youthaid.

Ashton, D.N., Maguire, M.J. and Spilsbury, M. (1990) *Restructuring the Labour Market. The Implications for Youth*. Basingstoke: Macmillan.

Atkinson, J. (1984) 'Manpower strategies for flexible organizations', *Personnel Management*, August.

Babb, P. and Bethare, A. (1995) 'Trends in births and marriage', *Population Trends*, 81, 17–22.

Bagguley, P. and Mann, K. (1992) 'Idle thieving bastards? Scholarly representations of the underclass', *Work, Employment and Society*, 6, 113–26.

Bagnall, G. and Plant, M.A. (1991) 'AIDS risks, alcohol and illicit drug use amongst young adults in areas of high and low rates of HIV infection', *AIDS Care*, 3, 355–61.

Ball, Sj. (1981) *Beachside Comprehensive. A Case Study of Secondary Schooling*. Cambridge: Cambridge University Press.

Ball, Sj. (2003) *Class Strategies in the Educational Market: The Middle Classes and Social Advantage*. London: Routledge Falmer.

Ball, Sj., Maguire, M. and Macrae, S. (2000) *Choice, Pathways and Transitions Post-16*. London: RoutLedge-Falmer.

Banks, M., Bates, I., Breakwell, G., Bynner, J., Emler, N., Jamieson, L. and Roberts, K. (1992) *Careers and Identities*. Milton Keynes: Open University Press.

Banks, M.H. and Jackson, P.R. (1982) 'Unemployment and risk of minor psychiatric disorders in young people. Cross sectional and longitudinal evidence', *Psychological*

Medicine, 12, 789-98.
Banks, M.H. and Ullah, P. (1987) 'Political attitudes and voting among unemployed and employed youth', *Journal of Adolescence*, 10, 201-16.
Banks, M. and Ullah, P. (1988) *Youth Unemployment in the 1980s. Its Psychological Effects.* Beckenham: Croom Helm.
Banks, S. (1993) 'Young People and the environment', *Youth and Policy*, 42, 1-5.
Barclay, G. and Tavares, C. (2002) *International Comparisons of Criminal Justice Statistics, 2000.* London: Home Office.
Barclay's Bank (2005) *Eleventh Barclay's Annual Graduate Survey.* http://www.newsroom.barclays.com/content/detail.asp?ReleaseID=276&NewsAreaID=2 (accessed 18 April 2006).
Baron, S., Field, J. and Schuller, T. (2000) *Social Capital: Critical Perspectives.* Oxford: Oxford University Press.
Baudrillard, J. (1988) *Selected Writings.* Oxford: Oxford University Press.
Bauman, Z. (2001) *The Individualized Society.* Cambridge: Polity.
Beck, U. (1992) *Risk Society. Towards a New Modernity.* London: Sage.
Beck, U. (1994) 'The reinvention of politics. Towards a theory of reflexive modernization', in U. Beck, A. Giddens and S. Lash (eds) *Reflexive Modernization, Politics, Tradition and Aesthetics in the Modern Social Order.* Oxford: Polity.
Beck, U. (2000) *The Brave New World of Work.* Cambridge: Polity.
Beck, U. and Beck-Gernsheim, E. (1995) *The Normal Chaos of Love.* Oxford: Polity.
Beinart, S., Anderson, B., Lee, S. and Utting, D. (2002) *Youth at Risk? A National Survey of Risk Factors, Protective Factors and Problem Behaviour Among Young People in England, Scotland and Wales.* London: Communities that Care.
Bell, D. (1973) *The Coming of Post-Industrial Society.* New York: Basic Books.
Benn, T. (2005) '"Race", physical education, sport and dance', in K. Green and K. Hard-man (eds) *Physical Education: Essential Issues.* London: Sage.
Bennett, A. (1999) 'Subcultures or neo-tribes? Rethinking the relationship between youth, style and musical taste', *Sociology*, 33, 599-617.
Bennett, A. (2000) *Popular Music and Youth Culture: Music, Identity and Place.* Basingstoke: Macmillan.
Bennett, D. and Williams, M. (1994) 'Adolescent health care: The international context', in R.S. Tonkin (ed.) *Current Issues in the Adolescent Patient.* London: Baillière Tindall.
Bennie, L. and Rudig, W. (1993) 'Youth and the environment: Attitudes and actions in the 1990s', *Youth and Policy*, 42, 1-5.
Berger, P.L., Berger, B. and Kellner, H. (1974) *The Homeless Mind.* Harmondsworth: Penguin.
Bernhardt, E. and Gähler, M. (2001) Cohabitation or residential independence in Sweden? The impact of childhood family structure and conflict on routes out of the parental home. Paper presented at the annual meeting of the Population Association of America, Washington, DC, 29-31 March.
Bernhardt, E., ,Gähler, M. and Goldscheider, F. (2005) 'Childhood family structure and

routes out of the parental home in Sweden', *Acta Sociologica*, 48, 99–115.

Bernstein, N. (2004) Young love, new caution: Behind the fall in pregnancy, a new teenage culture of constraint, *New York Times*, 7 March.

Bhavanani, K.-K. (1991) *Talking Politics. A Psychological Framing for Views from Youth in Britain.* Cambridge: Cambridge University Press.

Biggart, A. (2002) 'Attainment, gender and minimum-aged school leavers' early routes in the labour market', *Journal of Education and Work*, 15, 145–62.

Biggart, A. and Furlong, A. (1996) 'Educating "discouraged workers". Cultural diversity in the upper secondary school', *British Journal of Sociology of Education*, 17, 253–66.

Bishop, D. and Decker, S. (2006) 'Juvenile justice in the United States: A review of Policies, programs and trends', in J. Junger-Tas (ed) *Improving Juvenile Justice.* Berlin: Springer.

Blackburn, R.M. and Jarman, J. (1993) 'Changing inequalities in access to British universities', *Oxford Review of Education*, 9, 197–215.

Blackman, S. (2005) 'Youth sub-cultural theory: A critical engagement with the concept, its origins and politics, from the Chicago school to postmodernism', *Journal of Youth Studies*, 8, 1–20.

Blagg, H. (1997) 'A just measure of Shame? Aboriginal youth and conferencing in Australia', *The British Journal of Criminology*, 37, 481–501.

Blias, A., Gidengil, E., Nevitte, N. and Nadeau, R. (2001) 'The evolving nature of non-voting evidence from Canada'. Paper presented to the American Political Science Association, San Francisco, 30 August to 2 September.

Blum, R.W. and Nelson-Mmari, K. (2004) 'The health of young people in a global context', *Journal of Adolescent Health*, 35, 402–18.

Bonoli, G., George, V. and Taylor-Gooby, P. (2000) *European Welfare Futures.* Cambridge: Polity.

Bóse, M. (2003)' "Race" and class in the post-industrial economy', in D. Muggelton and R.Werinzierl (eds) *The Post-subcultures Reader.* Oxford: Berg.

Boudon, R. (1973) *Education, Opportunity and Social Inequality.* New York: Wiley.

Bourdieu, P. (1977) 'Cultural reproduction and social reproduction', in J. Karabel and A.H. Halsey (eds) *Power and Ideology in Education.* New York: Oxford University Press.

Bourdieu, P. and Passeron, J.C. (1977) *Reproduction in Education, Society and Culture.* London: Sage.

Box, S., Hale, C. and Andrews, 0. (1988) 'Explaining the fear of crime', *British Journal of Criminology*, 28, 340–56.

Bradley, S. and Taylor, J. (2004) 'Ethnicity, educational attainment and the transition from school', *Manchester School*, 72, 317–46.

Brain, K. (2000) *Youth, Alcohol and the Emergence of the Post-Modern Alcohol Order.* London: Institute for Alcohol Studies.

Breakwell, G. (1986) 'Political and attributional responses of the young short-term unemployed', *Political Psychology*, 7, 265–78.

Breakwell, G. (1992) 'Changing patterns of sexual behaviour in 16–29–year–olds in the UK. A cohort–sequential longitudinal study', in W. Meeus, M. de Goede, W. Kox and K. Hurrelmann (eds) *Adolescent Careers and Cultures.* Berlin and New York: de Gruyter.

Brettschneider, W.D. and Naul, R. (2004) *Study of Young People's Lifestyles and Sedentariness and the Role of Sport in the Context of Education as a Means of Restoring the Balance.* Brussels: European Commission.

British Crime Survey (2000) *British Crime Survey.* London: Home Office.

British Heart Foundation (2005) Alcohol consumption by country of adults aged 15 and above, 1970–2001, Europe.www.heartstats.org/datapage.asp?id=4597 (accessed 3 March 2006).

British Youth Council (1995) *Politics: In Brief.* London: British Youth Council.

Brown, P. (1987) *Schooling Ordinary Kids.* London: Tavistock.

Brownfield, D. (1996) 'Subcultural theories of crime and delinquency', in J. Hagan, A.R. Gillis and D. Brownfield (eds) *Criminological Controversies.* Oxford: Westview.

Bryson, A. and Gomaz, R. (2002) 'Marching on together? Recent trends in union membership', in A. Park, J. Curtice, K. Thomson, L. Jarvis and C. Bromley (eds) *British Social Attitudes: The 19th Report.* London: Sage.

Büchner, P. (1990) 'Growing up in the eighties. Changes in the social biography of childhood in the ERG', in L. Chisholm, P. Büchner, H.–H. Kruger and P. Brown (eds) *Childhood, Youth and Social Change.* A Comparative Perspective. London: Falmer.

Buckingham, D. (2000) *The Making of Citizens: Young People, News and Politics.* London: Routledge.

Bühler, C. (1921) Das Seelenleben. Quoted in J. Coleman and T. Husen (1985) *Becoming an Adult in a Changing Society.* Paris: OECD.

Burke, K.C., Burke, J.D. (Jr), Regier, D.A. and Rae, D.S. (1990) 'Age at the onset of select mental disorders in five community populations', *Archive of General Psychiatry*, 5, 511–18.

Burnhill, P., Garner, C. and McPherson, A. (1990) 'Parental education, social class and entry into higher education 1976–86', *Journal of the Royal Statistical Society, Series A*, 153, 233–48.

Button, E.J. and Whitehouse, A. (1981) Subclinical anorexia nervosa, *Psychological Medicine*, 11, 509–16.

Bynner, J. (2005) 'Rethinking the youth phase of the life–course: The case for emerging adulthood', *Journal of Youth Studies*, 8, 367–84.

Bynner, J. and Ashford, S. (1994) 'Politics and participation. Some antecedents of young people's attitudes to the political system and political activity', *European Journal of Social Psychology*, 24, 223–36.

Bynner, J., Bachman, J.G. and O'Malley, P. (1981) 'Self esteem and delinquency revisited', *Journal of Youth and Adolescence*, 10, 407–41.

Bynner, J., Chisholm, L. and Furlong, A. (eds) (1997) *Youth, Citizenship and Social Change in a European Context.* Aldershot: Ashgate.

Bynner, J., Londra, M. and Jones, G. (2004) *The Impact of Government Policy on Social Exclusion Among Young People*. London: The Office of the Deputy Prime Minister.

Bynner, J. and Parsons, S. (2003) 'Social participation, values and crime', in E. Fern, J. Bynner and M. Wadsworth (eds) *Changing Britain, Changing Lives*. London: Institute of Education.

Bynner, J. and Roberts, K. (1991) (eds) *Youth and Work: Transitions to Employment in England and Germany*. London: Anglo-German Foundation.

Bynner, J., Romney, D.M. and Emler, N.P. (2003) 'Dimensions of political and related facets of identity in late adolescence', *Journal of Youth Studies*, 6, 319-35.

Callender, C. (2003) 'Student financial support in higher education', in M. Tight (ed) *Access and Exclusion*. Oxford: Elsevier.

Campbell, A. (1981) *Girl Delinquents*. Oxford: Blackwell.

Campbell, S. (2002) *Review of Anti-social Behaviour Orders*. Home Office Research Study 236. London: Home Office.

Caradec, V. (1996) 'Les formes de la vie comjugale des "jeunes" couple âgés', *Population*, 51, 897-928.

Cane, J. (2001) 'Social and political activity among unemployed young people in six northern European countries', in A. Furlong and T. Hammer (eds) *Youth Unemployment and Marginalisation in Northern Europe*. Oslo: Norwegian Social Research.

Carter, M.P. (1962) *Home, School and Work*. London: Pergamon.

Cashmore, E.E. (1984) *No Future. Youth and Society*. London: Heinemann.

Centers for Disease Control and Prevention (2000) 'Youth risk behavior surveillance—United States 1999', *Morbidity and Mortality Weekly Report*, 49 (SS-5).

Centers for Disease Control and Prevention (2004) SRD Surveillance 2004. www.cdc.gov/std/stats/trends2004.htm (accessed 1 May 2006).

Chan, T.W. and Goldthorpe, J.H. (2005) 'The social stratification of theatre, dance and cinema attendance', *Cultural Trends*, 14, 193-212.

Chase, E., Douglas, N., Knight, A., Rivers, K., Warwick, I. and Aggleton, P. (2003) *Teenage Pregnancy and Parenthood Among Young People Looked after by Local Authorities: Determinants and Support. A Research Review*. London: Thomas Comm Research Unit, Institute of Education.

Chatterton, P. and Hollands, R. (2003) *Urban Nightscapes: Youth Cultures, Pleasure Spaces and Corporate Power*. London: Routledge.

Cheek, N. and Bunch, W. (1976) *The Social Organization of Leisure in Human Societies*. New York: Harper and Row.

Chitty, C. (1987) (ed) *Aspects of Vocationalism*. London: Institute of Post-16 Education.

Chitty, C. (1989) *Towards a New Educational System. The Victory of the New Right?* London: Falmer.

Christie, N. (2000) *Crime Control Industry*. London: Routeledge.

Clarke, C. and Cnitcher, C. (1985) *The Devil Makes Work. Leisure in Capitalist Britain*. Basingstoke: Macmillan.

Clarke, H.D., Sanders, D., Stewart, M.C. and Whiteley, P. (2004) *Political Choice in Britain*. Oxford: Oxford University Press.

CLS (Centre for Longitudinal Studies) (2006) *Obesity, diet and exercise, CLS Briefing, May*. London: Institute of Education.

CNN (2004) *US Election Exit Poll*. http://www.exitpollz.org/cnnzoo4epolls/Presepolls/1A_P.html (accessed 12 December 2005).

Coakley, J. and White, A. (1992) 'Making decisions: Gender and sport participation among British adolescents', *Sociology of Sport Journal*, 9, 20-35.

Cochrane, R. and Billig, M. (1983) 'Youth and politics in the 80s', *Youth and Policy*, 2, 31-4.

Coffield, F., Bornill, C. and Marshall, S. (1986) *Growing up at the Margins*. Milton Keynes: Open University Press.

Cohen, J. (1983) 'Rethinking social movements', *Berkeley Journal of Sociology*, 28, 97-113.

Cohen, S. (1972) *Folk Devils and Moral Panics*. Oxford: Blackwell.

Cohen, S. (2003) '661 New Crimes—and counting'. *New Statesman*, 7 July.

Colby, A. and Kohlberg, L. (1987) The Measurement of Moral Judgement, Vol.1. *Theoretical Foundations*. Cambridge: Cambridge University Press.

Coleman, C. and Moynihan, J. (1996) *Understanding Crime Data. Haunted by the Dark Figure*. Buckingham: Open University Press.

Coles, B. (1995) *Youth and Social Policy*. London: UCL.

Collins, M. (1998) *Altered State: The Story of Ecstasy Culture and Acid House*. London: Serpent's Tail.

Cooper, L. (2000) 'Alcohol use and risky sexual behavior among college students and youth: Evaluating the evidence', www.collegedrinkingprevention.gov/supportin-gres earchjournal/cooper.aspx (accessed 6 March 2006).

Côté, J. (2000) *Arrested Adulthood: The Changing Nature of Maturity and Identity*. New York: New York University Press.

Côté, J.E. and Allahar, A.L. (1996) *Generation on Hold. Coming of Age in the Late Twentieth Century*. New York: New York University Press.

Courtenay, G. and McAleese, I. (1993) *England and Wales Youth Cohort Study. Report on Cohort 5, Sweep 1*. Sheffield: Employment Department.

Craig, G. (1991) *Fit for Nothing? Young People, Benefits and Youth Training*. London: The Children's Society.

Craine, S. (1997) 'The black magic roundabout: cyclical transitions, social exclusion and alternative careers', in R. MacDonald (ed) *Youth, the 'Underclass' and Social Exclusion*. London: Routledge.

Croghan, R., Griffin, C., Hunter, J. and Phoenix, A. (2006) 'Style failure: Consumption, identity and social exclusion', *Journal of Youth Studies*, 9: 467-82.

Croxford, L., Howieson, C., Ianelli, C. and Ozga, J. (2002) *Educational Maintenance Allowance (EMAs): Evaluation of the East Ayrshire Pilot*. Edinburgh: Scottish Executive.

Croxford, L., Howieson, C., Ianelli, C., Raffe, D. and Shapira, M. (2006) Trends in education and youth transitions across Britain 1984–2002. Working paper presented to the conference Education and Social Change in England Wales and Scotland 1984–2002. University of Edinburgh.

Croxford, L. and Raffe, D. (2005) 'Education markets and social class inequality: A comparison of trends in England, Scotland and Wales'. Working paper, Edinburgh, Centre for Educational Sociology, University of Edinburgh.

Cunnie, C., Roberts, R., Morgan, A., Smith, R., Settertobulte, W., Samdal, O. and Rasmussen, V.B. (eds) (2004) *Young People's Health in Context, Health Behaviour in School Aged Children (HBSC) Study, International Report From the 2001–02 Survey.* Geneva: World Health Organisation Regional Office for Europe.

D'Attilio, J.P., Campbell, B.M., Lubold, P., Jacobson, T. and Richard, J. A. (1992) 'Social support and suicide potential: Preliminary findings for adolescent populations', *Psychological Reports*, 70, 76–8.

DaVanzo, J. and Goldscheider, F.K. (1990) Coming home again. Returns to the family home of young adults, *Population Studies*, 44, 241–55.

Davis, J. (1990) *Youth and the Condition of Britain. Images of Adolescent Conflict.* London: Athlone.

Deehan, A. and Saville, E. (2003) *Calculating the Risk: Recreational Drug Use Among Clubbers in the South East of England.* London: Home Office.

Deem, R. (1986) *All Work and No Play. The Sociology of Women and Leisure.* Milton Keynes: Open University Press.

Delamont, S. (1980) *Sex Roles and the School.* London: Methuen.

Dennis, N., Henriques, F. and Slaughter, C. (1956) *Coal is Our Life.* London: Eyre and Spottiswoode.

Department of Education Training and Youth Affairs (1999) *Equity in Higher Education.* Canberra: Higher Education Division.

Department of Health (2005) *Smoking, Drinking and Drug Use Among Young People in England in 2004: Headline Figures.* London: Department of Health.

de Vaus, D. and Qu, L. (1998) 'Intergenerational transfers across the lifecourse', *Family Matters*, 50, 27–30.

DfEE (Department for Education and Employment) (2000) *Labour Market Trends*, 108. July.

DfES (Department for Education and Science) (2005) *Youth Cohort Study: The Activities of 16 year–olds: England and Wales, 2004.* London: DfES.

Devine, F. (2004) *Class Practices: How Parents Help Their Children to Get Good Jobs.* Cambridge: Cambridge University Press.

de Wilde, E.J., Kienhorst, C.W.M., Diekstra, R.F.W. and Wolters, W.H.G. (1992) 'The relationship between adolescent suicidal behaviour and life events in childhood and adolescence', *American Journal of Psychiatry*, 1, 45–51

Diekstra, R.F.W., Garnefski, N., Heus, P. de, Zwart, R. de, Praag, B. van, and Warnaar, M. (1991) *Scholierenonderzoek 1990. Gedrag en gezondheid.* Den Haag: NIBUD.

Diekstra, R.F.W., Kienhorst, C.W.M. and de Wilde, E.J. (1995) 'Suicide and suicidal behaviours among adolescents', in M. Rutter and Dj. Smith (eds) *Psychological Disor-*

ders in Young People. Time Trends and their Causes. John Wiley and Sons: Chichester.

Dobson, I. (2003) 'Access to university in Australia: Who misses out?', in M. Tight (ed) *Access and Exclusion.* Oxford: Elsevier.

Donovan, C. (1990) 'Adolescent sexuality', *British Medical Journal*, 30, 1026–7.

Douglas, J.W.B. (1967) *The Home and the School.* St. Albans: Panther.

Douvan, A. and Adelson, J. (1966) *The Adolescent Experience.* New York: Wiley.

Downes, D. (1966) *The Delinquent Solution. A Study in Subcultural Theory.* London: Routledge and Kegan Paul.

du Bois Reymond, M. (1998a) 'I don't want to commit myself yet: young people's life concepts', *Journal of Youth Studies*, 1, 63–79.

du Bois Reymond, M. (1998b) 'Negotiation strategies in modern families: What does it mean for global citizenship?', in K. Mattijis and A. Van den Troost (eds) *The Family: Contemporary Perspectives and Challenges.* Leuvan: Leuvan University Press.

Durkheim, E. (1947) *The Division of Labour in Society.* New York: Macmillan.

Durkheim, E. (1964) *The Rules of Sociological Method.* New York: Free Press.

Dwyer, P. and Wyn, J. (2001) *Youth, Education and Risk: Facing the Future.* London and New York: Routledge–Falmer.

Eckersley, R. and Dear, K. (2002) 'Cultural correlates of youth suicide', *Social Science and Medicine*, 55, 1891–4.

Egerton, M. and Halsey, A.H. (1993) 'Trends in social class and gender in access to higher education in Britain', *Oxford Review of Education*, 19, 183–96.

EGRIS (European Group for Integrated Social Research) (2001) 'Misleading trajectories: Transitions dilemmas of young adults in Europe', *Journal of Youth Studies*, 4, 101–19.

Electoral Commission (2005) *Election 200S: Turnout.* London: Electoral Commission.

Elias, N. (1978) *The History of Manners. The Civilising Process, Volume I.* Oxford: Blackwell.

Elias, N. (1982) *State Formation and Civilization. The Civilising Process, Volume II.* Oxford: Blackwell.

Elias, P. and Purcell, K. (2004) *The Earnings of Graduates in their Early Careers*, Research Paper no. 5. Warwick: Institute of Employment.

EMCDDA (European Monitoring Centre for Drugs and Drug Addiction) (2006) *Statistical Bulletin 2005.* Lisbon: EMCDDA.

Emler, N. (1996) A new agenda for youth politics research? The contribution of a social psychological perspective. Conference paper, University of Glasgow 'British Youth Research: The New Agenda', 26–28 January.

Erikson, E.H. (1968) *Identity, Youth and Crisis.* New York: Norton.

Ermisch, J. (1997) *Prices, Parents and Young People's Household Formation*, ISER working paper no. 97–18. Colchester: University of Essex.

Ermisch, J. (2000) *Personal Relationships and Marriage Expectations: Evidence from the 1998 British Household Panel Survey*, ISER working paper no. 2000–27.

Colchester: University of Essex.
Ermisch, J. and Francesconi, M. (2000) 'Patterns of household and family formation', in It. Berthoud and J. Gershuny (eds) *Seven Years in the Lives of British Families: Evidence on the Dynamics of Social Change from the British Household Panel Survey*. Bristol: Policy Press.
Esmée Fairbairn Foundation (2005) *Re-thinking Crime and Punishment*. London: Esmée Fairbairn Foundation.
ESPAD (European School Survey on Alcohol and Other Drugs) (2003) *Summary of the 2003 Findings*. www.espad.org/summary.html (accessed 19 December 2005).
Estrada, F. (2001) 'Juvenile violence as a social problem: Trends, media attention and societal responses', *British Journal of Criminology*, 41, 639–55.
European Commission (1999) *Employment in Europe 1998: Jobs for People, People for Jobs*. Luxembourg: Office for the Official Publications of the European Communities.
European Commission (2002) *Higher Education and Graduate Employment in Europe: New Perspectives for Learning*. Briefing Paper 10. Brussels: European Commission.
European Commission (2003a) *Time Use at Different Stages of Life: Results from 13 European Countries*. Luxembourg: Office for Official Publications of the European Community.
European Commission (2003b) *Results of Eurobarometer 58*. Brussels: European Commission.
European Commission (2004a) *Employment in Europe 2004: Recent Trends and Prospects*. Luxembourg: Office for the Official Publications of the European Communities.
European Commission (2004b) *The Citizens of the European Union and Sport*. Euro barometer 213. Brussels: European Commission.
Eurostat (2005) *Employment in Hotels and Restaurants*. Eurostat News Release 127/2005, 11 October 2005.
EUYOUPART (2005) Political participation of young people in Europe (http://europa.eu.int/comm/research/headlines/news/article_05_09_14_en.html) (accessed 10 November 2005).
Evans, K. (2002) 'Taking control of their lives? Agency in young adult transitions in England and the New Germany', *Journal of Youth Studies*, 5, 245–71.
Evans, K. and Furlong, A. (1997) 'Metaphors of youth transitions. Niches, pathways, trajectories or navigations', in J. Bynner, L. Chisholm and A. Furlong (eds) *Youth, Citizenship and Social Change in a European Context*. Aldershot: Avebury.
Fahmy, E. (1999) 'Youth and political participation: Findings from a 1996 MORI survey', *Radical Statistics*, 18–26.
Farrell, L. and Shields, M.A. (2002) 'Investigating the economic and demographic determinants of sporting participation in England', *Journal of the Royal Statistical Society*, 165, 335–48.
Farrington, D.P. (1990) 'Implications of criminal career research for the prevention of offending', *Journal of Adolescence*, 13, 93–113.

Farrington, D., Gallagher, B., Morley, L., St Ledger, R. and West, D.J. (1986) 'Unemployment, school-learning and crime', *British Journal of Criminology*, 26, 335-56.

Fay, R.E., Turner, C.F., Klassen, A.D. and Gagnon, J.H. (1989) Prevalence and patterns of some gender sexual contact among men, *Science*, 243, 338-48.

Fazey, C. (1991) 'The consequences of illegal drug use', in D. Whynes and P. Bean (eds) *Policing and Prescribing: The British System of Drug Control*. London: Macmillan.

Featherstone, M. (1991) *Consumer Culture and Postmodernism*. London: Sage.

Federation of European Employers (2005) http://fedee.com/tradeunions html (accessed 28 July2005).

Ferchoff, W. (1990) 'West German youth cultures at the close of the eighties', in L. Chisholm, P. Büchner, H.-H. Kruger and P. Brown (eds) *Childhood, Youth and Social Change. A Comparative Perspective*. Basingstoke: Falmer.

Ferrante, A.M., Loh, N.S.N. and Mailer, M. (1998) *Crime and Justice Statistics for Western Australia: 1996*. Crime Research Centre: University of Western Australia.

Ferrell, J. (1997) 'Cultural criminology', *Annual Review of Sociology*, 25, 395-418.

Fern, E. and Smith, K. (2003) 'Partnerships and parenthood', in E. Ferri,J. Bynner and M. Wadsworth (eds) *Changing Britain Changing Lives*. London: Institute of Education.

Feuer, L.S. (1969) *The Conflict of Generations. The Character and Significance of Student Movements*. New York: Basic Books.

Field, J. (2003) *Social Capital*. London: Routledge.

Finch, J. (1989) *Family Obligations and Social Change*. Cambridge: Polity.

Fitzgerald, M. (1993) *The Royal Commission on Criminal Justice. Minorities and the Criminal Justice System*. London: HMSO.

Fitzpatrick, S. (20%) *Young Homeless People*. London: Macmillan.

Flintoff, A. and Scraton, S. (2005) 'Gender and physical education', in K. Green and K. Hardman (eds) *Physical Education: Essential Issues*. London: Sage.

Flood-Page, C., Campbell, S., Harrington, V. and Miller, J. (2000) *Youth Crime: Findings from the 1998/99 Youth Lifestyles Survey*. Home Office Research Study 209. London: HMSO.

Fombonne, E. (1995) 'Eating disorders. Time trends and possible exploratory mechanisms', in M. Rutter and Dj. Smith (eds) *PsychologicalDisorders in Young People. Time Trends and their Causes*. Chichester: Wiley.

Fombonne, E. (1998) 'Suicide behaviours in vulnerable adolescents. Time trends and their correlates'. *British Journal of Psychiatry*, 173, 154-59.

Forcese, D. (1997) *The Canadian Class Structure*, 4th edition. Toronto: McGraw-Hill.

Ford, J. (1969) *Social Class and the Comprehensive School*. London: Routledge and Kegan Paul.

Ford, N. (1989) 'Urban-rural variations in the level of heterosexual activity of young people', *Area*, 21, 237-48.

Foreman, D. and Chilvers, C. (1989) 'Sexual behaviour of young and middle aged men in England and Wales', *British Medical Journal*, 298, 1137–42.

Forsyth, A. (1997) A Qualitative Exploration of Dance Drug Use. Unpublished PhD thesis, University of Glasgow.

Forsyth, A. and Furlong, A. (2000) *Socioeconomic Disadvantage and Access to Higher Education*. Bristol: Policy Press.

Fossey, E., Loretto, W. and Plant, M. (1996) 'Alcohol and youth', in L. Harrison (ed) *Alcohol Problems in the Community*. London: Routledge.

Franklin, M.N. (1985) *The Decline in Class Voting in Britain*. Oxford: Clarendon.

Franzén, E.M. and Kassmafl, A. (2005) 'Longer-term labour market consequences of economic activity during young adulthood: A Swedish national cohort study', *Journal of Youth Studies*, 8, 403–25.

Frédéric, L. (2005) *Japan Encyclopaedia*. Cambridge, MA: Harvard University Press.

Frith, S. (1978) *The Sociology of Rock*. Constable: London.

Fryer, D. and Payne, R. (1986) 'Being unemployed. A review of the literature on the psychosocial experience of unemployment', in C.L. Cooper and I. Robertson (eds) *International Review of Industrial and Organisational Psychology*. Chichester: Wiley.

Furlong, A. (1992) *Growing Up in a Classless Society*. Edinburgh: Edinburgh University Press.

Furlong, A. (2005) 'Cultural determinants of decisions about educational participation among 14–19 year-olds: The parts Tomlinson doesn't reach', *Journal of Educational Policy*, 20, 379–89.

Furlong, A. and Cartmel, F. (2001) 'The relationship between youth unemployment and social and economic marginalisation: A comparative perspective', in B. Furaker (ed) *Employment, Unemployment and Marginalisation*. Stockholm: Almqvist and Wiksell.

Furlong, A. and Cartmel, F. (2004) *Vulnerable Young Men in Fragile Labour Markets*. York: York Publishing.

Furlong, A. and Cartmel, F. (2005) *Graduates from Disadvantaged Families: Early Labour Market Experiences*. Bristol: Policy Press.

Furlong, A., Cartmel, P., Biggart, A., Sweeting, H. and West, P. (2003) *Reconceptualising Youth Transitions: Patterns of Vulnerability and Processes of Social Exclusion*. Edinburgh: Scottish Executive.

Furlong, A. and Cooney, G. (1990) 'Getting on their bikes. Early home leaving among Scottish youth', *Journal of Social Policy*, 19, 535–51.

Furlong, A. and Kelly, P. (2005) 'The Brazilianization of youth transitions in Australia and the UK?', *Australian Journal of Social Issues*, 40, 207–25.

Furlong, A. and McNeish, W. (2000) *Integration Through Training*. Report to the European Commission. Glasgow: University of Glasgow.

Furnham, A. and Gunter, B. (1989) *The Anatomy of Adolescence*. London: Routledge.

Furnham, A. and Stacey, B. (1991) *Young People's Understanding of Society*. London: Routledge.

Futureskills Scotland (2006) *The Labour Market for Graduates in Scotland*. Glasgow:

Future-skills Scotland.

Garasky, S. (2002) 'Where are they going? A comparison of urban and rural youths' locational choices after leaving the parental home', *Social Science Research*, 31, 409-31.

Garasky, S., Haunin, Rj. and Haunin, D.R. (2001) 'Group living decisions as youth transition to adulthood', *Journal of Population Economics*, 14, 329-49.

Gard, M. and Wright, J. (2005) *The Obesity Epidemic:* Science, *Morality and Ideology.* Routledge: London.

Garfinkel, P.E. and Garner, D.M. (1982) *Anorexia Nervosa. A Multidimensional Perspective.* New York: Brunnen/Mazel.

Garton, A.F. and Pratt, C. (1991) 'Leisure activities of adolescent school students. Predictors of participation and interest', *Journal of Adolescence*, 14, 305-21.

Gauthier, M. (2003) 'The inadequacy of concepts: The rise of youth interest in civic participation in Quebec', *Journal of Youth Studies*, 6, 265-77.

Generation Europe (2004) *Findings of the Second Pan-European Survey of Youth Opinions and European Politics.* www.generation-europe.eu.com/images/files/geapathySUrvey2004.pdf (accessed 11 February 2006).

Gewirtz, S. (1996) 'Market discipline versus comprehensive education. A case study of a London comprehensive school struggling to survive in the education market place', in J. Ahier, B. Cosin and M. Hales (eds) *Diversity and Change. Education, Policy and Selection.* London: Routledge.

Giddens, A. (1990) The Consequences of Modernity. Oxford: Polity.

Giddens, A. (1991) *Modernity and Self Identity. Self and Society in the Late Modern Age.* Oxford: Polity.

Giggs, J. (1991) 'The epidemiology of ~contemporary drug abuse', in D. Whynes and P. Bean (eds) *Policing and Prescribing. The British System of Drug Control.* London: Macmillan.

Gillett, N. (2005) 'The Warriors', *Guardian*, 26 November.

Glendinning, A., Love, J.G., Hendry, L.B. and Shucksmith, J. (1992) 'Adolescence and health inequalities. Extensions to Macintyre and West', *Social Science Medicine*, 35, 679-87.

Goldscheider, F.K. and DaVanzo, J. (1986) 'Pathways to independent living in early adulthood. Marriage, semi-autonomy and pre-marital residential independence', *Demography*, 26, 597-614.

Goldscheider, F.K. and Goldscheider, C. (1993) *Leaving Home Before Marriage. Ethnicity, Familism, and Generational Relationships.* Madison, Wisconsin: University of Wisconsin Press.

Goldthorpe, J.H. and Marshall, 0. (1992) 'The promising future of class analysis. A response to recent critiques', *Sociology*, 26, 381-400.

Goodwin, J. and O'Connor, H. (2005) 'Exploring complex transitions: Looking back at the "Golden Age" of youth transitions', *Sociology*, 39, 201-21.

Gorard, S. and Smith, E. (2004) 'An international comparison of equity in education systems', *Comparative Education*, 40, 16–28.

Gorz, A. (1999) Reclaiming Work: Beyond the Wage-based Society. Cambridge: Polity.

Gottfredson, M.R. and Hirschi, T. (1990) *A General Theory of Crime*. Stanford: Stanford University Press.

Goudsblom, J. (1977) *Sociology in the Balance*. Oxford: Blackwell.

Gowers, S.G. and Shore, A. (2001) 'Development of weight and shape concerns in the aetiology of eating disorders', *British Journal of Psychiatry*, 179, 236–42.

Graham, J. and Bowling, B. (1995) *Young People and Crime*, Home Office Research Study 145. London: Home Office.

Green, A., Wolf, A. and Leney, T. (1999) *Convergence and Divergence in European Education and Training Systems*. London: University of London Institute of Education.

Green, E., Hebron, S. and Woodward, D. (1990) *Women's Leisure, What Leisure?* Basing-stoke: Macrnillian.

Green, G., Macintyre, S., West, P. and Ecob, R. (1991) 'Like parent like child? Associations between drinking and smoking behaviour of parents and their children', *British Journal of Addiction*, 86, 745–58.

Green, K., Smith, A. and Roberts, K. (2005) 'Social class, young people, sport and physical education', in K. Green and K. Hardman (eds) *Physical Education: Essential Issues*. London: Sage.

Greener, T. and Hollands, R. (2006) 'Beyond subculture and post-subculture? The case of virtual psytrance', *Journal of Youth Studies*, 9, 393–4 18.

Guardian (2006) 'Child obesity has doubled in a decade', 22 April.

Gunter, B. (1987) *Television and Fear of Crime*. London: Libbey.

Haerpfer, C., Wallace, C., and Spannring, R. (2002) *Young People and Politics in Eastern and Western Europe*. Vienna: Reighe Soziologie.

Hagan, J., Gillis, A.R. and Brownfield, D. (1996) (eds) *Criminological Controversies*. Oxford: Westview.

Hagell, A. and Newburn, T. (1994) *Persistent Young Offenders*. London: Policy Studies Institute.

Hall, G.S. (1904) *Adolescence. Its Psychology and its Relations to Physiology, Anthropology, Sociology, Sex, Crime, Religion and Education*, 2 Vols. New York: Appleton.

Hall, S. and Jefferson, T. (1976) (eds) *Resistance Through Rituals. Youth Subcultures in Post War Britain*. London: Hutchinson.

Hallsworth, S. (1994) Understanding new social movements, *Sociology Review*, 4, 7–10.

Halsey, A.H. (1992) *Opening Wide the Doors of Higher Education*, Briefing Paper No. 6. London: National Commission on Education.

Halsey, A.H., Heath, A.F. and Ridge, J.M. (1980) *Origins and Destinations. Family, Class and Education in Modern Britain*. Oxford: Clarendon.

Hammarström, A. (2000) 'Is unemployment correlated with ill-health? A comparative analysis between six northern European countries', in A. Furlong and T. Hammer (eds) *Youth Unemployment and Marginalisation in Northern Europe*. Oslo: Norwegian Social Research.

Hammer, T. (1992) 'Unemployment and. the use of drugs and alcohol among young people', British *Journal of Addiction*, 87, 1571-81.

Hammersley, R., Morrison, V., Davies, J.B. and Forsyth, A. (1990) *Heroin Use and Crime*. Edinburgh: Scottish Office. Central Research Unit Papers.

Hargreaves, D. (1967) *Social Relations in a Secondary School*. London: Routledge and Kegan Paul.

Harris, A. and Ranson, 5. (2005) 'The contradictions of educational policy: disadvantage and achievement', *British Educational Research Journal*, 31, 5 71-87.

Harris, C. (1983) *The Family and Industrial Society*. London: Allen and Unwin.

Harris, N. (1990) 'Social security and the transition to adulthood', *Journal of Social Policy*, 17, 501-23.

Harrison, L. and Deicke, W. (2001) 'Capturing the first time voters', *Youth and Policy*, 67, 167-92.

Haskey, J. (2001) 'Cohabitation in Great Britain: past, present and future trends and attitudes', *Population Trends*, 103. London: The Stationery Office.

Haskey, J. (2005) 'Living arrangements in contemporary Britain: Having a partner who usually lives elsewhere and Living Apart Together (LAT)', *Population Trends*, 122, 35-45.

Haste, H. (2005a) *Joined-up Texting*. London: Nestlé Social Research Programme.

Haste, H. (2005b) *My Voice, My Vote, My Community: A Study of Young People's Civic Action and Inaction*. London: Nestlé Social Research Programme.

Haw, S. (1985) *Drug Problems in Greater Glasgow*. London: Chamelion.

Hawton, K., Arensman, E., Townsend, E., Bremner, S., Feldman, E., Goldney, R., Gun-nell, D., Hazell, P., van Heeringen, K., House, A., Owens, D., Sakinofsky, I. and Träskman-Bendz, L. (1998) 'Deliberate self harm: a systematic review of psychosocial and pharmacological treatments in preventing repetition', *British Medical Journal*, 317, 441-47.

Hawton, K., Houston, K. and Shepperd, R. (1999) 'Suicide in young people of 174 cases aged under 25 years, based on coroners and medical records', *British Journal of Psychiatry*, 175, 271-6.

Hayward, G., Hodgson, A., Johnson, J., Keep, E., Oancea, A., Pring, R., Spours, K. and Wright, S. (2004) *The Nuffield Review of 14-19 Education and Training:Annual Report 2003-04*. Oxford: Department of Educational Studies, University of Oxford.

HEA (Health Education Authority) (1992) *Tomorrow's YoungAdults. 9-15 Year-olds Look at Alcohol, Drugs, Exercise and Smoking*. London: Health Education Authority.

Heath, A., Curtice, J., Jowell, R., Evans, G., Field, J. and Witherspoon, S. (1991) Understanding Political Change. *The British Voter 1964-1987*. Oxford: Pergamon.

Heath, A. and Topf, R. (1987) 'Political culture in social attitudes', in R. Jowell, S. Wither-spoon and L. Brook (eds) *British Social Attitudes Survey. The 1987 Report*. Aldershot: Gower.

Heath, S. and Cleaver, E. (2003) *Young, Free and Single? Twenty-Somethings and Household Change*. Basingstoke: Palgrave/Macmillan.

Hebdige, D. (1979) *Subculture. The Meaning of Style*. London: Methuen.

Hebdxge, D. (1988) *Hiding in the Light*. London: Comedia.

Heikkinen, M. (2001) 'Social networks of the marginal young: a study of young people's social exclusion in Finland', *Journal of Youth Studies*, 3, 389-407.

Heinz, W. (1987) 'The transition from school to work in crisis. Coping with threatening unemployment', *Journal of Adolescent Research*, 2, 127-41.

Heinz, W. (1991) *Theoretical Advances in Life Course Research*. Weinheim: Deutscher Verlag.

Hendry, L. and Raymond, M. (1983) 'Youth unemployment and lifestyles. Some educational considerations', *Scottish Educational Review*, 15, 28-40.

Hendry, L., Shucksmith, J., Love, J.G. and Glendinning, A. (1993) *Young People's Leisure and Lifestyles*. London: Routledge.

Henley, J. (2005a) 'Teenage double suicide shocks France', *Guardian*, 27 September.

Henley, J. (2005b) 'Worlds apart: Paris suburb on the divide between hope and despair', *Guardian*, 7 November.

Hess, L.E. (1995) 'Changing family patterns in Western Europe. Opportunity and risk factors for adolescent development', in M. Rutter and D.J. Smith (eds) *Psychological Disorders in Young People. Time Trends and their Causes*. Chichester: Wiley.

Hibell, B., Andersson, B., Bjarnasson, T., Alstrom, S., Balakireva, O., Kokkevi, A. and Morgan, M. (2004) *The ESPAD Report 2003:Alcohol and OtherDrug UseAmong Students in 35 European Countries*. Stockholm: The Swedish Council for Information on Alcohol and Other Drugs (CAN) and the Pompidou Group at the Council of Europe.

Hill, K. (1995) *The Long Sleep. Young People and Suicide*. London: Virago.

Himmelweit, H.T., Humphreys, P. and Jaeger, M. (1985) *How Voters Decide*. Milton Keynes: Open University Press.

Hobbs, D. (1989) *Doing the Business*. Oxford: Oxford University Press.

Hodkinson, P. (2002) *Goth: Identity, Style and Subculture*. Oxford: Berg.

Hogan, D. Hao, L. and Parish, W. (1990) 'Race, kin networks and assistance to mother headed families', *Social Forces*, 68, 797-812.

Holdsworth, C. (2000) 'Leaving home in Britain and Spain', *European Sociological Review*, 16, 201-22.

Hollands, R. (1990) *The Long Transition*. Basingstoke: Macmillan.

Hollands, R. (1995) *Friday Night, Saturday Night. Youth Cultural Identification in the Post-Industrial City*. Newcastle: University of Newcastle.

Holm, G., Daspit, T. and Young, A.J.K. (2005) 'The sky is always falling: [Un]changing views on youth in the US', in C. Leccardi and E. Ruspinin (eds) *A New Youth? Young People, Generations and Family Life*. Aldershot: Ashgate.

Holt, M. and Griffin, C. (2005) 'Students versus locals: Young adults' constructions of the working class Other', *British Journal of Social Psychology*, 44, 241-67.

Horkheimer, M. and Adorno, T. (1972) *Dialectic of Enlightenment*. New York: Herder and Herder.

Horner, M.S. (1971) 'Femininity and successful achievement', in M.H. Garskof (ed) *Roles Women Play*. California: Brooks Cole.

Hough, M. (1995) *Anxiety About Crime. Findings from the 1994 British Crime Survey*, Home Office Research Study 147. London: Home Office.

House of Commons (2004) *UK Election Statistics 1918-2004*, House of Commons Research Paper 04/61. London: House of Commons.

Hsu, L.K.G. (1990) 'Body image disturbance. Time to abandon the concept for eating disorders', *International Journal of Eating Disorders*, 10, 15-30.

Huisman, J., Kaiser, E and Vossensteyn, H. (2003) 'The relationship between access, diversity and participation: Searching for the weakest link', in M. Tight (ed) *Access and Exclusion*. Oxford: Elsevier.

Humphries, S. (1991) *The Secret World of Sex*. London: Sidgwick and Jackson.

Hurrelmann, K. (1990) Basic issues and problems of health in adolescence, in K. Humrelmann and F. Lösel (eds) *Health Hazards in Adolescence*. Berlin and New York: de Gruyter.

Iacovou, M. (2001) 'Leaving Home in the European Union'. Institute for Social and Economic Research working paper no 2001-18. Colchester: University of Essex.

Iacovou, M. and Berthoud, R. (2001) *Young People's Lives: A Map of Europe*. Colchester: University of Essex, Institute for Social and Economic Research.

Iannelli, C. (2003) 'Young people's social origin, educational attainment and labour market outcomes in Europe: Youth transitions from education to working life in Europe (Part III)', in Eurostat (ed) *Statistics in Focus: Population and Social Conditions*. Luxembourg: Eurostat.

ILO (International Labour Office) (2003) *Key Indicators of the Labour Market*, 3rd edition. Geneva: ILO.

Inglehart, R. (1977) *The Silent Revolution. Changing Values and Political Styles Among Western Publics*. Princeton, NJ: Princeton University Press.

Inglehart, R. (1990) *Culture Shift in Advanced Industrial Society*. Princeton, NJ: Princeton University Press.

Inglehart, R., Basáñez, M., Diez-Medrano, J., Halman, L. and Luijkx, R. (2004) *Human Beliefs and Values: A Cross-Cultural Sourcebook Based on the 1999-2002 Values Surveys*. Mexico: Siglo Veintiuno Editores.

Institute of Alcohol Studies (2005) *Alcohol and Young People: International Comparisons*. London: Institute of Alcohol Studies.

Inui, A. (2005) 'Why Freeter and NEET are Misunderstood: Recognizing the New Precarious Conditions of Japanese Youth', *Social Work and Society*, 3, 244-51.

Jack, M.S. (1989) 'Personal fable. A potential explanation for risk-taking behaviour in adolescents', *Journal of Paediatric Nursing*, 4, 334-8.

Jacobs, J. (1971) *Adolescent Suicide*. London: Wiley lnterscience.

Jansen, T. and Van der Veen, R. (1992) 'Reflexive modernity, self-reflexive biographies. Adult education in the light of the risk society', *International Journal of Lifelong Learning*, 11, 275–86.

Jencks, C. and Phillips, M. (1998) 'The black–white test score gap; an introduction', in C. Jencks and M. Phillips (eds) *The Black-White Test Score Gap*. Washington, DC: Brookings Institute.

Jones, G. (1995) *Leaving Home*. Buckingham: Open University Press.

Jones, G. (1987) 'Leaving the parental home. An analysis of early housing careers', *Social Policy*, 16, 49–74.

Jones, G. (20%) 'Experimenting with households and inventing "home" ', *International Social Sciences Journal*, 164, 183–94.

Jones, G. and Wallace, C. (1990) 'Beyond individualization. What sort of social change?', in L. Chisholm, P. Büchner, H.-H. Kruger and P. Brown (eds) *Childhood, Youth and Social Change. A Comparative Perspective*. London: Falmer.

Jones, G. and Wallace, C. (1992) *Youth, Family and Citizenship*. Milton Keynes: Open University Press.

Jones, G.W. (2004) 'A risky business: Experiences of leaving home among rural women', *Journal of Youth Studies*, 7, 209–21.

Jowell, R. and Park, A. (1998) *Young People, Politics and Citizenship: A Disengaged Generation?* London: Citizenship Foundation.

Julkunen, I. and Malmberg–Heimonen, I. (1998) *The Encounter of High Unemployment Among Youth: A Nordic Perspective*. Helsinki: Työministeriö.

Juvenile Justice Project of Louisiana (2005) What's happening to our kids?: Youth in prison http://www.jjpl.org/whatshappeningtoourkids/youthinprison.html (accessed 9 October 2006).

Kagan, C., O'Reilly, J. and Halpin, B. (2005) *Job Opportunities for Whom? Labour Market Dynamics and Service Sector Employment Growth in Germany and Britain*. London: Anglo–German Foundation.

Kao, G. and Thompson, J.S. (2003) 'Racial and ethnic stratification in educational achievement and attainment', *Annual Review of Sociology*, 29, 417–42.

Kaufman, L. (1980) 'Prime-time nutrition', *Journal of Communication, Summer*, 37–46.

Kellner, D. (1992) 'Popular culture and the construction of postmodern identity', in S. Lash andJ. Friedman (eds) *Modernity and Identity*. Oxford: Blackwell.

Kerckhoff, A.C. and McRae, J. (1992) 'Leaving the parental home in Great Britain. A comparative perspective', *Sociological Quarterly*, 33, 281–301.

Kiemnan, K.E. (1986) 'Leaving home. A comparative analysis of six western European countries', *European Journal of Population*, 2, 177–84.

Kiernan, K.E. (1992) 'The impact of family disruption in childhood on transitions made in young adult life', *Population Studies*, 46, 213–34.

Kiemnan, K. (1999) 'Cohabitation in western Europe', *Population Trends*, 96, 25–34.

Kimberlee, R. (2002) 'Why don't British young people vote at General Elections?', *Journal of Youth Studies*, 5, 85–98.

Kirkby, D., Coyle, K. and Gould, J.B. (2001) 'Manifestations of poverty and birthrates among young teenagers in California zip code areas', *Family Planning Perspectives*, 33, 63–9.

Klein, N. (2000) *No Logo.* London: Flamingo.

Kogan, I. and Jungblut, J-M. (2004) 'Labour market entry, early employment careers and prospects for further education and training among the low educated youth in Europe', www.nuff.ox.ac.uk/projects/changequal/papers/public/conf/4/theme_1_414_ jungblutkogan.doc (accessed 16 February 2006).

Krahn, H.J. and Lowe, G.S. (1993) *Work, Industry and Canadian Society.* Scarborough, Ontario: Nelson.

Kreitman, N. (1977) *Parasuicide.* London: Wiley.

Kumar, K. (1995) *From Post-Industrial to Post-Modern Society.* Oxford: Blackwell.

Kutcher, S. (1994) 'Adolescence. Normal development and some important psychiatric conditions on setting in the teenage years', in R.S. Tonkin (ed) *Current Issues in the Adolescent Patient.* London: Baillière Tindall.

Lader, D. and Matheson, J. (1991) *Smoking Among Secondary School Children in 1990.* London: OPCS.

Langman, L. (1992) 'Neon cages. Shopping for subjectivity', in R. Shields (ed) *Shopping. The Subject of Consumption.* London: Routledge.

Lash, S. (1992) *Modernity and Identity.* Oxford: Blackwell.

Lash, S. and Urry, J. (1987) *The End of Organised Capital.* Cambridge: Polity.

Lash, S. and Urry, J. (1994) *Economies of Signs and Space.* London: Sage.

Lea, J. and Young, J. (1993) *What is to be Done About Law and Order? Crisis in the Nineties.* London: Pluto.

Leigh, B.C. and Miller, P. (1995) 'The relationship of substance use with sex with the use of condoms in two urban areas of Scotland', *AIDS, Education and Prevention,* 7, 278-84.

Leitner, M., Shapland, J. and Wiles, P. (1993) *Drug Usage and Prevention. The Views and Habits of the General Public.* London: HMSO.

Lemos, G. (2004) *Fear and Fashion: The Use of Knives and Other Weapons by Young People.* London: Lemos and Crane.

Leonard, D. (1980) *Sex and Generation. A Study of Courts hip and Weddings.* London: Tavistock.

Livingstofle, S., Bober, M. and Helsper, E. (2004) *Active Participation or just More Participation? Young People's Take Up of Opportunities to Act or Interact on the Internet.* Research report. London: London School of Economics.

Loader, I. (1996) *Youth, Policing and Democracy.* Basingstoke: MacMillan.

Love, J.F. (1995) *McDonald's: Behind the Arches.* New York: Bantam.

Lucey, H. (1996) Transitions to womanhood. Constructions of success and failure for middle and working class young women. Conference paper, University of Glasgow, 'British Youth Research: The New Agenda', 26-8 January.

Lyon, J. (1996) 'Adolescents who offend', *Journal of Adolescence,* 19, 1-4.

Lyotard, J.-F. (1984) *The Postmodern Condition. A Report on Knowledge.* Minneapolis: University of Minnesota Press.

Macallair, D. and Males, M. (2000) *Dispelling the Myth: An Analysis of Youth and Adult Crime Patterns in California over the Past 20 Years.* San Francisco, CA: Centre on

Juvenile and Criminal justice.
McClure, G.M.G. (2001) 'Suicide in children and adolescents in England and Wales 1970–1998', *British Journal of Psychiatry*, 178, 469–74.
McDonald, K. (1999) *Struggles for Subjectivity: Identity, Action and Youth Experience*. Cambridge: Cambridge University Press.
MacDonald, R. and Coffield, F. (1991) *Risky Business? Youth and the Enterprise Culture*. London: Falmer.
MacDonald, R. and Marsh, J. (2005) *Disconnected Youth? Growing Up in Britain's Poor Neighbourhoods*. London: Palgrave.
McDonough, P.M. (1997) *Choosing Colleges: How Social Class and Schools Structure Opportunity*. New York: SUNY Press.
McDowell, L. (2003) *Redundant Masculinities? Employment Change and White Working Class Youth*. London: Blackwell.
Macintyre, S. (1988) 'Social correlates of human height', *Science Progress Oxford*, 72, 493–510.
MacKenzie, D. and Chamberlain, C. (2003) *Counting the Homeless 2001*. Canberra: Australian Bureau of Statistics.
McPherson, M. and Schapiro, M. (1991) *Keeping Colleges Affordable: Government and Educational Opportunity*. Washington, DC: Brookings Institution.
McPherson, M. and Schapiro, M. (1999) *Reinforcing Stratification in American Higher Education: Some Disturbing Trends*. Stanford, Stanford University, National Center for Postsecondary Improvement.
McQuoid, J. (1996) 'The ISRD study. Self report findings from Northern Ireland', *Journal of Adolescence*, 19, 95–8.
McRae, S. (1987) 'Social and political perspectives found among young unemployed men and women', in M. White (ed) *The Social World of the Young Unemployed*. London: Policy Studies Institute.
Maffesoli, M. (1996) *The Time of Tribes: The Decline of Individualism in Mass Society*. London: Sage.
Maguire, M. (1991) 'British labour market trends', in D.N. Ashton and G. Lowe (eds) *Making Their Way. Education, Training and the Labour Market in Canada and Britain*. Milton Keynes: Open University Press.
Makeham, P. (1980) *Youth Unemployment*. Department of Employment Research Paper, No.10. London: HMSO.
Mann, A.H., Wakeling, A., Wood, K., Monck, E., Dobbs, R. and Szmakler, G. (1983) 'Screening for abnormal eating attitudes and psychiatric morbidity in an unselected population of 15 year old schoolgirls', *Psychological Medicine*, 13, 5 73–88.
Markus, H. and Nurius, P. (1986) 'Possible selves', *American Psychologist*, 41, 954–69.
Marsh, A. (1990) *Political Action in Europe and the USA*. London: Macmillan.
Marsh, A., Dobbs, J. and White, A. (1986) *Adolescent Drinking*. London: HMSO.
Marshall, G. and Swift, A. (1993) 'Social class and social justice', *British Journal of Sociology*, 44, 187–211.
Massey, D. (1994) *Space, Place and Gender*. Cambridge: Polity Press.

Matza, D. (1964) *Delinquency and Drift*. New York: Wiley.

Maung, N. (1995) *Young People, Victimisation and the Police. British Crime Survey Findings on Experiences and Attitudes of 12 to 15 Year Olds*. Home Office Research Study 140. London: HMSO.

May, C. and Cooper, A. (1995) 'Personal identity and social change. Some theoretical considerations', *Acta Sociologica*, 38, 75–85.

Mays, J.B. (1954) *Growing Up in the City. A Study of Juvenile Delinquency in an Urban Neighbourhood*. Liverpool: Liverpool University Press.

Measham, F. (2002) '"Doing Gender"—"Doing Drugs": Conceptualising the gendering of drug cultures', *Contemporary Drug Problems*, 29, 335–73.

Measham, F. (2004) 'The decline of ecstasy, the rise of "binge drinking" and the persistence of pleasure', *Probation Journal*, 51, 309–26.

Measham, F., Newcombe, R. and Parker, H. (1994) 'The normalisation of recreational drug use amongst young people in north-west England', *British Journal of Sociology*, 45, 287–312.

Meeus, W. (1994) 'Psychosocial problems and support', in F. Nestmann and K. Hurrelmann (eds) *Social Networks and Social Support in Childhood and Adolescence*. Berlin and New York: de Gruyter.

Melucci, A. (1992) 'Youth silence and voice. Selfhood and commitment in the everyday experiences of adolescents', in J. Fornas and G. Bolin (eds) *Moves in Modernity*. Stockholm: Almqvist and Wiskell.

Mennell, S., Murcott, A. and van Otterloo, A.H. (1992) *The Sociology of Food. Eating, Diet and Culture*. London: Sage.

Merton, R.K. (1969) 'Social structure and anomie', in D.R. Cressey and D.A. Ward (eds) *Delinquency, Crime and Social Processes*. New York: Harper and Row.

Messerschmidt, J.W. (1994) 'Schooling, masculinities and youth crime', in T. Newburn and E.A. Stanko (eds) *Just Boys Doing the Business? Men, Masculinities and Crime*. London: Routledge.

Miles, R. (1989) *Racism*. London: Routledge.

Miles, S. (1998) *Consumerism as a Way of Life*. London: Sage.

Miles, S. (2000) *Youth Lifestyles in a Changing World*. Buckingham: Open University Press.

Miles, S. (1996) Use and consumption in the construction of identities. Conference paper, University of Glasgow, 'British Youth Research: The New Agenda', 26–28 January.

Miles, S. (1995) Pleasure or pressure. Consumption and youth identity in the contemporary British shopping centre. Conference paper, University of Leicester, British Sociological Association, 3–5 April.

Millward, C. (1998) 'Later life parents helping adult children', *Family Matters*, 50, 38–42.

Mission Australia (2001) *Youth Suicide Facts heet*. Sydney: Mission Australia.

MORI (2002a) *Youth Survey: Summary*. London: Youth Justice Board.

MORI (2002b) *Young People and Citizenship*. http://www.mori.com/mrr/2002/c020906.shtml (accessed 14 September 2005).

MORI (2005) Being young in Scotland 2005. www.scotland.gov.uk/publications/2005/09/02151404/14051 (accessed 7 April 2006).

Morrison, D.M., Gillmore, M.R., Hoppe, Mj., Gaylord, J., Leigh, B.C. and Rainey, D. (2003) 'Adolescent drinking and sex: Findings from a daily diary study', *Perspectives on Sexual and Reproductive Health*, 35, 4.

Mulder, C.H. and Clark, W.A.V. (2002) 'Leaving home for college and gaining independence', *Environment and Planning*, 34, 981–99.

Mulgan, G. and Wilkinson, H. (1997) 'Freedom's children and the rise of generational politics', in G. Mulgan (ed) *Life After Politics: New Thinking for the Twenty First Century*. London: Fontana.

Müller, W. and Kane, W. (1993) 'Social selection in educational systems in Europe', *European Sociological Review*, 9, 1–22.

Muncie, J. (2004) *Youth and Crime*. London: Sage.

Murdock, G. and McCron, R. (1976) 'Youth and class. The career of a confusion', in G. Mungham and G. Pearson (eds) *Working Class Youth Culture*. London: Routledge and Kegan Paul.

Murray, C. (1990) *The Emerging British Underclass*. London: Institute of Economic Affairs.

Naidoo, B., Warm, D., Quigley, R. and Taylor, I. (2004) *Smoking and Public Health: A Review of Interventions to Increase Smoking Cessesion, Reduce Smoking Initiation and Prevent Further Uptake of Smoking*. London: Health Development Agency.

Nee, C. (1993) *Car Theft. The Offenders Perspective*. London: Home Office.

Nicholas, S., Povey, D., Walker, A. and Kershaw, C. (2005) *Crime in England and Wales 2004/2005*. London: Home Office.

Nicoletti, C. and Tanturri, M.L. (2005) *Differences in Delaying Motherhood Across European Countries: Empirical Evidence from the ECHP*. Colchester: Institute for Social and Economic Research, University of Essex.

O'Bryan, L. (1989) 'Young people and drugs', in S. MacGregor (ed) *Drugs and British Society*. London: Routledge.

OECD (Organisation for Economic Co-operation and Development) (1995) *Employment Outlook*. Paris: OECD.

OECD (1998) *Employment Outlook*. Paris: OECD.

OECD (1999) *Employment Outlook*. Paris: OECD.

OECD (2002a) *Reading for Change*. Paris: OECD.

OECD (2002b) *Employment Outlook*. Paris: OECD.

OECD (2004) *Education at a Glance*. Paris: OECD.

OECD. (2005a) *From Education to Work: A Difficult Transition for Young Adults with Low Levels of Education*. Paris: OECD.

OECD (2005b) *Employment Outlook*. Paris: OECD.

Offer, D., Ostrov, E., Howard, K. and Atkinson, R. (1988) *The Teenage World*. New York: Plenum.

O'Higgins, N. (2001) *Youth Unemployment and Employment Policy: A Global Perspective*. Geneva: ILO.

Oksman, V. and Rautiainen, P. (2002) 'I've got my whole life in my hand', *Revista de Estudias Juventud*, 57, 25-33.

Olk, T. (1988) 'Gesellschaftstheoretissche Ansatze in der Jungendforschung', quoted in L. Chisholm, P. Buchner, H.-H. Kruger, and P. Brown (1990) (eds) *Childhood, Youth and Social Change*. A Comparative Perspective. London: Falmer.

One plus One (2004) *Relationships Today*, 5 (May). www.oneplusone.org.uk (accessed 9 August 2005).

O'Neill, B. (2001) 'Generational patterns in the political opinions and behavior of Canadians: Separating the wheat from the chaff', *Policy Matters*, 2, 5 www.irpp.org/ pm/ (accessed 4 October 2005).

ONS (Office of National Statistics) (2000) *Annual Abstract of Statistics*. London: Office for National Statistics.

ONS (2003) *Social Trends 33*. London: Office for National Statistics.

ONS (2005) *Social Trends 35*. London: Office for National Statistics.

ONS (2006) *Social Trends 36*. London: Office for National Statistics.

O'Reilly, K.R. and Anal, S.O. (1985) 'Adolescent and sexual behaviour', *Journal of Adolescent Health Care*, 6, 262-70.

Osgerby, B. (1998) *Youth in Britain Since 1945*. Oxford: Blackwell.

Pahl, R.E. (1989) 'Is the emperor naked? Some comments on the adequacy of sociological theory in urban and regional research', *International Journal of Urban and Regional Research*, 15, 127-9.

Pahl R.E. (1993) 'Does class analysis without class theory have a promising future?', *Sociology*, 27, 253-8.

Pakulski, L. and Waters, M. (1996) *The Death of Class*. London: Sage.

Palmer, G., Cam, J. and Kenway, P. (2004) *Monitoring Poverty and Social Exclusion 2004*. York: Joseph Rowntree Foundation.

Park, A. (1994) *England and Wales Youth Cohort Study Cohort 4. Young People 18-19 Years Old in 1991. Report on Sweep 3*. London: Employment Department.

Park, A. (1996) 'Teenagers and their politics', in R.Jowell, J. Curtice, A. Park, L. Brook and D. Ahrendt (eds) *British Social Attitudes Survey, the 12th Report*. Dartmouth: Aldershot.

Park, A. (2000) 'The generation gap', in R. Jowell, J. Cuntice, A. Park, K. Thompson, L. Jarvis, C. Bromley, and N. Stratford (eds) *British Social Attitudes, the 17th Report: Focusing on Diversity*. London: Sage.

Park, A. (2004) 'Has modern politics disenchanted the young?', in A. Park, J. Curtis, K. Thompson, C. Bromley and M. Phillips (eds) *British Social Attitudes, the 21st Report*. London: Sage.

Parker, Hj. (1974) *View From the Boys*. Newton Abbot: David and Charles.

Parker, H., Bakx, K. and Newcombe, R. (1988) *Living with Heroin*. Milton Keynes: Open University Press.

Parry-Jones, W. Ll. (1988) 'Obesity in children and adolescence', in G.B. Burrows, P. Beumont and R.C. Casper (eds) *Handbook of Eating Disorders. Part 2, Obesity*. Amsterdam: Elsevier.

Payne, J. (1995) *Routes Beyond Compulsory Schooling*, Youth Cohort Paper No.3 1. London: Employment Department.
Pearson, G. (1983) *Hooligan. A History of Respectable Fears*. Basingstoke: Macmillan.
Pearson, G. (1987) *The New Heroin Users*. Oxford: Blackwell.
Pearson, G. (1994) 'Youth, crime and society', in M. Maguire, R. Morgan and R. Reiner (eds) *The Oxford Handbook of Criminology*. Oxford: Clarendon.
Pearson, G., Gilman, M. and Mclver, S. (1987) *Young People and Heroin Use in the North of England*. London: Gower.
Peck, D.F. and Plant, M.A. (1986) 'Unemployment and illegal drug use. Concordant evidence from a prospective study and from national trends', *British Medical Journal*, 293, 929–32.
Penhale, B. (1990) *Living Arrangements of Young Adults in France, England and Wales*, LS working paper no. 68. London: SSRU, City University.
Phoenix, A. and Tizard, B. (1996) 'Thinking through class: The place of social class in the lives of young Londoners', *Feminism and Psychology*, 6, 427–42.
Plant, M.A. (1989) 'The epidemiology of illicit drug-use and misuse in Britain', in S. MacGregor (ed) *Drugs and British Society*. London: Routledge.
Plant, M.A., Peck, D.F. and Samuel, E. (1985) *Alcohol, Drugs and School Leavers*. London: Tavistock.
Plant, M.A. and Plant, M. (1992) *Risk-Takers. Alcohol, Drugs, Sex and Youth*. London: Routledge.
Pleace, N. and Fitzpatrick, S. (2004) *Centrepoint Youth Homelessness Index: An Estimate of Youth Homelessness for England*. York: Centre for Housing Policy, University of York.
Polman, J. and Vitone, E. (2004) 'The scope of youth homelessness', Texas Homeless Network News, March. www.thn.org/news1etters/1flar04/featuneyouth.htm (accessed 3 April 2006).
Poole, M.E. (1989) 'Adolescent transitions. A life-course perspective', in K. Humrelman and U. Engel (eds) *The Social World of Adolescents. International Perspectives*. Berlin and New York: de Gruyter.
PricewaterhouseCoopers (2005) *The Economic Benefits of Higher Educational Qualifications*, Report to the Royal Society of Chemistry and the Institute of Physics. London:
Royal Society of Chemistry and the Institute of Physics.
Print, M., Saha, U. and Edwards, K. (2004) *Youth Electoral Study–Report 1: Enrolment and Voting*. Sydney: Australian Electoral Commission.
Priory, The (2005) *Adolescent Angst*. Leatherhead: The Priory.
Pryce, K. (1979) *Endless Pressure: A Study of West Indian Lifestyles in Bristol*. Harmondsworth: Penguin.
Public Health Agency of Canada (2005) *2002 Canadian Sexually Transmitted Infections Surveillance Report*. Ottowa: Public Health Agency of Canada.
Putnam, R.D. (2000) *BowlingAlone: The Collapse and Revival of American Community*. New York: Simon and Schuster.

Quéniart, A. and Jacques, J. (2000) 'L'engagement politique des juenes femmes au Quebec: de la responsatilité au pouvoir d'agir pour un changement de société', *Lein social et Politiques*, 46, 45-53.

Raffe, D. (1992) *Participation of 16-19 Year-Olds in Education and Training, Briefing Paper No.3.* London: National Commission on Education.

Raffe, D., Brannen, K., Faingnieve, J. and Martin, C. (2001) 'Participation, inclusiveness, academic drift and parity of esteem: a comparison of post-compulsory education and training in England, Scotland, Wales and Northern Ireland', *Oxford Review of Education*, 27, 173-203.

Raffe, D. and Shapira, M. (2005) 'Has the work-based route gained status?', working paper. Edinburgh: Centre for Educational Sociology, University of Edinburgh.

Raffe, D. and Whims, J.D. (1989) 'Schooling the discouraged worker. Local labour-market effects on educational participation', *Sociology*, 23, 559-Si.

Raftery, A.E. and Hout, M. (1990) *Maximally Maintained Inequality. Expansion, Reform and Opportunity in Irish Education, 1921-75.* Madrid: ISA Research Committee on Social Stratification.

Rattansi, A. and Pheonix, A. (1997) 'Rethinking youth identities: modernist and post-modernist frameworks', in J. Bynnem, L. Chisholm, and A. Furlong (eds) *Youth, Citizenship and Social Change in a European Context.* Aldershot: Ashgate.

Rifkin, J. (1996) *The End of Work: The Decline of the Global Labor Force and the Dawn of the Post-Market Era.* New York: Tarcher-Penguin.

Rindfuss, R.R., Swicegood, C.G. and Rosenfeld, R.A. (1987) 'Disorder in the life course. How common and does it matter?', *American Sociological Review*, 52, 785-801.

Roberts, K. (1968) 'The entry into employment. An approach towards a general theory', *Sociological Review*, 16, 165-84.

Roberts, K. (1983) *Youth and Leisure.* London: Allen and Unwin.

Roberts, K. (1985) 'Youth in the 1980s: A new way of life', *International Social Science Journal*, 37, 427-40.

Roberts, K. (1995) *Youth and Employment in Modern Britain.* Oxford: Oxford University Press.

Roberts, K. (1999) *Leisure in Contemporary Society.* Wallingford: CABI Publishing.

Roberts, K., Brodie, D.A., Campbell, R., Lamb, K., Minten, J. and York, C. (1989) 'Indoor sports centres. Trends in provision and usage', in Health Promotion Research Trust (ed) *Fit for Life.* London: Health Promotion Research Trust.

Roberts, K., Dench, S. and Richardson, D. (1987) *The Changing Structure of Youth Labour Markets.* London: Department of Employment.

Roberts, K. and Parsell, G. (1990) 'The political orientations, interests and activities of Britain's 16 to 18 year olds in the late 1980s', *ESRC 16-19 Initiative Occasional Papers*, No. 26. London: City University.

Roberts, K. and Parsell, G. (1992a) 'Entering the labour market in Britain. The survival of traditional opportunity structures', *Sociological Review*, 30, 727-53.

Roberts, K. and Parsell, G. (1992b) 'The stratification of youth training', *British Journal of Education and Work*, 5, 65-83.

Roberts, K. and Parsell, G. (1994) 'Youth cultures in Britain. The middle class take-over', *Leisure Studies*, 13, 33-48.

Roe, S. (2005) *Drug Misuse Declared: Finding from the 2004/05 British Crime Survey.* London: Home Office.

Rojek, C. (1985) *Capitalism and Leisure Theory.* London: Tavistock.

Rose, M. (1996) 'Still life in Swindon. Case-studies in union survival and employer policy in a "Sunrise" labour market', in D. Gallie, R. Penn and M. Rose (eds) *Trade Unionism in Recession.* Oxford: Oxford University Press.

Rudat, K., Ryan, H. and Speed, M. (1992) *Today's Young Adults. An In-depth Study into the Lifestyles of 16 to 19 Year Olds.* London: Health Education Authority.

Runciman, W.G. (1966) *Relative Deprivation and Social Justice.* Berkeley, CA: University of California Press.

Rutherford, A. (1992) *Growing out of Crime.* The New Era. London: Waterside Press.

Rutter, M. and Smith, D.J. (eds) (1995) *Psychosocial Disorders in Young People. Time Trends and their Causes.* Chichester: Wiley.

Ryan, P. (2001) 'The school-to-work transition: A cross-national perspective', *Journal of Economic Literature*, 39, 34-92.

Ryland, D. and Kruesi, M. (1992) 'Suicide among adolescents', *International Review of Psychiatry*, 4, 185-95.

Sagger, S. (2000) *Race and Representation.* Manchester: Manchester University Press.

Saha, U., Print, M. and Edwards, K. (2005) *Youth Electoral Study—Report 2: Youth Political Engagement and Voting.* Sydney: Australian Electoral Commission.

Saito, T. (1998) *Shakaiteki Hikikomori: Owarani Shisyun* (Social Withdrawal: Unfinished Puberty). Tokyo: PHP-Kenkyu-jo.

Sampson, R.J. and Laub, J.H. (1993) *Crime in the Making. Pathways and Turning Points Through Life.* Cambridge, MA: Harvard University Press.

Sanders, D. (1992) 'Why the Conservative Party won—again', in A. King, I. Crewe, D. Denver, K. Newton, P. Norton, D. Sanders and P. Seyd (eds) *Britain at the Polls, 1992.* New Jersey: Chatham House.

Saunders, P. (1995) 'Might Britain be a meritocracy?', *Sociology*, 29, 23-41.

Savage, M. (20%) *Class Analysis and Social Transformation.* Buckingham: Open University Press.

Scarborough, E. (1995) 'Materialist-postmaterialist value orientations', inJ.W Van Deth and E. Scarbrough (eds) *Beliefs in Government, Volume Four. The Impact of Values.* New York: Oxford University Press.

Scarman, The Rt. Hon. The Lord (1981) *The Brixton Disorders*, Cmnd 8427. London: HMSO.

Schömann, K. and O'Connell, P.J. (2002) 'From the market for qualifications to the transitional market for learning and working: summary and conclusion', in K. Schömann and P.J. O'Connell (eds) *Education, Training and Employment Dynamics.* Northampton: Edward Elgar.

Schostak, J.F. (1983) 'Race, riots and unemployment', in R. Fiddy (ed) *In Place of Work.* New York: Falmer.

Scott, A. (1990) *Ideology and the New Social Movements*. London: Unwin Hyman.
Scottish Law Commission (2001) *Discussion Paper on Age of Criminal Responsibility*. Discussion Paper No. 115. Edinburgh: Scottish Law Commission.
Seabrook, J. (1983) *Unemployment*. London: Granada.
Seabrook, T. and Green, E. (2004) 'Streetwise or safe? Girls negotiating time and space', in W. Mitchell, R. Bunton, and E. Green (eds) *Young People, Risk and Leisure: Constructing Identities in Everyday Life*. London: Palgrave Macmillan.
Selman, P. (2003) 'Scapegoating and moral panics: Teenage pregnancy in Britain and the United States', in S. Cunningham-Burley and L. Jamieson (eds) *Families and the State: Changing Relationships*. Basingstoke: Palgrave.
Seizer, V.L., Rabin, J. and Benjamin, F. (1989) 'Teenagers' awareness of acquired immunodeficiency syndrome and the impact on their sexual behaviour', *Obstetrics and Gynaecology*, 74, 55–8.
Sennett, R. (1998) *The Corrosion of Character: The Personal Consequences of Work in the New Capitalism*. New York and London: Norton.
Shafii, M. (1989) 'Completed suicide in children and adolescents. Methods of psychological autopsy', in C.R. Pfeffer (ed) *Suicide Among Youth. Perspectives on Risk Prevention*. Washington: American Psychiatric Press.
Shavit, Y. and Blossfeld, H.P. (1993) *Persistent Inequality*. Boulder, CO: Westview.
Shavit, Y. and Muller, W. (1998) 'The institutional embeddedness of the stratification process', in Y. Shavit and W. Muller (eds) *From School to Work: A Comparative Study of Educational Qualifications and Occupational Destinations*. Oxford: Clarendon Press.
Shavit, Y. and Muller, W. (2000) 'Vocational secondary education: Where diversion and where safety net?', *European Societies*, 2, 29–50.
Shildrick, T. and MacDonald, R. (2006) 'In defence of subculture: Young people, leisure and social divisions', *Journal of Youth Studies*, 9, 125–41.
Shiokura, Y. (2002) *Hikikomoru Wakamono-tachi (Withdrawing Young People)*. Toyko: Asahi-shinbunsha.
Shoemaker, D.J. (1990) *Theories of Delinquency. An Examination of Explanations of Delinquent Behaviour*, 2nd edition. Oxford: Oxford University Press.
Shover, N. (1985) *Ageing Criminals*. London: Sage.
Singh, S., Darroch, J.E., Frost, Jj. and the Study Team (2001) 'Socioeconomic disadvantage and adolescent women's sexual and reproductive behaviour: The case of five developed countries', *Family Planning Perspectives*, 33, 251–8.
Sivarajasingam, V., Shepherd, J.P. and Matthews, K. (2003) 'Effect of urban closed circuit television on assault injury and violence detection', *Injury Prevention*, 9, 312–16.
Skilbeck, M. and Connell, H. (20%) *Access and Equity in Higher Education: An International Perspective on Issues and Strategies*. Dublin: Higher Education Authority.
Smith, D.J. (1995) 'Youth crime and conduct disorders. Trends, patterns and causal explanations', in M. Rutter and D.J. Smith (eds) *Psychological Disorders in Young*

People. Time Trends and their Causes. Chichester: Wiley.

Smith, D.J. and Blackwood, D.H.R. (2004) 'Depression in young adults', *Advances in Psychiatric Treatment*, 10, 4–12.

Smith, D.J. and Rutter, M. (1995) 'Time trends in psychosocial disorders of youth', in M. Rutter and D.J. Smith (eds) *Psychological Disorders in Young People. Time Trends and their Causes*. Chichester: Wiley.

Smithers, A. and Robinson, P. (1989) *Increasing Participation in Higher Education*. London: British Petroleum Educational Service.

Social Exclusion Unit (SEU) (1999) *Teenage Pregnancy*. London: The Stationery Office.

Sonenstein, F.L., Pleck, J.H. and Ku, L.C. (1989) 'Sexual activity, condom use and AIDS awareness among adolescent males', *Family Planning Perspectives*, 21, 152–8.

South, N. (1994) 'Drugs. Control, crime and criminological studies', in M. Maguire, R. Morgan and R. Reiner (eds) *The Oxford Handbook of Criminology*. Oxford: Clarendon.

Spilsbury, M., Hoskins, M., Ashton, D.N. and Maguire, M.J. (1987) 'A note on trade union membership patterns of young people', *British Journal of Industrial Relations*, 25, 267–74.

Sport England (2000) *Sports Participation and Ethnicity in England*. London: Sport England.

Springhall, J. (1986) *Coming of Age. Adolescence in Britain 1860–1960*. Dublin: Gill and Macmillan.

Stewart, F. (1992) 'The adolescent as consumer', in J.C. Coleman and C. Warren-Anderson (eds) *Youth and Policy in the 1990s. The Way Forward*. London: Routledge.

Stimson, G. (1987) 'The war on heroin. British policy and the international trade in illicit drugs', in N. Dorn and N. South (eds) *A Land Fit for Heroin*. London: Macmillian.

Stradling, R. (1977) *The Political Awareness of School Leavers*. London: Hansard Society.

Summerfield, C. and Gill, B. (eds) (2005) *Social Trends, No. 35*. London: Office for National Statistics.

Sunday Times (2005) 'The Fire next door', 13 November.

Surridge, P. and Raffe, D. (1995) *The Participation of 16–19 Year Olds in Education and Training. Recent Trends*. CES Briefing Paper No. 1. Edinburgh: University of Edinburgh.

Sutherland, E.H. (1949) *Principles of Criminology*. Chicago: Lippincott.

Sweeting, H. (1995) 'Reversals of fortune? Sex differences in health in childhood and adolescence', *Social Science Medicine*, 40, 77–90.

Tajfel, H. and Turner, J.C. (1979) 'An integrative theory of intergroup conflict', in W.G. Austin and S. Worchel (eds) *The Social Psychology of Intergroup Relations*. Monterey, CA: Brooks-Cole.

Tarling, R. (1982) *Unemployment and Crime*. Research Bulletin No.14. London: Home Office.

Taylor, I. (1996) 'Fear of crime, urban fortunes and suburban social movements. Some reflections from Manchester'. *Sociology*, 30, 317-37.

Thompson, S.H., Corwin, S.J. and Sargent, R.S. (1997) 'Ideal body size beliefs and weight concerns in fourth grade children', *International Journal of Eating Disorders*, 21, 279-84.

Thomson, R., Holland, J., McGrellis, S., Bell, R., Henderson, S. and Sharpe, S. (2004) 'Inventing adulthoods: A biographical approach to understanding youth citizenship', *The Sociological Review*, 52, 2 18-39.

Thorpe, K. and Ruparel, C. (2005) 'Reporting and recording crime', in S. Nicholas, D. Povey, A. Walker and C. Kershaw (eds) *Crime in England and Wales 2004/2005*. London: Home Office.

Tomal, A. (1999) 'Determinants of teenage birth rates as an unpooled sample: Age matters for socioeconomic predictors', *American Journal of Economics and Sociology*, 58, 57-69.

Tomlinson, A. (1990) (ed.) *Consumption, Identity and Style*. London: Routledge.

Torsheim, T., Currie, C., Boyce, W., Kalnins, I., Overpeck, M. and Haugland, S. (2004) 'Material deprivation and self-rated health: A multilevel study of adolescents from 22 European and North American countries', *Social Science and Medicine*, 59, 1-12.

Touraine, A. (1985) 'An introduction to the study of social movements', *Social Research*, 52, 749-87.

Townsend, P. and Davidson, N. (1982) *Inequalities in Health. The Black Report*. Harmondsworth: Penguin.

Traene, B., Stiguifl, H., Hassoun, J. and Zanrtedechi, E. (2003) 'Pre-sexual alcohol consumption and use of condoms: A~ European cross-cultural study', *Culture, Health and Sexuality*, 5, 439-54.

Trost, J. (1999) 'LAT relationships now and in the future', in K. Matthijs (ed) *The Family: Contemporary Perspectives and Challenges*. Leuven: Leuvan University Press.

Trust for America's Health (2004) *F as in Fat: How Obesity Policies are Failing in America*. Washington, DC: Trust for America's Health.

United Nations Economic Commission for Europe (2003) *Trends in Europe and North America: The Statistical Yearbook of the Economic Commission for Europe*. Geneva: United Nations.

United States Conference of Mayors (2005) *Hunger and Homelessness Survey: A Status Report on Hunger and Homelessness in America's Cities*. http://www.usmayors.org/uscm/hungersurvey/2004/onlinereport/HungerandhomelessnessReport2004.pdf (accessed 3 May 2006).

US Conference of Mayors (1997) *A Status Report on Youth Curfews in America's Cities: A 347-City Survey*. http://www.usmayors.org/uscm/news/publications/curfew.html (accessed 31 August 2005).

US Department of Justice (2005) *Bureau of Justice Statistics Bulletin: Prisoners in 2004*. Washington DC: US Department of Justice.

van Kesteren, J., Mathew, P. and Nieuwbeerta, P. (2001) *Criminal Victimisation in*

Seventeen Industrialised Countries: Key Findings from the 2000 International Crime Victims Survey. The Hague: Wetenschappelijk Onderzoek-en Documentatie centrum.

Viner, R.M. and Cole, T.J. (2006) 'Who changes body mass between adolescence and adulthood? Factors predicting change in BMI between 16 and 30 years in the 1970 British birth cohort', *International Journal of Obesity.* Advance online publication www.nature.com/ijo/journal/vaop/ncurrent/abs/0803183a.html (accessed 8 August 2006).

Vossensteyn, H. (1999) 'Where in Europe would people like to study? The affordability of higher education in nine Western European countries', *Higher Education*, 37, 159-76.

Vromen, A. (2003) 'Traversing time and gender: Australian young people's participation', *Journal of Youth Studies*, 6, 277-95.

Wadsworth, M.EJ. and Maclean, M. (1986) 'Parents divorce and children's life chances', *Children and Youth Services Review*, 8, 145-59.

Waites, M. (2005) *The Age of Consent: Young People, Sexuality and Citizenship.* London: Palgrave/Macmillan.

Waiton, S. (2006) The construction of the 'social problem' of antisocial behaviour and the institutionalisation of vulnerability. Unpublished PhD thesis, University of Glasgow.

Wakeling, P. (2005) 'La noblesse d'etat anglaise? Social class and progression to postgraduate study', *British Journal of Sociology of Education*, 26, 505-22.

Walkerdine, V., Lucey, H. and Melody, J. (2001) *Growing Up Girl: Psychosocial Explorations of Gender and Class.* London: Palgrave.

Wallace, C. (1987) *For Richer for Poorer. Growing Up In and Out of Work.* London: Tavistock.

Wallace, C. (2003) 'Introduction: Youth and politics', *Journal of Youth Studies*, 6, 243-5.

Wailer, P.J. (1981) 'The riots in Toxteth, Liverpool. A survey', *New Community*, IX: 344-53.

Ward, R.A. and Spitze, G. (1992) 'Consequences of parent-adult child coresidence. A review and research agenda', *Journal of Family Issues*, 13, 553-72.

Wan, P. (1987) *Unemployment and Mental Health.* Oxford: Oxford University Press.

Warren, C.W., Santelli, J.S., Everett, S.A., Kann, L., Collins, J.L., Cassell, C., Morris, L. and Kolbe, L.J. (1998) 'Sexual behavior among US high school students, 1990-1995', *Family Planning Perspectives*, 30, 170-200.

Wasoff, F. and Morrison, A. (2005) 'Family formation and dissolution in Europe: Scotland in a European context', Research Findings No. 56/2005. Edinburgh: Scottish Executive.

Watson, I., Buchanan, J., Cambell, I. and Briggs, C. (2003) *Fragmented Futures: New Challenges for Working Life.* Sydney: The Federation Press.

West, P. (1988) 'Inequalities? Social class differentials in health in British youth', *Social Science Medicine*, 27, 29 1-6.

West, P. (1997) 'Health inequalities in the early years: is there equalisation in youth?' *Social Science and Medicine*, 44, 833–58.
West, P. and Sweeting, H. (1996) 'Nae job, nae future. Young people and health in a context of unemployment', *Health and Social Care in the Community*, 4, 50–62.
West, P. and Sweeting, H. (2003) 'Fifteen, female and stressed: Changing patterns of psychological stress over time', *Journal of Child Psychology and Psychiatry*, 44, 399–411.
Westwood, S. (1984) *All Day Every Day. Factory and Family in the Making of Women's Lives*. London: Pluto.
White, C., Bruce, S. and Ritchie, J. (2000) *Young People's Politics: Political Interest and Engagement Amongst 14 to 24 Year-olds*. York: York Publishing.
White, L. (1994) 'Coresidence and leaving home. Young adults and their parents', *Annual Review of Sociology*, 20, 81–102.
White, M. and McRae, S. (1989) *Young Adults and Long Term Unemployment*. London: Policy Studies Institute.
White, R. and Wyn, J. (2004) *Youth and Society: Exploring The Social Dimensions of Youth*. Melbourne: Oxford University Press.
Widdicombe, S. and Woffitt, R. (1995) *The Language of Youth Subcultures. Social Identity and Action*. London: Harvester Wheatsheaf.
Wight, D. (1993) 'Constraint or cognition? Factors affecting young men's practice of safer heterosexual sex', in P. Aggleton, P. Davies and G. Hart (eds) *AIDS. Facing the Second Decade*. London: Falmer.
Williamson, H. (2004) *The Milltown Boys Revisited*. London: Berg.
Williamson, J. (2005) Youth unemployment in Australia: emerging findings from a three year research and advocacy project. Paper presented to 'Transitions and Risk: New directions in social policy' conference, University of Melbourne, 23–25 February.
Willis, P. (1977) *Learning to Labour*. Farnbourgh: Saxon House.
Willis, P. (1990) *Common Culture*. Buckingham: Open University Press.
Wolff, M., Rutten, P. and Bayers, A. (1992) *Where We Stand*. New York: Bantam Books.
Woodroffe, C., Glickman, M., Barker, M. and Power, C. (1993) *Children, Teenagers and Health. Key Data*. Buckingham: Open University Press.
Wotherspoon, T. (2004) *The Sociology of Education in Canada: Critical Perspectives*, 2nd edition. Toronto and Oxford: Oxford University Press.
Wright, E.O. (1985) *Classes*. London: Verso.
Wyn, J. and White, R. (1997) *Rethinking Youth. Sydney: Allen and Unwin*. www.prisonstudies.org (accessed 3 November 2005).
Yeandle, S. (2003) 'The international context', in P. Alcock, C. Beatty, S. Fothergill, R. MacMillan and S. Yeandle (eds) *Work to Welfare: How Men Become Detached from the Labour Market*. Cambridge: Cambridge University Press.
Young, C.M. (1984) *Leaving Home and Returning Home. A Demographic Study of Young Adults in Australia*, Australian Family Research Conference Proceedings, Canberra, 1: 53–76.

Young, C.M. (1987) *Young People Leaving Home in Australia: The Trend Towards Independence*. Australian Family Formation Project Monograph, No. 9. Canberra: Australian Family Formation Project.

Young, C.M. (1989) 'The effect of children returning home on the precision of the timing of the leaving-home stage', in E. Grebenik, C. Hohn and R. Mackensen (eds) *Later Phases of the Family Life Cycle*. Demographic Aspects. Oxford: Clarendon.

Young, J. (1971) *The Drugtakers. The Social Meaning of Drug Use*. London: Paladin.

Zeijl, E., du Bois Reymond, M. and Poel, Y. te (2001) 'Young adolescents' leisure patterns', *Society and Leisure*, 24, 379–402.

찾아보기

ㄱ

ㅅ

ㅊ

ㅋ

ㅌ

ㅍ

ㅎ

기타

역자 소개

강영배 kyb0904@shokei.ac.jp　제1·2·3장 담당

일본 국립 도호쿠(東北)대학 대학원 졸업(종합교육과학 전공, 교육학 박사)
현, 일본 쇼케이학원대학 현대사회학과 교수

♣ 주요 저서

- 청소년과 사회(성안당, 2006, 공역)
- 청소년시민사회론(교육과학사, 2007, 공역)
- 변화하는 청소년과 직업세계(북코리아, 2007, 공역)
- 청소년과 사회참여(박학사, 2007, 공역)

♣ 주요 논문

- 왜 장래 직업을 희망하지 않는가: 고등학생들의 직업미결정성향 분석(교육사회학연구, 2004)
- 청소년의 직업불안정화에 관한 연구(청소년학연구, 2005)
- 대학생의 직업미결정성향에 관한 연구: 한·일 대학생 비교연구(Asian Journal of Education, 2007) 외 다수

손의숙 sesyouth@hanmail.net　제8·9장 담당

명지대학교 졸업(청소년지도학 전공, 교육학 박사)
한국청소년학회 정책연구분과위원회 위원
한국교육개발원 교육정책 모니터
서울특별시 청소년육성위원회 위원
서울특별시립청소년수련관 운영위원회 위원
현, 평택대학교 사회복지대학원 청소년지도학과 겸임교수

♣ 주요 저서

- 청소년과 사회참여(박학사, 2007, 공역)

♣ 주요 논문

- 청소년지도사의 활용 방안(2003)
- 청소년 단체 활동을 통한 자아정체감 발달에 관한 연구(2003)
- 청소년 참여와 권익증진 제도화 방안 연구(2003)
- 한국의 청소년 참여정책에 관한 연구(2004)
- A Plan to Promote Youth Volunteer Service(2004)
- 청소년특별회의 구성·운영(2004)
- 한국사회 청소년 존재의 패러다임 변화와 사회적 대응방안에 관한 연구(2004)
- 청소년 정책참여 수준과 세대 간 차이 비교연구(2007) 외 다수

전명호 myongho01@nate.com 제6·7장 담당

명지대학교 대학원 졸업(청소년지도전공, 교육학 박사)
현, 백석문화대학 사회복지학부 교수

♣ 주요 저서

- 청소년리더십론(솔과 학, 2003, 공저)
- 청소년과 사회참여(박학사, 2007, 공역),

♣ 주요 논문

- 2007년 인천광역시 청소년 문화존 사업평가연구(2008)
- 정신지체장애 청소년의 주간보호 프로그램 활성화 방안(2004)
- 청소년의 복지실태와 의식에 관한 도·농간 비교연구(2004)
- 2001년, 2003년 서울시립 청소년시설 이용자의 만족도 조사연구(2001, 2003)
- 2003년 청소년시설 운영의 종합평가 결과(2003)
- 청소년 유해환경 감시단 활동의 활성화 방안 연구(2001)
- 청소년유해간행물(만화·잡지 등)의 유통실태 및 개선방안 연구(2000) 외 다수

정철상 camp@hoseo.edu 제4·5장 담당

명지대학교 대학원 졸업(청소년지도전공, 교육학 박사)
충남 청소년과사람사랑 회장
국민생활체육 충남레크리에이션 연합회장
(사)한국지역문화산업협회 이사
한국 청소년지도학회 이사
한국 청소년복지학회 이사
현, 호서대학교 여성개발대학원 청소년지도학과 주임교수
호서대학교 청소년문화상담학과 교수, 학과장

♣ 주요 저서

- 청소년 수련활동 메뉴얼(기련사, 1999, 저서)
- 청소년레크리에이션 이벤트(학영사, 2000, 저서)
- 청소년활동지도론(학지사, 2003, 공저)
- 지역문화축제(글누림, 2005, 공저) 외 다수

♣ 주요 논문

- 청소년수련활동 만족도연구(2002)
- 청소년 유해간행물 유통실태와 개선방안 연구(2002)
- 청소년 수련활동 프로그램몰입에 관한 연구(2003)
- 청소년 수련활동 이념 재정립에 관한 연구(2003)
- 지역축제의 성공예측에 관한 연구(2004)
- 지역축제에서의 청소년축제 문화 개선방안 연구(2005)
- 청소년지도자 양성을 위한 산학협동 연구(2005) 외 다수

현대사회와 청소년, 2판

인 쇄 일 2008년 3월 10일 초판인쇄
발 행 일 2008년 3월 20일 초판발행
저 자 Andy Furlong·Fred Cartmel 지음
역 자 강영배·손의숙·전명호·정철상 옮김
발 행 인 구본하
발 행 처 도서출판 **박학사**
주 소 서울시 마포구 서교동 460-26 동아빌딩 2층
전 화 (02)3142-3764~5
팩 스 (02)3142-3766
E-mail pakhaksa@kornet.net
웹사이트 www.pakhaksa.co.kr
등록번호 제10-2230호

가격 12,000원 ISBN 978-89-91633-44-5